Nelson Pereira da Costa

Sistemas de Informação

Uma Visão Administrativa

EDITORA CIÊNCIA MODERNA

Sistemas de Informação – Uma Visão Administrativa

Editor: Paulo André P. Marques
Produção Editorial: Dilene Sandes Pessanha
Capa: Daniel Jara
Diagramação: Daniel Jara
Copidesque: Equipe Ciência Moderna

FICHA CATALOGRAFICA

COSTA, Nelson Pereira da.

Sistemas de Informação – Uma Visão Administrativa

Rio de Janeiro: Editora Ciência Moderna Ltda., 2023.

1. Administração - Gerência
I — Título

ISBN: 978-65-5842-226-6 CDD 658.4

Editora Ciência Moderna Ltda.
R. Alice Figueiredo, 46 – Riachuelo
Rio de Janeiro, RJ – Brasil CEP: 20.950-150
Tel: (21) 2201-6662/ Fax: (21) 2201-6896
E-MAIL: LCM@LCM.COM.BR
WWW.LCM.COM.BR

01/23

A
Amilcar (in memoriam)
Meu tio que foi meu amigo, mostrando,
quando eu era jovem, os caminhos da alegria e
do prazer que a vida pode proporcionar.

Prefácio

Cada vez mais as pessoas estão descobrindo ser necessário se familiarizar com computadores. Se você é um homem de negócios, um empreendedor, um empresário, um administrador, existe uma boa possibilidade de que você se envolva em alguma atividade de análise e avaliação de sistemas.

Como administrador, há grandes possibilidades de que você venha a gastar um tempo significativo, interagindo com pessoas ligadas ao: Processamento de Dados, Sistemas de Informação e Projeto de Sistema. Assim, quanto mais você souber o que essas pessoas fazem e o que elas esperam de você, melhor será. É claro que já existem algumas publicações que apresentam uma excelência de conteúdo, mas a dificuldade de entendimento, para muitos, torna-se uma barreira para o perfeito conhecimento do assunto.

Os argumentos, acima aludidos, se consubstanciaram quando comecei a ler livros sobre Sistemas de Informação, observando, em primeira mão, o seguinte:

- Diferentes termos são utilizados para conceituar a mesma coisa, e vice-versa.
- A literatura sobre sistemas é largamente dispersada e de difícil tratamento.
- Uma variedade muito grande de disciplinas tem contribuído para o aprimoramento dos estudos sobre sistemas de informação, mas estas contribuições, às vezes, lançam mais dúvidas do que assertivas.
- Ainda para a maioria dos autores nacionais não está bem clara a distinção entre Sistemas de Informações Gerenciais, Sistemas de Suporte à Decisão e Sistemas Especializados.

A falta de uma visão metodológica e didática do ensino de Sistemas de Informação, com finalidades administrativas, inviabiliza a sua familiarização para iniciantes. Desta maneira, considera-se altamente relevante o presente projeto, já que o mesmo atuará como instrumento facilitador dessa aprendizagem. Por outro lado, dotar o empreendedor desses conhecimentos ajudará na sua performance.

À medida que fui adquirindo livros sobre sistemas de informações, quando fazia o Mestrado em Administração, tornei-me um crítico da abordagem do assunto, devido ao fato de que tivera um precário conhecimento bibliográfico. A partir desse momento, passou a ser um desafio escrever sobre sistemas de informação para administradores.

Resolvi escrever a respeito, de maneira simples e didática, para ajudar aqueles interessados a remover as "pedras" encontradas no caminho desta área do conhecimento e poder dialogar com os analistas de sistemas, programadores e engenheiros de software.

Basicamente, o livro se propõe a trazer informações da Administração de Sistemas de Informações, voltados para a resolução de problemas e o aperfeiçoamento de métodos, processos e projetos, no mundo dos negócios.

O livro está estruturado em 9 Capítulos, cujos objetivos são:

Capítulo 1 – Arquivos e Dados: Mostrar que nada é possível fazer, se você não tiver dados, devidamente organizados e arquivados.

Capítulo 2 – Informação: Mostrar que, sem fluxos de informação, as pessoas, dentro de uma organização, não saberão o que fazer e, muito menos, saber quais objetivos atingir.

Capítulo 3 – Sistema: Mostrar que podemos considerar tudo como um sistema, ação que facilita a administração de uma empresa e de seus recursos.

Capítulo 4 – Sistema de Informação: Mostrar que a empresa é um sistema aberto de diversos fluxos de informação, cada vez mais valorizados, pois ajuda os administradores a tomar decisões mais inteligentes e relevantes.

Capítulo 5 – Sistema de Informações Gerenciais: Mostrar que todo e qualquer gerente se vale de sistemas de informação, como ferramenta de trabalho para administrar todos os recursos da organização.

Capítulo 6 – Sistemas de Suporte à Decisão: Mostrar a vantagem de se ter à mão um sistema de suporte à decisão, em momentos de instabilidade, mercados altamente competitivos e empresas com negócios diversificados.

Capítulo 7 – Processamento de Dados: Mostrar as funções básicas do processamento de dados e sua importância no arquivamento, no cálculo e na linguagem de programação. Abordar, também, o conceito de cibernética e de telemática.

Capítulo 8 – Análise de Sistema: Mostrar a análise de sistema como mais uma ferramenta de resolução de problemas, já que sua principal característica é estar fundamentada numa metodologia holística, isto é, ver o problema como um todo, em um determinado contexto.

Capítulo 9 – Projeto de Sistema: Mostrar que um projeto é uma organização de recursos, sistemática, transitória e racionalmente ordenada, que compreende uma sequência de atividades dirigidas à geração de um produto singular e único, em um período de tempo dado, permitindo estimar os custos e os benefícios de tal geração. Também, abordar problemas, tais como: risco, viabilidade, avaliação e manutenção, por exemplo.

Gostaria de manifestar meus agradecimentos a todos aqueles que me ajudaram, direta e indiretamente, a levar adiante este projeto, que consumiu tempo de vida, nas idas e vindas de infindáveis leituras, numa atitude performática, às vezes, não muito pragmática, mas que ao término deste período me fez feliz por ter tornado útil esse tempo e também sentir como se fosse uma missão cumprida.

É importante ressaltar a ajuda que tive do meu filho Alexandre Nelson, infelizmente, não mais entre nós.

Nelson Pereira da Costa

SUMÁRIO

Introdução

À medida que os administradores se orientam para o campo do diagnóstico e da decisão, maior a necessidade de se fundamentar em conceitos, ideias, teorias, juízos e valores, que lhes permitem orientar e balizar seu comportamento e que obviamente influenciará todo o resto do empreendimento.

Significativas mudanças ocorreram no meio empresarial nesta última década e cada uma delas levou as funções administrativas a ganharem um novo sentido nas organizações. Assim, várias empresas procederam a estudos avançados de sistemas de informação e em larga escala. Com base nestes esforços, muitos dos conceitos fundamentais da abordagem dos sistemas de informação foram reexaminados, modificados e ampliados.

Segmentos da Economia, em função da globalização, foram se desenvolvendo e o volume de dados cresceu de forma exponencial, atingindo, presentemente, uma situação que, a se manterem os métodos tradicionais, tornaria impossível ao administrador desempenhar, satisfatoriamente, suas tarefas e atividades.

As operações do dia a dia das empresas são, cada vez mais, dependentes de computadores, inclusive para a sua sobrevivência. Exemplo típico, há muito tempo, é o das companhias aéreas, totalmente, dependentes dos sistemas de reservas de vôos, assim como as operações dos bancos comerciais e os processos industriais. Existe uma crescente compreensão do papel potencial dos sistemas de informação nas organizações.

Podemos construir novos sistemas de informações para gerenciamento, análise e apoio à decisão. Empresários, empreendedores, dirigentes, executivos, administradores, sejam de onde forem, constantemente, enfrentam problemas, para os quais existe premente necessidade de informações, para poderem delinear e entender corretamente o problema, gerar caminhos alternativos, avaliar recursos e impactos decorrentes de tais soluções, gerar um plano realista e factível para a solução escolhida.

Hoje, as grandes razões que movimentam o mercado de sistemas de informação são:

- A consciência de que a informação é um patrimônio estratégico.
- A conscientização, cada vez maior, das vantagens do processamento distributivo da informação.
- A evolução do microprocessador, que tornou possível o desenvolvimento da tecnologia de rede.
- A crescente multiplicidade de escolhas disponíveis, para modelar soluções e componentes de sistema.

É crucial a necessidade de fazer com que o administrador esteja sempre muito bem informado a respeito do que acontece no mundo da informática, para bem aplicar as novidades tecnológicas nas suas atividades de otimização de seus recursos.

Uma outra tendência oposta traz descrições teóricas e genéricas sobre sistemas de informações. Fato que leva a pessoa a uma falta total de visão gerencial. Há que se considerar, ainda, as dificuldades decorrentes da não existência de uma terminologia consolidada pelos cientistas, que insistem em utilizar termos diferenciados para a mesma coisa.

Como cresce uma sociedade movida e orientada para a informação, o gerenciamento de dados torna-se uma atividade muito importante na organização. Sistemas de arquivamento, baseados em computador, simplificam a tarefa de manter e recuperar uma grande quantidade de dados.

O problema de como organizar os dados, para utilizar a capacidade total dos sistemas, não é, em geral, bem compreendido por todos.

Gerenciar, muitas vezes, é decidir em situações de informações incompletas. Portanto, gerenciar significa decidir em um cenário de relativa incerteza. Para decidir sob condições de completa certeza, basta um algoritmo, não um gerente.

Gerentes servem para avaliar e interpretar informações, propor e comparar ações, decidir com base em múltiplos critérios, assumir riscos, barganhar e negociar soluções que frequentemente não são as melhores do ponto de vista puramente tecnológico, político, econômico e social, mas que são factíveis ou satisfatórias, no dizer de Herbert Simon.

Para Ludwing Von Bertalanffy o saber não ocupa nichos de conhecimentos estaques e sugeriu a existência de princípios que regeriam todos os fenômenos do universo, que seria constituído de subsistemas em contínuo processo de interação, em função de propósitos plenamente justificados. O grande mérito desse cientista ao desenvolver a Teoria Geral de Sistemas foi criar uma ponte para a integração de todas as ciências.

Mesmo em 1978, quando surgiram os primeiros computadores pessoais, quase todos os programas sérios eram elaborados em Linguagem Assembly. Em 1981, a IBM lançou o seu computador pessoas com uma capacidade de memória de 640.000 bytes. No final dos anos de 1970, quando Tom DeMarco, Chris Gane e Trish Sarson escreveram sobre Análise Estruturada, não havia linguagens de quarta geração, nem ferramentas de prototipação disponíveis para desenvolver sistemas mais aperfeiçoados.

Os computadores pessoais ainda eram máquinas primitivas, como o modelo da Apple. Não havia produtos de software baseados em estações (plataformas) inteligentes que auxiliassem o analista de sistemas na elaboração dos diagramas de fluxo de dados.

A despeito de toda consideração que se vem dando ao campo dos sistemas ainda não temos um corpo de conceitos unificados. Russel L. Ackoff nos diz: diferentes termos são utilizados para conceituar a mesma coisa, e vice-versa. Este estado é agravado pelo fato de que a literatura sobre sistemas é largamente dispersada e de difícil tratamento. Pesquisas e uma variedade muito grande de disciplinas têm contribuído para o seu desenvolvimento, embora estas contribuições muitas vezes caminham no sentido contrário.

Temos presenciado transformações econômicas, políticas e sociais decorrentes da utilização de recursos tecnológicos de informática em nível mundial. A partir da década de 1970, começou a acontecer o deslocamento da hegemonia do paradigma industrial para o paradigma tecnológico, baseado na utilização de supertecnologias.

Simultaneamente há uma diminuição do custo dos equipamentos de processamento de dados e a sua disseminação no âmbito da sociedade tem crescido o interesse dos usuários, não só pelos aplicativos e pacotes.

O novo paradigma tecnológico propõe uma sociedade automática e informatizada, com fundamento nos avanços da microeletrônica, robótica e informática, por exemplo, impondo problemas administrativos, econômicos, sociais, políticas e jurídicos.

Capítulo 1

ARQUIVOS e DADOS

"O conhecimento perde seu valor, se não for aplicado no tempo certo, pois uma boa oportunidade é como uma foto, que depende muito mais do momento do que um conjunto de técnicas".

Cartier Bresson

Objetivos do Capítulo

- Mostrar que arquivar documentos é tão, ou mais, importante do que os construir.
- Mostrar que um documento só terá valor, futuramente, se for inteligentemente arquivado.
- Mostrar que qualquer projeto de empreendimento começa com: ideias, dados e informações.
- Mostrar a importância dos bancos de dados, bem como sua organização e estruturação.

1.1 Arquivo

Imagine onde acessar dados e informações para a tomada de decisão, se a empresa não possui arquivos. A primeira e mais lógica fonte de consulta para se iniciar o trabalho está nos arquivos da empresa. Assim, toda documentação deve ser arquivada. Arquivo é um conjunto de registros afins, colocados de forma ordenada e de fácil acesso. O meio de arquivar tais registros (dados, informações) pode ser: papel, acumulador, disco, fita, meio denso, filme, por exemplo.

O ser humano pode guardar informações no cérebro por algum tempo, mas não por todo o tempo. Uma outra observação que se deve fazer é que todos os arquivos têm um caráter provisório (como tudo na vida), já que podem mudar de meio, isto é, serem construídos com tecnologia de última geração.

Quanto à maneira de arquivar, os dados podem ser por: ordem (alfabética, cronológica), clientela (consumidores, fornecedores, usuários, funcionários, colaboradores, parceiros, concorrentes), região, assunto, função organizacional (produção, marketing, venda, logística, pessoal), função administrativa (planejamento, direção, controle, organização, coordenação, comando, delegação...), produto (padrão, qualidade, custo, preço, margem de lucro, rentabilidade).

É comum que o gerente do projeto, dentro do possível, arquive o máximo de dados preliminares para agilizar e ajudar no desenvolvimento e construção do mesmo. É importante que todos os participantes procurem entender que não é preciso começar do zero, pois, por mais difícil que possa parecer, é importante que se diga que sempre existem estudos anteriores. É só procurar e ter paciência em pesquisar e guardar documentos que servirão no futuro (arquivos de gaveta, arquivos de computador).

Os elementos do arquivo mais importantes são:

Endereço – É preciso saber onde acessar um arquivo e qual o meio utilizado.

Segurança – A fim de evitar que um arquivo sofra um acidente, destruição total ou alteração de seu conteúdo, tomam-se determinados cuidados, tais como: manter sempre cópias do arquivo em meios diferentes e sempre armazenar as alterações (atualizações) ocorridas no arquivo inicial.

Os principais dados a serem guardados estão nos seguintes arquivos:

- Arquivos de Resultado: Atas de Reunião; Balancetes; Balanços Patrimoniais; Demonstrativos de Resultado; Entrevistas; Relatórios.
- Arquivos de Divulgação**:** Cartas; E-mails; Convites; Filmes; Fotos; Encartes; Releases; Malas Diretas; Jornais; Folders; Cartazes; Prospectos; Portfólio; Catálogos; Desenhos.

- Arquivos de Operações: Manuais; Planos; Listagens; Programas; Relação de Telefones; Mail Listing (endereços para postagem nos correios); Relação de Serviços Profissionais; Cadastros; Projetos; Políticas; Procedimentos; Modelos; Formulários; Planilhas; Ordens de Serviço; Carteira de Pedidos; Orçamentos; Recibos; Cronogramas; Fluxogramas.
- Arquivos de Custos: Custo do Produto; Custo Fixo; Custo Variável; Custo Total; Base de Rateio.
- Arquivos de Preços: Tabela de Preço; Cálculo do Preço do Produto; Tabela de Desconto; Markups; Margem de Lucro.
- Arquivos de Negociação: Contratos Sociais; Contratos de Prestação de Serviços; Contratos de Locação; Propostas; Pautas de Discussão; Agendas.
- Arquivos de Contas: Caixa; Bancos; Despesas de Instalação; Contas a Pagar; Contas a Receber; Disponível; Patrimônio; Conta Capital.
- Arquivos de Controles Contábeis: Estoque; Faturamento; Inventário; Fluxo de Caixa; Vendas; Vendas por Vendedor; Vendas por Produto; Notas Fiscais; Faturas; Giro de Estoque.

Quando se pretende projetar um arquivo, diversas questões devem ser levantadas, abordadas e respondidas, para servirem de subsídio do projeto a ser empreendido. Deve ficar bem claro o objetivo do arquivo que se pretende construir.

1.2 Registro

O registro de tudo que for julgado importante e útil deve ser feito em arquivos, para que possa ser acessado no futuro. O registro é a justaposição de dados selecionados a um mesmo fato, com a finalidade de permitir o processamento, tendo um significado completo e determinado. Assim, na movimentação de uma conta bancária, por exemplo, veríamos que o registro é constituído de, no mínimo, o número da conta e o valor representativo dessa movimentação. Similarmente, numa movimentação de um estoque de materiais, o registro é composto de, no mínimo, um código do material movimentado em quantidade e valor monetário.

No processamento de dados, é comum a necessidade de se agrupar diversos conjuntos de informações, a fim de facilitar e dar maior velocidade às operações efetuadas sobre esses dados. Os registros podem ser:

Registro Físico – Registro feito em um determinado meio físico, como: papel ou meio denso (fita, disco).

Registro Lógico – Registro que caracteriza um valor (moeda, peso, quantidade) do registro físico.

Registro Histórico – Registro relativo a uma série histórica de dados numéricos, agrupados de forma organizada (tabelas, gráficos, quadros, planilhas).

Registro da Marca – Registro que se refere a proteção legal dada ao proprietário da marca (patente).

Registro do Produto – Todo produto precisa ser registrado no órgão competente. Assim, um produto alimentício deve ser produzido de acordo com os padrões de identificação e qualidade, em função das diretrizes estabelecidas pela ANVISA.

1.3 Dados

Dado é qualquer elemento identificado em sua forma bruta, que, por si só, não conduz a uma compreensão da situação. É um registro a respeito de um determinado evento, fato ou ocorrência. Um relatório revela uma série de dados que podem se transformar em informações quando, consistentemente elaborados, passarem a ter utilidade para a tomada de decisão.

Enquanto o dado é uma mensagem sem avaliação, a informação é um dado avaliado para uma situação específica e endereçada. Dado pode ser entendido como uma letra, um símbolo, um dígito, um número ou um caractere, que por si só não permite assimilar conhecimento e até não transmite significado, mas fornece a base de sustentação de uma informação necessária.

Os pedidos recebidos, num almoxarifado, são dados. Notas fiscais e faturas são informações.

Os dados fornecem a base de sustentação das informações necessárias para a sobrevivência da organização. Eles estarão, individualmente, sob a forma de atributos que, quando inter-relacionados e dependentes entre si, formarão uma classe de dados. Os dados criam a necessidade de administrar para, de posse de detalhes, tomar decisões acertadas e buscar soluções inteligentes, isto é, chegar a conclusões e pareceres que ajudarão a organizar os trabalhos (atividades), para uma efetiva consecução dos objetivos.

Em sua forma não processada, os dados podem quase não ter sentido. Grandes quantidades de números tendem a confundir, ao invés de esclarecer, simplesmente, porque nossa mente não é capaz de abranger a variedade e os detalhes inerentes a grandes conjuntos de dados.

Muitos detalhes atrapalham mais do que ajudam. Se os dados exigem processamento (classificação, armazenamento, relacionamento), para que possam realmente informar, também as informações exigem processamento, para que possa adquirir significado.

Os dados podem ser classificados de diferentes maneiras, tais como:

- Dados Básicos – Caracterizam o que é mais importante para o trabalho a ser realizado.
- Dados Comportamentais – Indicam sentimentos, expectativas, atitudes, opiniões, motivações, intenções, conflitos.
- Dados Ambientais – São dados relativos aos cenários, as oportunidades, as restrições, aos mercados, as situações, as mudanças.
- Dados Grupais – Indicam os índices de interação, cooperação, integração, liderança, filiação.
- Dados Históricos – Avaliam desempenhos, resultados, balanços patrimoniais, demonstrativos, carteiras de pedidos, séries históricas.
- Dados Comerciais – São relativos a consumidores, fatias de mercado, produtos, marcas.
- Dados Metodológicos – São orientações para processos, atividades, tarefas, projetos, planos, programas.
- Dados de Armazenamento – Compreendem os dados sobre compras e níveis de estoque para vários produtos.
- Dados de Consumo – Dados relativos ao consumo individual de cada cliente, cuja finalidade é montar perfis de consumo para uma determinada população.
- Dados de Empreendimento – Dados relativos a propriedades, patrimônios, investimentos, gastos, faturamentos, vendas, compras, estoques, custos, potenciais de mercado, armazenamentos, instalações, equipamentos, máquinas, tecnologias, níveis de qualidade.
- Dados de Comunicação – Dados que medem níveis de audiência no rádio e na televisão; resultados de propaganda e promoção; respostas de matérias pagas na mídia.
- Dados de Varejo – Os dados sobre o varejo se tornam uma arma mais potente, quando analisados por modelos simulatórios que permitem ao analista manipular diferentes variáveis, para determinar quanto realmente ganham em cada produto. Esses modelos examinam fatores, como: qual o espaço ocupado na prateleira por um pacote quadrado, em comparação com um redondo e quais as cores numa embalagem que funcionam melhor para determinados produtos e públicos.

1.4 Elementos dos Dados

Apresentação de Dados – Os dados apresentados devem seguir normas de linguagem. Para tal, é comum fazer uso de: terminologias, nomenclaturas, convenções, legendas, sistemas de unidades, princípios de redação. Quantas vezes têm-se o desprazer de ler textos em que unidades de medidas, como: metro; segundo; minuto; hora; quilômetro aparece, por exemplo, escrito erradamente. Eis algumas unidades escritas de maneira correta:

Hora = h (10 h); Minuto = min (20 min); Grama = g (5 g); Tonelada = t (2 t); Hectare = ha (4 ha); Temperatura = °C (40 °C); Litro = l (2 l)

Devemos observar os espaços entre o número (quantidade) e o símbolo, como por exemplo: 1 h; 2 h; 30 min; $ 1,59; 1 cm; 1 mm; R$ 2,00. As unidades monetárias devem ser escritas: $ 10; $ 100; $ 1.000 (padrão de 1 a 1.000); 1.500 dólares; 2.300 dólares; 3.800 dólares; um milhão de dólares; três bilhões de dólares; 11 milhões de dólares; 17 milhões de dólares; 1,5 bilhão de dólares; 1,3 a 5 milhões de dólares; um bilhão e meio de dólares.

Administração de Dados – A administração de dados procura identificar e modelar (estruturar) os dados que representam a empresa. A tarefa da empresa de conhecer os seus dados não pode ser responsabilidade única do pessoal de sistemas ou de processamento de dados. É da competência de todos, principalmente dos usuários, pois a eles cabe entender sua importância e utilização.

Ao administrador de dados cabe:

- Identificar, descrever e estruturar os dados.
- Determinar as necessidades de informações da empresa.
- Criar e manter os modelos de dados estáveis quanto possível.
- Obter concordância entre usuários sobre a definição e formato dos dados.
- Assegurar que os analistas e programadores obedeçam aos modelos de dados.
- Resolver os conflitos sobre incompatibilidade de representações de dados.

Características dos Dados – As principais características dos dados são:

- Geralmente têm uma frequência de mudança muito menor do que os procedimentos.
- Permitem diferentes versões de utilização, em função de sua administração.
- Precisam ser gerenciados através de um banco de dados.
- São coletados de maneira metódica, precisa e eficiente, ajudando o trabalho de análise, que precede a resolução de um problema.
- Ajudam a formar opiniões, bem como fazer avaliações, análises e medições.
- Precisam ser filtrados para consubstanciar as informações relevantes.

Organização de Dados – Após a consolidação, ou apuração, dos dados faz-se necessário sua organização, de maneira racional e prática, para um melhor entendimento. Através desta estruturação, procura-se mostrar de modo claro a compatibilidade entre os dados numéricos e o fato (fenômeno) submetido ao levantamento estatístico. A estes dados, grupados desta forma, dá-se o nome de série histórica. O objetivo da série histórica é mostrar a estreita vinculação entre os fenômenos e os dados.

Análise de Dados – A análise de dados objetiva permitir ao projetista o estabelecimento de conclusões, a partir de um levantamento da situação, identificando as anomalias e as partes separadas, que permanecerão em um conjunto de dados após este ter passado por controles de qualidade.

Comunicação de Dados – As funções mais importantes da comunicação de dados são: coleta, tratamento, distribuição, transporte e disseminação.

Fontes de Dados – Cada uma das fontes deve ser avaliada quanto à: credibilidade, custo, tempo, acessibilidade, coerência, pertinência, verificação. Após a seleção das fontes de dados, o usuário deve classificar, ordenar e arquivar as mesmas. Um princípio deve ser seguido: Aproveitar ao máximo a experiência adquirida de terceiros e, também, as próprias experiências. Vale observar que os próprios pesquisadores são as maiores fontes de dados.

Acesso ao Dado – Não há como negar que a informação é indispensável ao sucesso de qualquer atividade profissional. Mas, como ter os dados à mão sempre que necessário? Poucas empresas têm arquivos estruturados. Independente do circuito que a conduz, a informação nasce nos bancos (bases) de dados dos computadores, para depois chegar até os terminais. A tarefa é unir os interessados de quem tem e de quem quer informações.

Dicionário de Dados – O dicionário de dados fornece a informação de texto de suporte para complementar a informação gráfica. É uma listagem organizada de todos os elementos de dados pertinentes a um sistema de informações, com definições precisas e rigorosas, para que o usuário e o analista de sistemas possam conhecer todas as entradas, saídas, componentes de depósitos, cálculos intermediários e dados de procedimentos.

1.5 Coleta de Dados

Coleta de dados compreende o efetivo trabalho de recolhimento dos dados no campo junto às fontes de dados. É a etapa, geralmente, mais cara e mais crítica da pesquisa, pois, é a que mais está sujeita à introdução de erros e atrasos. Por isso, exige supervisão cerrada e um controle rígido. Ela é a reunião metódica, precisa e eficiente de acontecimentos e fenômenos necessários para o perfeito entendimento dos sistemas em uso numa organização.

A coleta fornecerá material para o trabalho da fase de análise e, consequentemente, servirá de base para o meio que resolverá o problema. Aos menos avisados poderá parecer ser fácil executar uma coleta de dados. Pensamento enganoso, porque esta ficará em função dos métodos e das técnicas escolhidos.

As operações de coleta de dados precisam ser detalhadamente planejadas e controladas para que os dados coletados tenham alta qualidade e para que as previsões de prazo e custo sejam atingidas. Apesar de existirem variações no planejamento das operações, qualquer que seja o método empregado.

Quatro elementos devem fazer parte do planejamento de coleta de dados: cronograma, orçamento, recurso e controle de despesas (caixa).

O instrumento de coleta de dados é o documento através do qual as perguntas serão apresentadas aos respondentes e onde são registradas as respostas (dados). Os dados serão registrados em questionários, formulários e fichas, por exemplo. Se estes instrumentos forem mal elaborados, com questões dúbias, escalas incorretas em gráficos e regras de preenchimento confusas, podem se tornar fontes de erros.

Geralmente, na fase de coleta de dados da pesquisa surgem problemas, relativos aos respondentes, como: não confiáveis (se recusam a cooperar) e também aos entrevistadores que podem não ser confiáveis. Mas, os métodos de coletas de dados estão melhorando, graças ao avanço da telemática.

Os métodos de coleta de dados podem ser:

- Método Dedutivo – Parte do geral para o particular, do mais alto nível para o de mais baixo nível e da generalidade para o detalhe.
- Método Indutivo – Parte do particular para o geral, do detalhe para a generalidade.

Essa distinção não é precisa nem rígida, de modo que é comum encontrar-se no mesmo estudo processos dedutivos e indutivos, aplicados conforme o caso e a abundância ou escassez de dados. Os motivos para a coleta de dados são basicamente os seguintes:

- Precisamos saber onde estão as fontes de dados e quais são elas.
- Precisamos verificar nosso nível de compreensão sobre os dados coletados.
- Precisamos estabelecer a relação custo/benefício da coleta dos dados.

1.6 Técnicas de Coletas de Dados

A seguir, as principais técnicas de coleta de dados:

Questionário – O questionário é um método comum para se coletar dados, porque utiliza uma técnica flexível que não é, necessariamente, tão dispendiosa. Os dados coletados podem ser estruturados para permitir rápidas análises estatísticas por meio do computador. É o instrumento mais comum para fazer pesquisa. Em geral, a palavra questionário refere-se a um meio de obter respostas às questões por uma fórmula que o próprio informante preenche.

Assim, qualquer pessoa que preencheu um formulário de recrutamento teve a experiência de responder a um questionário. Ele contém um conjunto de perguntas, todas logicamente relacionadas com um problema central.

O questionário consiste num elenco de questões que são apreciadas e submetidas a certo número de pessoas com o intuito de obter respostas para perguntas selecionadas. E para que estas sejam significativas, é importante verificar os meios de como, quando e onde aplicar questionários. É bom lembrar que o mesmo serve também para dar apoio e orientação na condução da entrevista.

Uma pergunta feita ao entrevistado, com base no questionário, gera possíveis desdobramentos que podem ser registrados à parte do questionário, sem que, com isto, a entrevista tome um direcionamento indesejável e, consequentemente, se desvie do objetivo proposto.

Levantamento Postal – É a abordagem menos flexível de coleta de dados, porque seu questionário tem de conter um conjunto de perguntas específicas que precisam ser padronizadas. Não oferece oportunidade para que os pesquisadores esclareçam as perguntas. Além disso, a taxa de resposta para os levantamentos postais é tipicamente baixa. Muitas vezes, menos de 20% do público responde a levantamentos feitos pela Internet. Os pesquisadores têm de adivinhar se os não respondentes dariam as mesmas respostas daqueles que responderam.

Levantamento Virtual – É a pesquisa de produto que se faz via internet, nos seus aspectos qualitativos e quantitativos. Esta coleta de dados é muita rápida e gratuita, mas não permite que se acredite em tudo que os sites das empresas expressam, em suas páginas.

Entrevista – É a técnica por excelência para levantamento de dados. Consiste de contatos com os elementos envolvidos nas operações em estudo, a fim de que estes possam fornecer dados relativos às mesmas. As entrevistas são:

- Entrevista Pessoal – A entrevista pessoal é o método de levantamento mais caro, porque os pesquisadores precisam contratar, treinar e supervisionar os entrevistadores que vão falar com os respondentes. Mas este método também é o mais flexível, porque as perguntas podem ser passadas e repassadas a fim de garantir que a informação seja a mais verdadeira possível. O questionário usado em uma entrevista pessoal já não pode mais ser usado para levantamento pelo correio e pelo telefone, já que esta situação, frente a frente, dificulta ao entrevistador cortar a entrevista.

- Entrevista por Telefone – A entrevista telefônica é o mais rápido dos métodos de levantamento de dados. Dentro de pouco tempo e por uma quantia fixa, os entrevistadores podem chamar muitas pessoas e obter respostas imediatas para completar seu questionário.

- Entrevista Virtual – É feita via Internet.

Leitura da Documentação – É a mais primitiva e lógica das técnicas de coleta de dados. Qualquer início do trabalho de pesquisa em uma organização começa por seus arquivos.

Observação – A observação fundamenta-se em procedimentos de natureza sensorial, como produto do processo em que se empenha o pesquisador no mundo dos fenômenos empíricos. A observação, uma das atividades mais comuns do dia a dia, não deve ser confundida com a observação como método. No primeiro caso, o significado radical da palavra é simplesmente ver. No segundo caso, o observador deve reunir certas condições, tais como ter: órgãos sensoriais em perfeito estado e um bom preparo intelectual, aliado à sagacidade, curiosidade, persistência, perseverança, paciência e um grau elevado de humildade.

A observação deve ser sempre uma atividade humana para um aprendizado ativo com uma postura dirigida para um determinado fato. O método observacional é considerado o primeiro passo de um estudo de qualquer natureza, no entanto, a observação do indivíduo estará em função da sua percepção. Por isso, uns vêem coisas que outros nem desconfiam.

A observação é um método amplamente utilizado pelo homem desde as mais remotas eras. Este método ligado ao senso comum, geralmente, não é estruturado nem planejado. Na maioria das vezes, ocorre de forma casual, a partir de fatos da realidade que despertam determinado interesse. Durante a realização das entrevistas, as observações feitas podem ser registradas junto ao questionário de apoio, possibilitando uma investigação posterior mais detalhada.

Estimativa – Sempre que as técnicas acima mencionadas se revelarem ineficazes, insuficientes ou inaplicáveis, faz-se necessário utilizar estimativas. Isso é verdade, particularmente, quando se enfrenta a tarefa de levantamento de dados referentes a volume de trabalho ou de custo operacional de uma seção, departamento ou empresa. Neste caso, devem-se fazer estimativas quanto às quantidades consideradas e procurar meios e processos, que permitam verificar a precisão das mesmas.

Amostragem – A amostragem seleciona unidades, elementos e amostras com o objetivo de estimular outros valores, tais como: média, mediana, moda, variância e desvio padrão. A finalidade deste método é reduzir custos, eliminar desperdícios de tempo, obter dados mais confiáveis e simplificar o trabalho. Os objetivos do levantamento amostral devem ser definidos com clareza.

Para que as estimativas dos parâmetros populacionais sejam representativas, deve-se fazer uma seleção ao acaso, desde que todos os elementos tenham a mesma possibilidade de ser selecionados. Por esse processo, cada elemento de uma população deve ter a mesma probabilidade de ser incluído na amostra. Além da amostragem aleatória existe a: amostragem por conglomerado, amostragem estratificada e amostragem de múltiplos estágios.

A amostragem está baseada em duas premissas:

- Há similaridade suficiente entre os elementos de uma população, de tal forma que uns poucos elementos representarão, adequadamente, as características de toda a população.
- A discrepância entre os valores das variáveis na população e os valores das variáveis obtidos na amostra são minimizados.

A Teoria da Amostragem nos diz que os resultados oferecidos por um número muito grande de amostras se encaixam num modelo padrão chamado de distribuição normal. É verdadeiro que quantidades de população de muitos milhões podem ser avaliadas a partir de apenas 500 pessoas, se a amostra for adequadamente selecionada. Esta teoria é um estudo das relações existentes entre a população pesquisada e a amostra utilizada, tanto em quantidade (tamanho), como em qualidade (confiança, precisão).

Nem sempre o tamanho da amostra é diretamente proporcional a sua precisão, porque é preciso considerar os critérios de seleção das amostras.

1.7 Banco de Dados

Um banco de dados pode ser entendido como uma coleção de arquivos estruturados, não redundantes e inter-relacionados, que proporciona uma fonte única de dados para uma variedade de aplicações.

O banco armazena a informação usada em comum pelos diversos subsistemas de uma empresa com base na moderna tecnologia de processamento eletrônico, permitindo que ela possa arquivar e acessar dados sobre diversas operações com velocidade e precisão. É indispensável que a implantação do banco de dados satisfaça às necessidades dos usuários e que cada subsistema utilize a mesma base para suprir a falta de informação, porque, caso contrário, o próprio objetivo do banco estará comprometido.

Um banco de dados nada mais é do que um conjunto de bases de dados, associado a um conjunto de programas de gerenciamento das bases, visando formar uma espécie de arquivo mãe de todos os dados.

Os bancos de dados ajudam a administração da organização, porque podem ser de: recursos, consumidores, fornecedores, funcionários, concorrentes, candidatos, métodos, por exemplo. Seu uso em marketing ajuda a identificar consumidores em potencial, segmentar mercados, definir quais consumidores devem receber uma oferta específica, manter consumidores e reativar consumidores perdidos. É muito comum se confundir listagem com banco de dados.

A listagem é um arquivo de nomes, endereços (real e virtual) e telefones.

O banco de dados contém, além dessas informações, muitas outras, em função da finalidade de sua utilização. É necessário esclarecer que listagem é sinônimo de lista, relação e rol. Já o mail-listing é uma relação de endereços para entregas a serem feitas por meio dos correios e/ou motoboys, geralmente, para atender pedidos por qualquer meio.

A construção eficiente e eficaz de bancos de dados necessita da administração de dados. Caso contrário, não passaria de mais um método de organização ou acesso a arquivos em um computador. Ao administrador do banco de dados cabe cuidar das adaptações impostas pelas restrições do software de gerenciamento dos bancos de dados e dos aspectos de desempenho e de segurança. Também será mais fácil tomar decisões já que você poderá obter respostas e inferir dados para mudar o curso da decisão.

Os bancos de dados são coleções abrangentes para servir a uma ampla variedade de aplicações, isto é, guardam dados para uma futura consulta. Embora o banco de dados seja um conjunto de dados organizados de maneira lógica, visando permitir a otimização dos processos referentes a seu armazenamento e recuperação, devemos estar atentos para a independência que deve haver entre os dados e os aplicativos que deles fazem uso.

No passado, era muito fácil encontrar aplicativos que eram confundidos com banco de dados. Atualmente, com facilidades relativas à conectividade, existem maiores condições de aplicar o conceito de banco de dados em sua plenitude.

1.8 Elementos do Banco de Dados

Base de Dados – Uma base de dados pode residir em um computador, nos arquivos ou na memória das pessoas. Ela contém a informação necessária para alcançar um determinado fator chave de sucesso. A base de dados deve ser, sistematicamente, identificada e relacionada à decisão administrativa.

Rol de Dados – O rol de dados é uma amostra de valores de um referido universo (população), de forma organizada. A seguir, um exemplo de um rol de distribuição, relativo a 80 vendedores de uma empresa, que apresentou um resultado de vendas, num determinado período:

Intervalo	Valores de Vendas/Vendedor	Frequência	F (%)	% A C
(55 – 59)	59,59,59	3	4%	4%
(60 – 64)	60,60,60,61,61,62,62,62,63,63	10	12%	16%
(65 – 69)	65,65,65,66,67,67,68,68,68,69,69	11	14%	30%
(70 – 74)	71,71,71,72,72,73,73,73,73,73,74,74,74	12	15%	45%
(75 – 79)	75,75,75,75,75,75,75,76,76,76,76,77,77,78,78, 78,78,78,79,79	21	26%	71%
(80 – 84)	80,81,82,82,83,84	6	8%	79%
(85 – 89)	85,85,85,86,87,88,88,88,89	9	11%	90%
(90 – 94)	90,93,93,94	4	5%	95%

(95 – 99)	95,95,96,97	4	5%	100%
Soma		80	100%	

Quadro 4.1: Rol de Distribuição.

Pergunta: Qual a média aritmética do rol de distribuição apresentado?

Solução:
Maior valor = 97
Menor valor = 59
Amplitude total = 97 - 59 = 38
Amplitude útil = 100 - 55 = 45
Intervalo de classe = 5 (valor arbitrado)
Número de classes = 45 / 5 = 9

A média aritmética da distribuição está no intervalo (75 – 79) por compreender o percentual acumulado (AC) de 50%. A distribuição apresenta uma curva do tipo quase normal, porque a maioria dos vendedores está dentro da classe de maior frequência (21). Por outro lado, 45% correspondem a 75. O valor médio (50%) é encontrado da seguinte maneira:

50% (valor médio) = 45% + 5% =76

O valor de 5% acrescido é igual aos 26% divididos pelo intervalo de classe, ou seja, 26% / 5 (5% aproximadamente), isto é, a cada ponto a mais, no intervalo de classe, significa um acréscimo de 5%.

Armazenagem de Dados – A preocupação com o armazenamento é de grande importância, pois os dados devem ser corretamente armazenados no banco de dados, além de que deve necessariamente haver uma maneira organizada e lógica de se estabelecer o banco de dados. No que diz respeito à recuperação, nota-se que é importante também que os dados ofereçam certa disponibilidade, bem como seja possível retomá-los rapidamente. Os dados são matérias-primas da informação e que, portanto, não podemos esperar muito tempo para a sua recuperação, porque podemos perder uma oportunidade.

Estrutura de Dados – Um dos mais significativos aspectos de um banco de dados é o tipo de estrutura de dados ao qual dará suporte. A estrutura de dados de um arquivo é a estrutura organizacional que deverá ser levada em consideração pelo usuário, de modo a processar o arquivo com as facilidades à sua disposição e na linguagem que estiver usando.

Abordagem de Dados – A abordagem de dados cria condições a várias aplicações, especialmente em controle gerencial. Então, a atividade gerencial de controle se desenvolve através de um questionamento, para buscar relações entre as diversas condições e eventos, que ocorram numa determinada área. À medida que você perguntar e obtiver respostas, ficará fácil fazer inferências e também será possível mudar rapidamente o curso da decisão.

Tratamento de Dados – Durante muitos anos, o analista projetava a linha de montagem do sistema baseando-se nos programas ou processos de tratamento, isto é, a partir das necessidades, ele ia concebendo os diversos grupos de dados que ia passando de uma a outra etapa do serviço, formando os produtos intermediários da linha de produção. Essa política, embora buscasse otimizar a eficiência do processo como um todo, gerando e organizando os dados de modo a ter, em cada ponto do mesmo, exatamente aqueles dados necessários, arrumados do modo mais conveniente para facilitar o tratamento naquele ponto, apresentava certo número de problemas na hora de fazer alterações no sistema.

Gerência de Dados – Ao gerente do banco de dados cabe cuidar das adaptações impostas pelas restrições do software de gerenciamento dos bancos de dados e dos aspectos de desempenho e de segurança. Qualquer alteração de um programa motivada, por exemplo, por novas necessidades do usuário, pode implicar em modificar dados produzidos por aquele programa, os quais, sendo também utilizados por outros programas, acabam exigindo uma série de modificações em cadeia, o que se torna custoso e demorado.

Surgiu, então, uma outra forma de se resolver esse problema, que consistia basicamente em se definir, de uma só vez e de forma integral, todo o conjunto de dados que serão necessários para todos os processos de tratamento. Esta arrumação unificada e genérica do estoque de dados evita redundâncias e incompatibilidades entre os mesmos, cópias espúrias divergentes entre si, descontroles nas eventuais alterações de dados e programas.

A gestão centralizada do arquivo principal permite aprimorar o controle de qualidade dos dados introduzidos no sistema, aumentando a confiabilidade dos mesmos. Naturalmente, a empresa com arquivos desta natureza não é prática. São então utilizados programas, cuja função é a de gerenciar o banco de dados, segundo os critérios de arrumação, filtragem, ordenação e seleção.

1.9 Tipos de Banco de Dados

A seguir, os mais relevantes tipos de banco de dados e suas principais funções:

Banco de Dados de Candidatos – Este banco de dados deve conter os dados de candidatos potenciais a futuras vagas na empresa, principalmente, sobre mão de obra especializada. Com tal procedimento, não perdemos recurso e tempo no recrutamento e na seleção de pessoas.

Banco de Dados de Custeio – Conjunto de dados coletados que são organizados e inter-relacionados para uso de sistema de informações de custeio, baseado em algumas atividades da empresa.

Banco de Dados de Clientes – Um banco de dados de clientes é um conjunto organizado de dados abrangentes sobre clientes atuais e potenciais que seja atualizado, acessível, acionável e destinado a: geração e qualificação de interessados, venda de um bem ou serviço, manutenção de relacionamentos. Também pode ter dados sobre mercados, produtos, ambientes, cenários, candidatos, fornecedores, distribuidores, agentes, revendedores, atacadistas, funcionários, concorrentes, consumidores.

Banco de Dados de Fornecedores – Os fornecedores de recursos ajudam a entender os valores que se processam no mercado, como: custos, preços, créditos, financiamentos, margens de lucro, levando o empresário a determinar o nível de compras necessário, para que a empresa sobreviva.

Banco de Dados de Distribuidores – Os distribuidores são os intermediários entre a fábrica e o varejo, isto é, são os detentores dos canais de distribuição. Um dos princípios da distribuição moderna exige que o fabricante não passe a ignorar seu produto, tão logo este tenha passado de suas mãos para agentes, atacadistas e varejistas. A distribuição bem-feita estimula a demanda.

Banco de Dados de Varejistas – Os varejistas são considerados os pontos onde os produtos são repassados às mãos dos consumidores finais. Varejo é o espaço (real ou virtual) onde o consumidor compra um determinado produto.

Banco de Dados de Atacadistas – Os atacadistas são distribuidores que assumem a propriedade dos bens que negociam. O sistema de atacado significa que o fabricante pode fazer negócios com um número menor de intermediários, podendo fazer entregas individuais maiores. Os atacadistas exercem um papel muito importante, principalmente, no abastecimento do pequeno varejo, para os quais a indústria não vende diretamente.

Banco de Dados de Reparadores – A empresa precisa ter um banco de dados de mão de obra especializada para serviços de reparação, construção e manutenção de suas instalações.

Banco de Dados de Vendedores – O pessoal de recrutamento de vendedores deve estar de posse de uma série de indicadores que propiciarão um bom recrutamento, a saber: Linha de produto a ser vendida; Mercado a ser atingido; Tipo de trabalho de venda a ser realizado; Características da região de atuação;

Política de remuneração; Requisitos culturais necessários ao desempenho do trabalho; Conhecimentos técnicos dos produtos; Volume e peso do material do vendedor; Relatórios e formulários a serem preenchidos; Desejável conhecimento anterior do mercado; Características da equipe em que será agregado; Tempo médio de duração da visita; Número de visitas por dia; Sistema de comunicação; Sistema de informações.

Banco de Dados de Empregados – O empregado é visto como um recurso importante à medida que se torna mais produtivo, trazendo riqueza para a empresa. Este banco deve ter um caráter meritocrático, quando se precisar avaliar o empregado, principalmente, para a sua promoção e remuneração.

A direção da empresa deve estar sempre recrutando, selecionando e treinando mão de obra, por se tratar de um recurso muito volátil.

Banco de Dados Online – Este banco é baseado em sistemas de serviços computadorizados em regime de tempo particionado. Os usos mais eficientes dos bancos de dados on-line incluem: descarregar informações na forma digital e que sejam facilmente manipuladas, sem precisar de redigitação; carregar as estatísticas diretamente nas planilhas, o que contribui para uma análise instantânea; selecionar os dados em computador, o que reduz o desvio do volume de dados e evita sobrecarga de informações.

Banco de Dados Estatísticos – É uma coletânea de técnicas e procedimentos usados para solução de problemas complexos, por meio da programação matemática. Tais bancos são representações matemáticas de situações que exigem uma decisão de solução.

Banco de Dados de Marketing – É um conjunto organizado de dados abrangentes sobre consumidores atuais, consumidores potenciais ou consumidores prováveis, preparado de acordo com os propósitos de marketing, como geração e qualificação de eventuais interessados na venda e/ou compra de um produto, ou, ainda, no gerenciamento de relacionamentos com consumidores (CRM).

1.10 Cadastro

Cadastro é um conjunto de dados sobre pessoas (físicas e jurídicas), consumidores, distribuidores, fornecedores de recursos, funcionários, candidatos a emprego, profissionais especializados, vendedores, voluntários, pacientes, colaboradores.

Embora os cadastros sejam preenchidos preliminarmente através de formulários ou fichas, os mesmos são acumulados em arquivos de computadores, para uma fácil recuperação.

A seguir, as principais Fichas de Cadastro utilizadas numa empresa:

<table>
<tr><th colspan="2">Ficha de Descrição de Cargo</th><th>N°:</th></tr>
<tr><td colspan="3">Cargo: Gerente de Vendas</td></tr>
<tr><td>Data de Elaboração:</td><td colspan="2">Data de Revisão:</td></tr>
<tr><td>Departamento: Marketing</td><td colspan="2">Divisão: Vendas</td></tr>
<tr><td>Grupo Salarial: B2</td><td colspan="2">Centro de Custo: CC 02</td></tr>
<tr><td colspan="3">Objetivos Básicos:

Responsabilidades (relacionar as principais):</td></tr>
<tr><td colspan="3">Funções mais Importantes:</td></tr>
<tr><td colspan="3"></td></tr>
<tr><td colspan="3"></td></tr>
<tr><td colspan="3"></td></tr>
</table>

Supervisão Exercida: Supervisores e Vendedores
Supervisão Recebida: Diretor de Marketing
Requisitos Mínimos: Graduado em administração; Conhecimentos de mercado e de vendas; Personalidade articulada, motivadora e persuasiva; Habilidade de falar e de escrever; Capacidade de comunicação e liderança; Experiência mínima de 5 (cinco) anos num cargo executivo de vendas.

Formulário 1.1: Ficha de Descrição de Cargo.

Ficha do Cliente Consumidor		
Número da Ficha:		Data:
Cliente:		
Endereço Real:		
		CEP:
Bairro:	Cidade:	Estado:
Telefones:		
Endereço Virtual:		
Profissão:		Atividade:
CPF:		RG:
Filiação:		
Consultas para Crédito:		
SPC e outros:		
Bancos:		
Crédito (limite):		
Cartões:		
Observações:		

Formulário 1.2: Ficha do Cliente Consumidor.

Ficha do Funcionário		
Nº		Data de Admissão:
Nome:		
Endereço Real:		
		CEP:
Bairro:	Cidade:	Estado:
Telefones:		
E-mail:		
CPF:		RG:
Filiação:		
Nível Escolar:		Estado Civil:
Nacionalidade:		Natural:
Esposa:		
Filhos (dependentes):		
Profissão:		Sexo:
Cargo:		
Funções:		
Ultimas Atividades:		
Departamento:		Centro de Custo:

Salário:		
Banco:	Agência:	Conta:
Contrato de Trabalho:		

Formulário 1.3: Ficha do Funcionário.

Ficha do Fornecedor		
Número da Ficha:		Data:
Fornecedor:		
Endereço Real:		
		CEP:
Bairro:	Cidade:	Estado:
Telefones:		
Site:		
Endereço Virtual:		
CNPJ:		Inscrição Estadual:
Setor da Economia:		
Atividades:		
Recursos Disponíveis:		
Prazo de Pagamento:		
Prazo de Entrega:		
Distribuição Própria:		
Observações:		

Formulário 1.4: Ficha do Fornecedor.

Ficha de Cadastro Simplificado		
Nome:		
Endereço:		
CEP:	Bairro:	Cidade (Estado):
Telefones:		
E-mail:		
Profissão:		
Campo de Atuação:		
Empresa Anterior:		
Endereço:		
Telefones:		
Cargo Ocupado:		

Formulário 1.5: Ficha de Cadastro Simplificado.

Ficha de Cadastro e Avaliação do Candidato		
Nº da Ficha:		Data:
Nome:		
Endereço Real:		
		CEP:
Bairro:	Cidade:	Estado:
Telefones:		
Endereço Virtual:		
CPF:		RG:
Filiação:		
Data (nascimento):	Peso:	Altura:

Nacionalidade:	Natural:
Estado Civil:	Sexo:
Nível Escolar:	Profissão:
Vida Escolar (principais cursos):	
Vida Profissional (principais ocupações):	
Faixa Salarial Pretendida:	
Referências:	
Especialidade:	
Gostos Culturais:	
Banco:	Agência:
Cargo Pretendido:	
Vida Recreativa:	
Avaliação: Contratar Imediatamente Contratar Aguardar Oportunidade Reformular Pedido de Recrutamento Não Contratar	
Avaliador (Nome e Cargo):	
Observações:	

Formulário 1.6: Ficha de Cadastro e Avaliação do Candidato.

1.11 Correspondência

Correspondência é o meio de comunicação escrita trocada entre órgãos da empresa ou externos a ela, com o objetivo de informar, documentar e formalizar: uma providência, uma decisão ou uma solução de um determinado assunto, situação ou problema, respectivamente.

Em sentido genérico, a correspondência significa ação relativa à pessoa que envia um apelo, pedido ou ato que lhe vem de outra pessoa, mesmo que esta esteja por trás de uma máquina. Por ampliação de sentido, passou a designar todo o conjunto de instrumentos da comunicação escrita.

O conceito de correspondência abrange maior quantidade de pormenores, tanto que na correspondência administrativa deve-se observar um conjunto de normas que orientam a elaboração e a circulação de papéis e documentos necessários ao comércio e à indústria. Esses papéis visam criar e manter relações de negócios.

As correspondências no mundo corporativo são:

Correspondência Administrativa – A correspondência administrativa significa uma ação relativa a um pedido, uma decisão, uma resolução de problema ou uma apresentação, por exemplo. A correspondência é vista como uma comunicação escrita que deve obedecer a um conjunto de normas que orientam a elaboração e a circulação de papéis e documentos necessários às relações de negócio.

Na comunicação administrativa, é possível que problemas de comunicação surjam, em função de excessos, tais como: Excesso de Filtragem da Informação; Excesso de Chefia; Excesso de Contatos

Funcionais; Excesso de Reuniões; Excesso de Centralização e também por falta de: método, conhecimento, informação, objetividade, racionalidade, organização, estratégia, por exemplo.

Correspondência Comercial – Numa economia existem dois grandes blocos voltados para os negócios. A produção cria bens, serviços e ideias e o comércio se ocupa da transferência, movimentação, distribuição, compra, venda e propriedade dos produtos.

A maior importância da correspondência comercial reside no fato de que ela serve como instrumento para fechamento de negócios. Deve, por isso, propor negociações que levem a bom termo e criar uma imagem positiva das partes. Não deve, portanto, ser utilizada para assuntos irrelevantes ao setor em que a empresa atua.

A correspondência comercial serve ainda como: agente de relações públicas e canal de comunicação com consumidores, usuários e pacientes, para produtos, marcas e serviços.

1.12 Exemplos de Correspondência

A seguir, alguns exemplos de correspondência:

Carta Comercial:

Rio de Janeiro,

Ao
Jornal Extra

Prezado Diretor de Edição
Sr. Octavio Guedes

Coletânea de Temas do Mundo Corporativo

Lendo o Jornal Extra, de 04/04/2015, encontrei o Encarte Zona Norte, onde aparecem diversas matérias bem abrangentes. Como tenho alguns livros publicados (6) de Administração & Negócios, bem como em e-books (5), que disponibilizei, gratuitamente, por meio do meu BLOG, Administração ao Alcance de Todos, vi a possibilidade do desenvolvimento de uma coluna, no referido encarte, chamada "Mundo Corporativo".

Por tal, resolvi lhe enviar, em anexo, um arquivo de um dos meus e-books, chamado *Odisseia do Empreendedor*, com muitos temas relacionados à Administração Empresarial, fruto de muitos anos de pesquisas, análises, avaliações, reflexões e revisões, durante o período em que fui administrador, professor universitário e autor de livros didáticos. Talvez, este Jornal possa aproveitá-los, como ferramentas àqueles que pensam em se tornar empreendedores mais esclarecidos, para enfrentar projetos de novos negócios.

Atenciosamente
Prof. Nelson Pereira da Costa

Circular:

Nº:

Rio de Janeiro,

Do: Departamento de Marketing
Para: Força de Vendas

Como é do conhecimento de todos da equipe de vendas, nossa empresa passa por dificuldades financeiras, tendo em vista que o faturamento caiu a níveis alarmantes. Não sendo possível manter o montante atual de despesas, informo:

- A conta representação para almoços e recepções será cancelada.
- A verba com publicidade e propaganda será bem reduzida.
- A frota de veículos da empresa será leiloada.

- Os vendedores terão de usar seus próprios automóveis, para se deslocar.

Finalmente, gostaria de comunicar que teremos de cortar nossas despesas em 50% e que, provavelmente, teremos de dispensar mão de obra. Coloco-me a inteira disposição da equipe para os devidos esclarecimentos, aguardando sugestões a fim de que possamos estabelecer estratégias e elaborar um Plano Anual de Marketing.

João das Couves
(Diretor de Marketing)

Memorando:

Para: Chefe do Departamento de Engenharia
Do: Diretor-Geral

Data: 20/08/2008

Assunto: Projeto X

Sr. Castilho

Estou lhe encaminhando o projeto elaborado pela equipe de Pesquisa & Desenvolvimento, para sua apreciação, análise e avaliação, a fim de ser estudado a viabilidade do projeto em pauta. Favor providenciar tal estudo para um prazo de 10 (dez) dias.

Atenciosamente

Jose João Antonio
(Diretor-Geral)

Ofício:

Ofício Nº 116 / 20XX
Local e Data
Assunto:

De: Sindicato dos Administradores do Estado do Rio de Janeiro
Para: Comissão Municipal de Defesa do Consumidor

Dirigimo-nos a V.Sas. para informar que temos recebido uma série de denúncias e reclamações de administradores, quanto às Instituições que vêm oferecendo, por meio de anúncios veiculados nos principais jornais, "Cursos de Administração de Empresas", sob o argumento de serem os mesmos de atualização e aperfeiçoamento profissional.

Estas organizações, promotoras de tais atividades, estranha e indistintamente, oferecem aulas aos sábados, domingos e feriados, em hotéis, com reduzida carga horária e versando sobre atuações profissionais, que flagrantemente destoam do Campo da Administração, tratando a Administração como coisa sem importância e, pior, de maneira "oba-oba".

É público e notório o problema do ensino no Brasil, em especial no nível de 3º grau, assim como a ânsia das pessoas, agravada pelos problemas socioeconômicos, em galgar melhores posições dentro das estruturas organizacionais, de tal forma, que este tipo de "curso" acaba, como num passe de mágica, transformando um curso ministrado em quatro anos numa série de atividades de apenas 80 horas.

Portanto, é por considerar enganosos os anúncios veiculados, bem como danosos à formação profissional, que encaminhamos a presente denúncia à consideração de V.Sas., certos de que as providências cabíveis serão levadas a efeito.

Cordialmente

____
Jorge Joaquim de Oliveira
(Presidente)

Anexos:

1.13 Documentação

A documentação pode ser considerada como um conjunto de informações relativas a um fato, um problema, uma situação, um plano, um resultado, uma política, uma previsão, uma decisão, uma estratégia, uma estrutura, um projeto, por exemplo. Não se deve jamais perder de vista o fato de que a documentação é a ponte entre os especialistas e os generalistas, e que, por isso, deve ter uma sólida e clara estrutura.

A simples acumulação de cartas, formulários, diagramas e relatórios, de modo algum, transmitirão a terceiros, o sentido e o funcionamento da empresa. Uma empresa que não tenha uma documentação acessível e logicamente organizada terá imensas dificuldades para conhecer o passado e projetar o futuro.

Muitas vezes, a documentação passa a ser um fator crítico de sucesso.

Embora a documentação atualizada seja fator primordial, em qualquer fase do desenvolvimento empresarial, ela passa a ser um fator competitivo, quando adentramos na operação e na manutenção de máquinas, equipamentos e sistemas.

Não traz resultados positivos para o estudo ouvir aulas, por mais brilhantes que sejam, nem adianta ler livros clássicos e célebres.

Só tem algum valor a documentação que puder estar à disposição em qualquer momento.

Portanto, a documentação de tudo o que for julgado relevante e útil, em função do estudo e do trabalho, deve ser arquivada (meios densos, papéis). Do ponto de vista técnico e enquanto método pessoal de estudo, pode-se falar que a documentação pode ser classificada em:

Documentação Temática – Visa coletar elementos relevantes para um estudo em geral ou para a realização de um trabalho específico, sempre dentro de determinada área.

Documentação Bibliográfica – Constitui um acervo de informações sobre livros, artigos e demais trabalhos que existem sobre determinados assuntos.

Documentação Geral – É aquela que organiza e guarda documentos úteis, retirados de fontes, tais como: jornais, revistas, textos, relatórios.

1.14 Documento

Documento é o registro material de determinado conhecimento que se possa utilizar para consulta, estudo ou prova. Assim, só se pode avaliar, de forma solidamente estruturada, se temos uma documentação pertinente, quando a mesma ajudar na ação administrativa.

Um documento pode ser considerado como qualquer informação, sob a forma de: textos, imagens, sons, sinais, gravações, pinturas, por exemplo, que fundamenta um determinado estudo.

Julgamos conveniente apresentar o conceito de documento, formulado pela Union Française des Organismes de Documentation, por nos parecer o mais preciso e completo: *Documento é toda base de conhecimento fixado materialmente e suscetível de ser utilizado para consulta, estudo ou prova.*

Como tudo na vida, os documentos têm suas vantagens e desvantagens:

Vantagens do Documento:

- O documento, por ser escrito, dá mais segurança e formaliza o ato, a ação, o objetivo, a missão, a filosofia, a decisão, a estratégia, a tática, a estrutura, o plano, a política, o procedimento, o projeto.
- O documento serve de guia para a dissipação de dúvidas, conflitos e restrições legais.
- O documento serve para registrar informações, conclusões, tendências, pesquisas, previsões, negociações.
- O documento serve de instrumento de poder sobre a propriedade de qualquer objeto.
- O documento determina quem é quem na organização, estabelecendo limites de atuação.

Desvantagens do Documento:

- O documento burocratiza a empresa, castrando o contato pessoal e a criatividade.
- O documento escraviza o ser humano a regulamentos, colocando de lado a figura do líder e exaltando a do chefe.
- O documento centraliza o poder de decidir.
- O documento pode tornar o usuário apenas um meio e não um fim.
- O documento traduzido enfoca um ambiente diferente, fazendo com que o administrador tenha os pés no país de origem e a cabeça no exterior.

1.15 Classificação dos Documentos

A seguir, uma classificação dos documentos:

Documento Descritivo – É uma representação escrita de um objeto, fato, situação, coisa, lugar, resultado. A descrição pode ser uma "fotografia" e/ou uma interpretação pessoal do relator. O que se espera de uma descrição não é tanto pela riqueza de detalhes, mas sim pela capacidade de observação aguda daquele que constrói o documento.

São exemplos de documentos descritivos: Relatório, Sinopse, Currículo, Demonstrativo de Resultado, Balanço Patrimonial.

Documento Normativo – É um conjunto de comandos diretos e cursos de ação que devem ser seguidos fielmente. Tais comandos são conhecidos como norma (regra). O conjunto de normas, que diz como e quem pode fazer, envolvendo um procedimento, chama-se regulamento.

A diferença entre princípio e regra é que o primeiro é uma verdade fundamental, genérica, que serve de base à segunda.

As regras nada mais são do que verdades específicas ou restritas, possuindo, geralmente exceções.

São exemplos de documentos normativos: Política, Procedimento, Diretriz, Regulamentação Organizacional, Regulamentação Governamental, Estatuto, Ata de Constituição de Sociedade, Regimento, Lei.

Documento Metodológico – É um arranjo escrito de etapas (passos) de ação através de uma organização lógica e racional de métodos, para algum propósito. Um método é um procedimento, em geral, para tratar de encontrar, analisar ou resolver um problema, de maneira sistemática, com um mínimo de esforço, custo e tempo. São exemplos de documentos metodológicos: Plano de Aula, Estudo de Caso, Método de Previsão, Projeto.

Documento Prescritivo – Determina, limita, regula e ordena aquilo que precisa ser feito, dentro de um determinado tempo, ou não, para atingir um objetivo predeterminado. São exemplos de documentos prescritivos: Programa, Plano, Estratégia, Tática, Orçamento.

Documento Corrente – Como o nome diz é aquele utilizado no dia a dia da empresa. São exemplos de documentos correntes: Duplicatas, Notas Fiscais, Cheques, Promissórias, Boletos de Pagamento, Atas de Reunião, Propostas.

Documento de Suporte – Documento que ajuda no desenvolvimento e construção de um projeto. São exemplos de documentos de suporte: Tese, Relatório de Pesquisa, Descrição de Experiência.

Documento Declaratório – Esclarece uma relação entre duas ou mais pessoas (física e/ou jurídica). São exemplos de documentos declaratórios: Declaração, Atestado, Procuração, Carta Representação.

Documento Peticional – O documento peticional faz um pedido a um poder constituído. São exemplos de documentos peticionais: Petição, Requerimento.

Documento Operacional – É aquele que pode ser utilizado como ferramenta de trabalho, de consulta, de coleta de dados e de referência. Os principais exemplos são: Manual, Questionário, Formulário, Gráfico, Modelo, Diagrama, Projeto, Planilha, Quadro, Tabela, Árvore de Decisão, Cronograma, Fluxograma, Matriz, Sinopse, Figura, Ilustração, Agenda de Trabalho, Agenda de Reunião, Relatório, Plano, Política, Programa.

Documento Contratual – O documento contratual diz respeito a um acordo (combinação, ajuste) entre duas ou mais pessoas para execução de determinada coisa, sob determinadas condições.

São exemplos de documentos contratuais: Contrato de Locação, Contrato de Trabalho, Contrato Social, Arrendamento Mercantil, Contrato de Leasing, Distrato Societário, Escritura de Compra e Venda, Escritura de Cessão de Direitos, Escritura de Comodato.

Documento Oficial – Geralmente a fonte mais fidedigna de dados, pode dizer respeito a atos individuais ou coletivos. São exemplos de documentos oficiais: Filme, Foto, Catálogo, Ficha, Prontuário.

Documento Jurídico – Constituem uma fonte rica de informes do ponto de vista sociológico, mostrando como uma sociedade regula o comportamento de seus membros e de que forma resolvem os problemas sociais. São exemplos de documentos jurídicos: Constituição, Código Civil, Portaria.

Documento Estatístico – Conjunto de dados coletados, que abrange um determinado universo, de forma direta ou indireta. São exemplos de documentos estatísticos: Rol, Amostra, Histograma, Relação, Série Histórica.

Documento Particular – Documento exclusivo, sobretudo, por seu conteúdo não oferecer apenas fatos, mas o significado que estes tiverem para aqueles que o viveram, descrito em sua própria linguagem. Os principais problemas enfrentados pelo pesquisador ao lidar com documentos particulares (pessoais) são: falsificação, maneira de apresentação, discrepâncias e incongruências com a realidade, distorção deliberada, autopromoção e desconhecimento do objetivo, por exemplo.

Documento de Especificação – Documento onde são definidas as tarefas e as tolerâncias que devem conduzir os programas de qualidade. As tolerâncias de fabricação estabelecidas nas especificações devem ser determinadas, levando-se em conta o custo da precisão a ser adotada e o valor desta precisão. Este custo pode ser estimado pelo seu efeito nos custos de equipamentos necessários, instrumentos e mão de obra adicional para a fabricação do produto. O valor da precisão pode ser estimado, pelo seu efeito, na melhoria do desempenho do produto. São exemplos: Quadro, Tabela, Modelo, Matriz.

Documento Contábil – Documento relativo à compra e venda de produtos (registros contábeis). São exemplos: Caixa, Giro de Estoque, Contas a Pagar, Contas a Receber, Bancos, Faturamento Diário, Créditos, Financiamentos, Controle de Estoque, Custos Diretos, Custos Indiretos, Base de Rateio do Custo Fixo, Índices e Indicadores de Gestão, Faturamento de Equilíbrio, Margem de Contribuição, Margem de Lucro, Demonstrativo de Resultado.

Documento de Vendas – Documento que dá suporte ao pessoal de vendas. São exemplos:

Mostruário – Conjunto de amostras de uma determinada coleção ou linha de produtos. A amostra deve ser representativa dos produtos a serem ofertados.

Portfólio – Material, como: desenhos, estampas, gravuras, fotos, que mostram os produtos que um vendedor apresenta a um potencial comprador.

Cartão de Visita – Documento que ajuda o vendedor a identificar o que faz seu cargo, o que vende e para qual empresa trabalha.

Cartaz – Anúncio ou aviso de grande formato, próprio para afixação em ambientes amplos ou ao ar livre, em geral, com acentuação no aspecto visual. Sua maior vantagem é a flexibilidade.

Banner – Uma espécie de cartaz menor, como uma bandeira que depende de uma haste de sustentação. Um banner contém as atividades ou qualidades daquilo que se quer apresentar.

Folder – É um folheto dobrado, geralmente entregue pelos correios, ou em mãos, em que são relatados os serviços que se quer divulgar como: Nossos Serviços, Nossas Bandeiras, Nossa Missão, Nossos Compromissos.

Prospecto – Pequeno impresso de propaganda com ilustrações, geralmente, distribuído de porta em porta e nos semáforos das ruas, ou, ainda, pelos Correios. É barato, mas poucas pessoas lêem.

Catálogo – Relação ou lista de: pessoas, endereços, serviços, bens, fornecedores e assinantes, por exemplo.

Proposta – A proposta reúne os quesitos de um projeto (produção ou serviço), acrescentando planos, programas, cronogramas, orçamentos, prazos e condições de pagamento, legislação de apoio, sistemas de suporte à decisão, equipe de construção, sistemas de informação e comunicação.

Na sequência apresentada deverão ser abordadas, em primeiro lugar, as vantagens do projeto e seus objetivos. Mais adiante, falar de valores e condições acessórias.

A proposta comercial se diferencia das demais propostas, porque ela é expressa por escrito. Se não for escrita, podemos considerar que há uma proposição, ato de propor, mas não uma proposta comercial.

Na apresentação da proposta comercial o autor deve esclarecer, de maneira lógica, os objetivos do projeto e justificar por que o mesmo atende ao mercado e quais benefícios o proponente oferece ao comprador.

Capítulo 2

INFORMAÇÃO

"Leonardo da Vinci podia imaginar todos os tipos de brilhantes dispositivos mecânicos, mas todos eles ficaram no papel, sem serem construídos, porque ele não conseguiu informações suficientes para criar um motor para movê-los."

Lester Thurow

Objetivos do Capítulo

- Mostrar que a informação é o mais usado recurso da ação administrativa.
- Mostrar que a informação é de grande valor para a comunicação empresarial.
- Mostrar os diversos tipos de informação.

2.1 Conceito de Informação

Sun Tzu, em seu livro *A Arte da Guerra*, Século IV a.C., escreveu: "A informação faz parte da essência da arte da guerra e é dela que os exércitos dependem para se movimentarem. Os comandantes conseguem vitórias, em função das informações corretas, relevantes e colocadas no tempo certo".

Informação é a noção, ideia ou mensagem contida num determinado meio. É sempre incorpórea, sendo definida como matéria-prima abstrata. É um dado trabalhado, registrado, classificado, analisado, avaliado, organizado, relacionado ou interpretado dentro de um contexto, exprimindo significado que permite a alguém tomar uma decisão inteligente. A informação reduz a incerteza a respeito de algo, aumentando seu conhecimento.

A informação é indispensável ao administrador para se atingir metas, descobrir e definir problemas. É através da informação que avaliamos desempenhos e desenvolvemos procedimentos adequados. Peter Drucker diz que a informação é lógica, neutral, formal, impessoal, não emocional. A empresa é um centro acumulador de informação.

O gerente mal-informado ou que desdenhe a informação tende a malograr. A informação integra a ação gerencial. Nos diversos cargos de uma organização, a informação atua, principalmente, nos seguintes aspectos: técnico, comportamental, político, administrativo e ambiental.

Sem informação nem um simples negócio pode sobreviver. A informação é a ferramenta de trabalho do administrador. É comum ouvirmos a seguinte expressão: Uma boa decisão depende de 90% de informação e 10% de inspiração. Pequena ou grande uma empresa terá necessidade de um sistema de informação, que será tanto mais sofisticado quanto mais complexas forem as suas operações.

Toda empresa manipula vários fluxos de informação que afetam a sua administração. Os executivos de hoje dependem cada vez mais de informações relevantes, a fim de tomarem decisões de menor risco. A necessidade da informação atualizada é uma constante, porque as mudanças são muito velozes.

A economia está sendo globalizada, os consumidores cada vez mais diferem entre si e é muito difícil estabelecer um equilíbrio entre custo, preço, atendimento, qualidade, quantidade e lucro.

Gerentes, sejam de onde forem, enfrentam problemas para os quais existe premente necessidade de conhecimentos para poderem:

- Delinear e entender corretamente a questão.
- Gerar caminhos alternativos.
- Avaliar recursos e impactos decorrentes de tais soluções.

- Gerar um plano realista e factível.

Na Era da Informação, o recurso mais importante deixou de ser o capital financeiro para ser o capital intelectual, baseado no conhecimento. A tecnologia da informação ficou na dianteira de todos os demais recursos organizacionais, pois todos passaram a depender dela.

As organizações de sucesso motivam as pessoas a conquistar e aplicar conhecimentos. Como este recurso não ocupa espaço físico ele é considerado um ativo intangível.

2.2 Elementos da Informação

A seguir, serão abordados alguns elementos da Informação que ajudarão a fundamentar o conceito de informação:

Atualização da Informação – Infelizmente, a informação tem o péssimo costume de se deteriorar. Conforme o tempo vai passando, ela vai sendo manuseada em: cálculos, configurações, construções redacionais, distribuições, padronizações, nomenclaturas, simbologias, referenciais. Mesmo que a organização seja a mais racional e simples possível e que os fluxos de informação sejam de alta velocidade e eficiência, sempre continuará faltando alguma coisa.

As decisões mais delicadas e graves exigem uma informação muito sintética, impossível de conceber ou de obter por uma manipulação, mais ou menos, óbvia das informações já disponíveis.

Teoria da Informação – É um ramo da matemática aplicada que utiliza o cálculo da probabilidade e surgiu em definitivo com as pesquisas de Claude E. Shannon e Warren Weaver. Esta teoria estabeleceu um importante fator de ligação entre os sistemas físicos e os sistemas de gestão. Também desenvolveu um modelo matemático para a determinação da variedade.

A variedade de um sistema é função do número de transições que o mesmo efetua e sua medida dá a quantidade de informação necessária, para sua operacionalização. O conhecimento da variedade do sistema constitui um dado de grande importância para quantificar a energia necessária à sua operação e para decidir entre dois ou mais sistemas, qual o mais econômico para a consecução de um dado propósito.

Finalidade da Informação – A primeira coisa que um executivo deve questionar, para atender o seu mercado consumidor, é: Qual a finalidade da informação? Será preciso trabalhar com informações: operacionais (permitem que determinadas operações continuem acontecendo), gerenciais (destinam-se a alimentar o processo decisório) e correntes (destinam-se a mostrar a situação da empresa).

Distorção da Informação – À medida que a informação atravessa a hierarquia da organização, ela sofre um processo de abstração, absorção e distorção. Interesses pessoais e organizacionais, condições sociais, psicológicas e econômicas podem conferir à informação uma conotação que não é, verdadeiramente, aquilo que aparenta ser. Há muitos modos diferentes de sintetizar e interpretar a informação, porque, por exemplo, duas pessoas não empregarão exatamente as mesmas palavras para descrever um mesmo acontecimento. A distorção da informação pode acontecer por:

- Falha do sistema de comunicação (processamento, manejo e transporte da mensagem).
- Baixo nível de percepção dos indivíduos envolvidos.
- Falta da capacidade de falar, escrever e ouvir.
- Muito ruído, no canal de comunicação, devido a: diferenças de personalidade, distorção deliberada (sabotagem) ou falha vinda da empresa prestadora de serviços de telecomunicação.

É importante destacar o meio de comunicação como fonte de distorção da informação. Assim, se o meio for pessoal, maior é a distorção e, se o meio for eletroeletrônico, menor é a distorção.

Valor da Informação – O valor da informação é dado pela necessidade de seu uso. O usuário deve especificar suas necessidades, determinar as fontes (quando possível), avaliar, decidir e administrar as informações (dados) coletadas. Segundo Weitzen, "o valor da informação está intimamente ligado à capacidade que ela tem de alterar o estado de conhecimento do usuário". A capacidade do indivíduo de receber informação, de avaliar sua relevância para o papel que ele desempenha no grupo e de interpretá-la é muito limitada.

É impossível para o dirigente de uma empresa, mesmo pequena, receber e assimilar todas as informações que estão sendo diariamente coletadas. O valor da informação é influenciado por fatores como: custo, conteúdo, manipulação, oportunidade, precisão, confiabilidade, seletividade, organização, apresentação, fonte.

Fonte de Informação – O gerente não completará o processo de especificação das necessidades de informações antes de começar a considerar as fontes de dados. Cada uma das fontes deve ser avaliada quanto à: credibilidade, custo, tempo, acessibilidade, coerência, pertinência, verificação.

As fontes de dados (informações) podem ser: publicações, relatórios internos, relatórios de organizações nacionais e internacionais, resultados de pesquisas (mercado, produto, recurso), sistemas de informação, inspeções, experiências, demonstrativos de resultados, previsões, planos, orçamentos, projetos, estudos de risco.

Após a seleção das fontes de informação, o usuário deve: classificar, ordenar e arquivar as mesmas, visando sua utilização futura. Um princípio deve ser seguido: *Aproveitar ao máximo a experiência adquirida de terceiros.*

Qualidade da Informação – Um líder gerencial está constantemente tomando decisões baseado em informações alheias, usando dados adequados e previsíveis. Suas ações serão eficientes quando alcançar um alto grau de sucesso. Deve, portanto, se prevenir com aqueles que usam rótulos e falam como se as pessoas e os objetos fossem idênticos. Aí há perigo!

Tomar decisões envolve coletar dados e compreendê-los. Uma informação produzida, que não seja distribuída com qualidade, inviabilizará qualquer projeto. Para que a informação tenha qualidade, são necessários alguns requisitos:

Forma – A forma diz respeito ao conteúdo, apresentação e confiabilidade.

Idade – A idade é determinada pelo tempo de existência da informação, em relação aos fatos relatados. Mas atenção, nem tudo que é antigo não serve mais.

Frequência – A frequência diz respeito à periodicidade com que a informação é produzida.

Significado – Aquilo que deve ser absorvido pelo usuário (detalhes, exceções).

Distribuição da Informação – A maioria das organizações não conhece aquilo que tem em arquivo. Pode ter sistemas eficientes para armazenar e localizar contas rotineiras; ter dados de produção e de vendas, por exemplo, mas pode ter dificuldades em localizar e reunir as informações em um banco de dados. Sem uma distribuição adequada da informação a empresa, perde tempo e se torna lenta. Por outro lado, há uma necessidade de centralizar as informações em um único lugar, porque as informações fazem parte do ativo da empresa.

Necessidade de Informação – A necessidade de informação é um problema, cujas principais variáveis são: processo, aplicação, função, objetivo, propósito, desafio, meta, especificação, técnica e método. Portanto, não se deve perguntar a um dirigente quais as informações que ele precisa, mas sim, solicitar deste qual é o processo utilizado na tomada de decisão, na resolução de um problema ou na formulação de uma estratégia, por exemplo.

A elaboração de um sistema para dar aos administradores a informação que é necessária ao seu trabalho é uma parte integrante do projeto organizacional. Este sistema possibilita saber se as decisões tomadas precisarão de ação corretiva depois de avaliadas.

Fluxo da Informação – Para que uma organização qualquer opere, é necessário que entre as suas várias partes (departamentos, divisões, seções) seja constituído de um adequado fluxo de informações, porque quando o analista se lança ao estudo de tais fluxos, se deparará com os seguintes problemas: Identificar os fluxos existentes e especificar o propósito de cada fluxo.

Cultura da Informação – Um dos elementos cruciais, entre os esforços da empresa para administrar mudança, é sua cultura da informação. Esta cultura pode se definida como os valores, atitudes e comportamentos que influenciam o modo como as pessoas avaliam, aprendem, coletam, organizam, processam, comunicam e utilizam a informação. Há três razões principais pelas quais a tarefa de definir a cultura da informação deve estar na agenda do administrador:

- Primeiro, não é só uma parte da cultura geral da organização. Prever o futuro exige a assimilação de diversas fontes de informações sobre a empresa, o mercado, o governo e a sociedade.
- Segundo, embora a tecnologia da informação facilite a criação de redes e a partilha da informação, é importante observar a forma como as pessoas na verdade usam essa informação.
- Terceiro, a cultura da informação pode ter impacto diferente em cada função organizacional. Consequentemente, muitos administradores concordam que a cultura da informação é importante na definição de estratégias e táticas organizacionais.

Poder da Informação – Empreendedores, sejam de onde forem, constantemente, enfrentam problemas para os quais existe premente necessidade de informações, para poderem delinear e entender corretamente a questão, gerar caminhos alternativos, avaliar recursos e impactos decorrentes de tais soluções, construir um plano realista e factível para a solução escolhida. Daí, entendermos que aquele que tem a informação tem poder. É geral a conscientização, entre os dirigentes, de que a informação é patrimônio estratégico da empresa.

Interpretação da Informação – O entendimento do ambiente estará em função das informações coletadas e seus meios de busca. Mas estas informações são interpretadas, em função do nível de percepção do analista. Assim, é difícil dizer se a interpretação é a melhor possível.

Dinâmica da Informação – A comunicação é percepção, a informação é lógica. Como tal, a informação é puramente formal e não tem significado. É impessoal e não interpessoal. Quanto mais ela pode se libertar do componente humano, ou seja, de coisas como: emoções, valores, expectativas e percepções, mais válida e confiável ela se torna.

Utilidade da Informação – A utilidade da informação coletada depende de sua veracidade, recuperação e rapidez ou ser transmitida aos níveis mais altos da administração, e vice-versa.

Acesso à Informação – Não há como negar que a informação é indispensável ao sucesso de qualquer atividade profissional. Mas, como ter as informações à mão sempre que necessário? Poucas empresas têm arquivos estruturados. Para revolucionar o acesso à informação de um produto de consumo popular no mundo da pesquisa e dos negócios, um número crescente de empresas se especializa em colocar informações nas mãos do usuário, de forma instantânea, fácil e precisa, na tela do computador.

Independente do circuito que a conduz, a informação nasce nos bancos ou bases de dados dos computadores, para depois chegar até terminais. A tarefa é unir os interessados de quem tem e de quem quer informações. A eficiência de um banco de dados não se esgota, contudo, na apresentação de informações apreciadas por sua utilidade imediata. Para arrebanhar o maior número possível de usuários, é necessário caprichar na atualização diária e precisa dos dados, que são suportes das informações.

Centro de Informações – Um centro de informações pode oferecer um bom número de serviços que visem melhorar o processamento da informação.

2.3 Uso da Informação

A informação é recurso vital que integra, quando devidamente estruturada, os diversos subsistemas da empresa. A informação é tão importante que a ausência da mesma a respeito de um determinado assunto se traduz num grau de incerteza muito grande. Numa economia de rede a informação passou a ser um produto negociável e muito procurado. Tanto é verdade que surgiram no mercado os intermediários da informação.

De modo geral, uma empresa faz uso intensivo da informação. Então, se impõe as seguintes questões:

- Até que ponto um componente informativo está se tornando uma parte do produto?
- Qual a intensidade de um componente informativo no processo de produção?

Implicações relativas ao uso da informação precisam ser analisadas, porque quanto maior a intensidade de uso da informação acontecerá:

- Menor ciclo de vida do produto.
- Maior mudança das fronteiras de mercado/produto/marca.
- Maior tendência de definir seu setor e a concorrência.
- Mais poder relativo a favor do consumidor.
- Maior uso de sistemas flexíveis de comunicação, distribuição e força de vendas.
- Maior o grau em que a posição competitiva é definida.
- Mais compatíveis são as estratégias de participação de mercado.
- Mais resultados positivos e maior número de consumidores cativos.
- Maior seu envolvimento com outras empresas.
- Maior o grau de interação departamental.
- Maior participação dos clientes no desenvolvimento de um novo produto.
- Mais inteligentes são as tomadas de decisão.

A informação é útil quando permite apoiar e orientar uma ação com segurança, minimizando a margem de erro. Na comunicação, a parte principal é a informação. Se esta não for comunicada pode inviabilizar a tomada de decisão ou a solução de um problema. A informação é vital para se viver o presente e planejar o futuro.

A receita de sucesso é ter a informação adequada. A falta da mesma é um dos causadores de problemas, tendo em vista que aumenta, a cada ano, o número de profissionais desinformados a respeito da empresa em que trabalham.

Aumenta, a cada ano, o número de profissionais desinformados a respeito da empresa em que trabalham. Pesquisas recentes mostram que: 32% dos diretores desconhecem os acionistas e as metas estabelecidas; 42% não estão envolvidos com a definição das prioridades; 38% dos dirigentes estão à margem das decisões; 32% não influenciam nas decisões de investimentos e contratação de pessoas.

É ingenuidade, do mais alto grau, supor que se as pessoas tiverem muitas informações sobre os problemas elas compreenderão os fatos e haverá mais soluções. A informação tem um valor que pode ser analisado, quando temos respostas às seguintes perguntas:

Qual a novidade da informação? A nova informação afetará políticas estabelecidas? A nova informação trará benefícios para a empresa? A informação é comprovadamente verdadeira? Quem está comunicando a nova informação? Existem interesses embutidos? A nova informação está associada ao seu uso (custo/benefício)? A informação pode ter um caráter particular, em função do comunicador? A informação contém pré-julgamento?

Uma informação que não seja comunicada, em tempo hábil, para a tomada de decisão, praticamente, perde a sua utilidade.

2.4 Usuário da Informação

Usuários são pessoas que usam bens, serviços, ideias, projetos, sistemas. Mas sua diferença para o consumidor é que o usuário interage com o produtor, idealizador ou construtor, dando palpites sobre mudanças e inovações. Também é ponto pacífico que o usuário, por viver diariamente a sua área de negócio, conhece profundamente os processos desenvolvidos, a periodicidade de execução das tarefas, os meandros de suas rotinas e as necessidades de informação para gerir as atividades, o que o identifica como o perfeito aliado para juntar esforços no desenvolvimento de produtos voltados para seus interesses.

Os usuários serão aqueles que se relacionam com: valor, cultura e personalidade do produto.

Todas as declarações dos usuários são, evidentemente, da maior importância, porém não constituem a única orientação que o analista deve utilizar para determinar a demanda real a ser atendida, visto que são parciais, um tanto subjetivas e pouco precisas.

Como raramente existe apenas um usuário, é bom mostrar os principais pensamentos dos analistas a respeito dos usuários: os usuários não são burros; alguns dos métodos com que trabalham os usuários são bastante complexos; os usuários não têm muita paciência, já que nada entendem das especificidades; os usuários, em geral, têm um baixo nível de percepção, em relação à análise, dificultando o entendimento do produto e seu nível tecnológico.

O usuário da informação precisa: identificar, definir, conhecer o seu fluxo e especificar o seu propósito. Os usuários da informação podem ser classificados em:

Função	**Visão**	**Conhecimento**	**Orientação**
Operador	Local	Operações	Processos
Supervisor	Ampliada	Sistema	Orçamentos
Gerente	Geral	Projeto	Planos e Táticas
Diretor	Global	Vago	Estratégias

Quadro 2.1: Usuários da Informação.

Uma pessoa na sua capacidade normal de agregação e interpretação controla um número de informações que varia de cinco a um máximo de nove, simultaneamente.

2.5 Administração da Informação

Toda empresa manipula vários fluxos de informação que afetam a sua administração. Administrar bem um negócio é administrar seu futuro. E administrar seu futuro é administrar informações. A necessidade da informação atualizada é uma constante, porque as mudanças são muito velozes.

Como a economia está sendo globalizada, os consumidores cada vez mais diferem entre si e é muito difícil estabelecer um equilíbrio entre custo, preço, qualidade, quantidade e lucro.

A despeito do todos os cuidados com a estruturação das comunicações e interconexões, fluxo e filtragem da informação que transita na empresa, bem como a distribuição das atribuições e tarefas, começa a ser cada vez mais difícil administrar todo esse conjunto de informações. Acontece que, embora se faça filtragens e simplificações, o volume de informação, necessário à condução de nossos negócios, cresceu exageradamente.

Como já não é mais possível ver e acompanhar cada atividade diretamente, nós temos de confiar e apoiar-nos na informação, mesmo que ela nem sempre tenha a forma mais adequada para as nossas necessidades gerenciais. Não somente ela se apresenta defasada, como também muito desarrumada ou minuciosa. Sem falar nos erros normais de redação e de construção, porque um relatório, por exemplo, passa, às vezes, por diversos funcionários até chegar na presidência da empresa.

Para ter uma visão sistêmica da organização o administrador terá de ser suprido com informações relevantes, através de sistemas inteligentes de informação e de comunicação. Portanto, a visão sistêmica é dada àquele que encara a empresa como um sistema, que tem subsistemas de sustentação e preservação dos negócios (recursos, estratégias, funções, métodos, programas, planos, projetos, políticas, mudanças, regras, avaliações).

O administrador precisa de todas as informações das partes envolvidas, quer seja de um projeto, de um grupo ou de uma empresa, para realizar um bom trabalho de coordenação dos procedimentos, funções, atividades, atribuições, operações, tarefas e movimentos.

2.6 Filtragem da Informação

A capacidade humana para lidar racionalmente com grande quantidade de informações, simultaneamente, é, ao contrário do que imaginamos, muito limitada. O problema do administrador é a explosão (abundância) de informações, dificultando o controle da comunicação. Faz-se necessário filtrar o que é pertinente e relevante do redundante e repetitivo. A informação passada de um determinado nível hierárquico para outro terá de ser filtrada (triagem) ou sintetizada (condensada).

O filtro é utilizado para selecionar o que deve ou não passar.

A despeito de todas as filtragens e simplificações, o volume de informações necessário à condução de nossos negócios cresceu muito, mais do que o tamanho do próprio negócio. Desde o ambiente até a ação são necessários diversos filtros para barrar informações indesejáveis.

A seguir, os mais importantes filtros de informação:

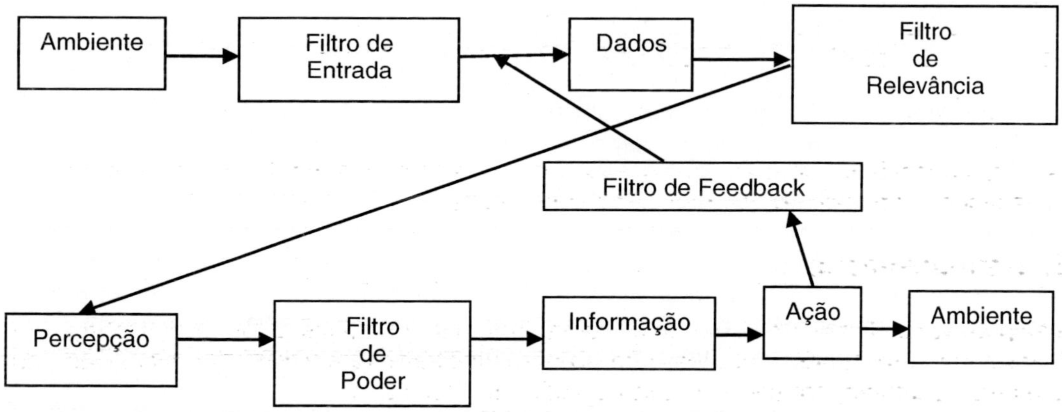

Figura 2.1: Modelo de Filtragem da Informação.

O filtro de entrada é aquele que monitora qual o tipo e a quantidade de informação que entra no sistema. O filtro de relevância é aquele voltado para a lógica do raciocínio, porque determina o que realmente serve. O filtro de poder é aquele que é aplicado pelo executivo-chefe ou coordenador do projeto. O filtro de feedback é aquele que aponta quais os desvios devem ser considerados.

Deve-se sempre procurar avaliar a informação (dado) com isenção, embora isto seja muito difícil.

2.7 Segurança da Informação

Com o surgimento da Internet foram necessárias medidas de segurança da informação que, infelizmente, não são invulneráveis. Muitas empresas passaram a acumular bens valiosos na forma de bits, uma espécie de ativo digital que reúne registros de transações, projetos de novos produtos, cadastros de clientes, relatórios financeiros e outras informações sigilosas.

Na grande maioria das empresas, a segurança da informação fica por conta das divisões de informática e tecnologia. Mas há uma ação, iniciada em bancos comerciais e instituições financeiras, de criar equipes especializadas na proteção e vigilância eletrônica dos sistemas de informação de toda a empresa.

A análise de risco é o ponto de partida para estruturar todo o programa de segurança. É preciso saber o que se quer resguardar e qual a melhor forma de fazer isso. Como nenhum sistema é 100% seguro (não existe risco zero), é preciso determinar as medidas necessárias para que o risco seja minimizado a ponto de ser tolerável e quanto uma empresa está disposta a pagar. O Quadro, a seguir, mostra como agir em relação aos problemas de segurança da informação.

Problemas	Soluções
Programas com erros podem ser explorados por invasores.	Manter programas atualizados e corrigir falhas.
Programas são corrompidos por manipulação indevida.	Manter cópias em papel, gravar em disquetes, CD e trabalhar com backup automático.
Conexões pela Internet podem ser exploradas por invasores.	Manter programas antivírus atualizados. Usar sistemas chamados "barreira de fogo".
Vírus podem chegar via e-mail.	Nunca abrir arquivos de desconhecidos, mesmo que tenham um antivírus atualizado.
Dados sigilosos são descobertos.	Dados confidenciais não devem ser passados por telefone ou e-mail.
Espionagem e chantagem.	Usar filtros de bloqueio.
Invasores industriais reviram o lixo para obter informações valiosas.	Papéis confidenciais devem ser trancados em lugar seguro. O lixo deve ser triturado.
Enxurrada de acessos acaba derrubando um endereço eletrônico.	Detectar a origem do ataque e espalhar o mesmo para vários computadores.
Descoberta de senhas por invasores.	Senhas longas (letras, números e símbolos), devem ser trocadas e nunca serem compartilhadas.

Quadro 2.2: Problemas e Soluções em Segurança da Informação.

No campo digital, a internet coloca a empresa em contato com o mundo, mas corre o risco de invasão de hackers. Os aparelhos portáteis aumentam a produtividade dos funcionários, mas multiplicam as cópias das informações e os riscos de que elas caiam em mãos erradas aumentam. Hoje, é quase impossível ver executivos sem um smartphone. Mas quase nenhum deles utiliza uma senha de proteção.

A seguir, algumas lições de segurança da informação:

- A segurança da informação vai desde a forma como os dados são armazenados e acessados até o transporte dos equipamentos.
- Equipamentos portáteis contendo dados sigilosos devem ser transportados por um funcionário, se necessário com escolta.
- Informações confidenciais podem ser enviadas digitalmente, por uma rede interna da empresa, com a devida proteção.
- Se computadores têm de ser transportados, é importante criptografar os documentos confidenciais. Assim, só quem tem a chave pode decifrar os códigos.
- Pode-se acrescentar aos aparelhos um dispositivo de reconhecimento do usuário, para evitar que pessoas não autorizadas os utilizem.

Em geral, uma empresa reserva 10% do seu orçamento para a segurança de seus dados.

2.8 Tecnologia da Informação

A utilização da mais moderna tecnologia da informação está cada vez mais presente. Correio eletrônico, compras via Internet, microcomputadores e telefones celulares cada vez menores contribuem para eliminação do papel e maior rapidez de acesso à informação. É sempre bom lembrar que qualquer tecnologia para otimização do tempo só tem sentido se trouxer resultados positivos.

Recentes desenvolvimentos na tecnologia da informação ofereceram a possibilidade de revolucionar a aquisição através de alterações nos procedimentos de pedidos e de facilidades para a obtenção de elos com fornecedores. A gerência de recursos humanos conta com pesquisa de motivação e com tecnologias para o treinamento.

A estrutura da empresa envolve uma grande variedade de tecnologias que vão desde arranjo físico até planejamento estratégico. A tecnologia da informação tem um importante papel na coordenação e otimização dos recursos da organização.

A Terceira Revolução Industrial não surgiu por acaso, mas sim fruto de uma série de invenções, estudos e teorias que aconteceram no passado. Cada momento da história tem uma imagem símbolo, uma espécie de ícone padrão que ultrapassa sempre seu poder de ilustração para se transformar em símbolo de trabalho.

A história do mundo é a história da tecnologia e da informação. Ambas são o centro da organização social e de todas as estruturas ideológicas, filosóficas, políticas, científicas, econômicas e administrativas. Não há movimento humano sem tecnologia e informação. Três forças impulsionam a comercialização da tecnologia da informação:

- Uma explosão do poder da computação a custos incrivelmente baixos.
- Uma diversificação de redes de comunicações, em que os usuários utilizam, para processar e armazenar dados.
- Uma integração, cada vez maior, entre usuários e servidores (computadores provedores de serviços de Internet).

A tecnologia da informação é uma tecnologia aplicada ao sistema de informação para facilitar o processamento, o armazenamento, o registro, o transporte e a recuperação de dados. O termo tecnologia da informação, de sentido ainda mais amplo do que Informática, seria o conjunto de técnicas de processamento rápido de grande volume de dados sintetizados no computador de alta velocidade, visando o processo decisório.

Dentre as tecnologias, a que mais avançou, nos últimos anos, foi a tecnologia da informação. As transformações que esta tecnologia trouxe são muitas, tais como:

- Comprimiu o espaço de trabalho (miniaturização e portabilidade).
- Ampliou o conceito de espaço virtual.
- Minimizou a papelada pela utilização de meios densos.
- Integrou microcomputadores, através de redes.
- Enxugou os centros de processamento de dados, descentralizando os mesmos.
- Reduziu a necessidade de recursos físicos, fazendo com que o custo fixo diminuísse.
- Agilizou as comunicações, tornando-as móveis, rápidas, flexíveis, diretas, em tempo real.
- Permitiu maior dedicação ao consumidor.
- Integrou os vários e diferentes processos na organização.
- Ampliou a conectividade entre pessoas e grupos de trabalho, embora separados fisicamente.
- Compartilhou a informação, o conhecimento e o comércio.
- Difundiu o conhecimento através da informação fácil e barata.

- Facilitou a reengenharia dos sistemas de informação.
- Facilitou rever estratégias com maior velocidade.
- Passou a ser um fator de competitividade diante da concorrência.

A tecnologia da informação é considerada uma ferramenta estratégica que auxilia a empresa a aumentar o rendimento de seus recursos, ajudando a mudar, rapidamente, objetivos, metas e desafios dos negócios de qualquer empresa. O avanço tecnológico da informação permitiu a disseminação do conhecimento, através de redes digitais.

As vantagens da transferência de conhecimento foram muitas, porque aumenta a eficiência dos métodos e processos, levando a resultados eficazes.

A qualidade da decisão aumentou, em função da conexão de grupos detentores do conhecimento. O cruzamento de dados gerou mais informações e oportunidades de negócio. O conhecimento adquiriu caráter estratégico.

A dinâmica das tecnologias da informação tem criado oportunidades únicas, para as empresas implantarem estratégias de crescimento e competitividades sustentáveis. Além do mais, não podemos mais negar que a tecnologia da informação se constitui no insumo mais importante da estratégia empresarial.

A revolução da tecnologia da informação está delegando autoridade às massas pela democratização da informação. Está introduzindo uma nova ordem: A Economia de Rede. Essa explosão de conectividade foi possibilitada pelo advento da Internet.

A nova economia é interligada em rede, pois cria um espaço universal novo para: o compartilhamento de informações, a colaboração e o comércio. A explosão da conectividade levou a uma onda de fusões e aquisições de empresas, resultando menores custos e maior desemprego. Melhorias na tecnologia de coleta de informações estão fazendo com que seja possível considerar um número maior de custos, como custos diretos.

Códigos de barra permitem que muitas empresas de produção tratem certos materiais, anteriormente classificados como custos indiretos, como custos diretos. Estes códigos podem ser lidos para um arquivo de custos, da mesma maneira, rápida e eficiente, que caixas de supermercado entram no sistema de estoque, para dar baixa do produto vendido.

Similarmente, as informações sobre a mão de obra de fabricação também podem ser controladas. O computador imprime o registro do tempo de trabalho, calculando os custos. A tecnologia da informação também fornece controle do custo indireto e da carteira de pedidos, por exemplo. Não é de se admirar que os primeiros esforços para aplicar a tecnologia da informação foram em organizações de varejo.

Usando recursos da tecnologia, os vendedores são capazes de analisar históricos de venda, de forma muita mais rápida do que no passado.

Duas questões são de importância crucial para considerar a utilização da tecnologia da informação:

- Decidir como a automação se adapta às necessidades de uma determinada empresa.
- Aplicar essa tecnologia envolve bem mais do que dar ao vendedor um equipamento.

O papel da tecnologia da informação (TI) é mais operacional, uma vez que envolve menos pessoas no processo da informação estratégica, à medida que as empresas desenvolvem soluções de rede para partilhar soluções de problemas corporativos.

2.9 Classificação da Informação

A – Quanto ao ambiente, as informações podem ser:

Informações Internas – São aquelas relativas ao âmbito interno da organização, tais como: carteira de pedidos, situação financeira, situação econômica, recursos, processos, atividades, capacidade instalada, ordens de serviço.

Informações Externas – São aquelas relativas ao âmbito externo da organização, tais como: economia (moeda e crédito), política governamental, oportunidades, ameaças, mercados, concorrências, avanços científicos e tecnológicos, balança comercial do país.

B – Quanto ao arquivamento, as informações podem ser por:

Meio (papel, meio denso), ordem (alfabética, numérica, cronológica), clientela (consumidores, fornecedores, pacientas, usuários, colaboradores, parceiros, concorrentes), região, assunto, função organizacional (departamento), função administrativa (planejamento, direção, controle, organização, coordenação, comando, delegação), produto, pessoal (deveres, direitos).

O arquivamento da informação facilita sua recuperação.

C – Quanto à finalidade, as informações podem ser:

Informações Estratégicas – São aquelas voltadas a ajudar a alta administração a tomar decisões no nível institucional e que definem o futuro da organização. A informação estratégica não deve ser comparada com informação do concorrente. Nem deve ser confundida com informação competitiva. No nível estratégico, os dados são inexatos.

Informações Táticas – São aquelas voltadas a ajudar os gerentes a decidir sobre as necessidades de mudanças, quanto aos recursos aplicados. No nível tático, os dados são aproximados.

Informações Operacionais – São aquelas voltadas a ajudar a organização a manter ativo o seu ciclo operacional. No nível operacional, os dados são exatos.

D – Quanto à utilidade, as informações podem ser:

Informações Significativas (relevantes) – São aquelas que facilitam a tomada de decisão e a resolução de problema.

Informações Disseminadas – São aquelas que atingem todos os níveis da organização.

Informações Armazenadas – São aquelas que são recuperadas através de banco de dados.

Informações Desatualizadas – São aquelas que são substituídas por outras mais atuais, mas não são eliminadas, pois é possível sua utilização no futuro, como, por exemplo, as séries históricas.

Informações Correntes – São aquelas relativas aos mais importantes controles, como: caixa, contas a receber, contas a pagar, faturamento, patrimônio, estoque, produtividade, turnover, reclamações, devoluções.

Informações Digitais – A tecnologia da informação digitalizada permite se trabalhar com uma massa muito grande de dados na velocidade da luz.

E – Quanto à aplicação, as informações podem ser:

Informações Contábeis – São aquelas relativas à caixa, bancos, recebíveis, contas a pagar, balanço patrimonial, demonstrativo de resultado.

Informações de Marketing – São aquelas relativas à: pesquisa de mercado, pesquisa de produto, previsão de vendas, faturamento, receita com vendas. A informação de marketing é muito importante para a empresa, pois é dela, geralmente, que derivam os negócios.

As informações de marketing ajudam a delinear cenários futuros para a empresa e, assim, mostrar qual a melhor direção a tomar nos negócios.

Informações de Produção – São aquelas relativas à: processos, tecnologias, materiais, fornecedores, projetos, custos, otimização de recursos, ponto de equilíbrio, capacidade instalada.

Informações Corporativas – São aquelas relativas aos investimentos, imobilizações, negócios, salários, indicadores de gestão (econômicos, financeiros, de performance, de mão de obra, de venda, de produção, de tempo, de sustentabilidade).

Informações Gerenciais – As informações de natureza gerencial destinam-se a alimentar o processo decisório. Muitas informações para gerência, manipuladas no dia a dia das empresas, não correspondem integralmente às necessidades, sendo, portanto, insatisfatórias.

As informações gerenciais se caracterizam pelos seguintes elementos: comparação, confiança, tempo hábil, detalhe, exceção.

Informações de Pesquisa – São informações coletadas no ambiente que ajudam a organização sobreviver, diante de tanta competitividade.

2.10 Engenharia da Informação

A engenharia da informação, através da utilização de técnicas similares às da engenharia tradicional, procura tratar as informações necessárias para o funcionamento ótimo do empreendimento. Ela é um conjunto de técnicas e lógicas formais, aplicadas a: dados, atividades, tecnologias e pessoas, que permite planejar, analisar, projetar, construir e manter sistemas de processamento de dados, de forma integrada e interativa.

James Martin, um dos criadores da Engenharia da Informação, define: "a engenharia da informação é um conjunto integrado de técnicas formais pelas quais modelos de empresa, modelos de dado e modelos de processo são construídos a partir de uma base de conhecimentos de grande alcance, para criar e manter sistemas de processamento de dados".

A engenharia da informação deve ser utilizada de maneira estratégica, para poder mudar rapidamente os objetivos, metas qualitativas e quantitativas, desafios e prazos dos negócios de qualquer empresa. Seus elementos básicos são: Dados; Pessoas; Atividades; Tecnologias.

Embora não faça parte específica da engenharia da informação, a terminologia assume papel importante dentro do seu contexto, já que é uma forma básica e essencial para se manter o diálogo e o entendimento uniforme entre todos os participantes do projeto, desde os técnicos de processamento de dados até os dirigentes e usuários envolvidos.

A tecnologia é um investimento de retorno garantido e de máxima valorização, especialmente se essa terminologia for definida de forma padronizada, inteligente e de fácil identificação.

Diferente do idioma, a terminologia deve evitar ao máximo os sinônimos. Pois, adotando esse princípio, tornará, entre outros benefícios, mais fácil a memorização e a associação com o conceito embutido. A utilização de metodologias e técnicas de engenharia da informação não elimina a necessidade de manter, permanentemente, a documentação atualizada, condição fundamental para pleno conhecimento, análise racional e fácil manutenção do sistema.

2.11 Informática

Informática é a ciência do tratamento automático e racional da informação, considerada como suporte do conhecimento e da comunicação. A informática está se transformando em um importante ferramental tecnológico à disposição do homem para promover o seu desenvolvimento econômico e social, pela agilização do processo de decisão e pela otimização dos recursos existentes e disponíveis.

A palavra informática foi criada pelos italianos, ainda na era jurássica da computação, que antecedeu aos anos de 1970, quando qualquer computador, por mais simples que fosse, pesava mais que um caminhão. É uma palavra que nasceu da junção das palavras informação e matemática. Ela é bonita e prática, o que levou a uma aceitação universal.

De ponta a ponta, a Informática promete dar dimensão inimaginável à informação, fazendo com que se torne, inclusive, um negócio extremamente rentável. Não só para as empresas e instituições que organizam os dados, mas também para aquelas responsáveis por seu armazenamento e comercialização, ou seja, a sua transformação em linguagem de máquina para processamento e distribuição.

A demanda pela informação eletrônica tem sido tão convidativa que, se corresponder à necessidade do usuário e não implicar em custo exageradamente alto, uma nova base de dados pode contar com adesões imediatas. O grau de interesse está, na verdade, intimamente relacionado ao valor operacional da base de dados.

Quanto mais as informações forem práticas e úteis, mais será a disposição do usuário de bancar os custos de acesso e de comunicação. É preciso dar ao cliente informações que o ajudem a ganhar dinheiro.

Para aprimorar a comunicação entre uma diversidade, cada vez maior de máquinas e programas, a empresa reforça investimentos em equipamentos que permita entrar no mundo da tecnologia da informação. A integração entre máquinas e programas já está em estágio avançado, uma vez que os computadores se interligam.

Ao ingressar na rede, o usuário pode acessar informações, consultar arquivos e trocar mensagens, dando um passo ao futuro digital.

Esta nova maneira de fazer negócios se baseia na crescente velocidade da transmissão da informação, fazendo com que as respostas aos problemas sejam quase que instantâneas. Você pode dar responsabilidade, autoridade e poder às pessoas, mas, sem informação útil, elas ficam impotentes.

Tome cuidado, porque Informática não é corolário de Administração Moderna.

Capítulo 3

SISTEMA

"Qualquer organismo, menor que seja, para sobreviver deve adquirir, usar, reter e transmitir informações."

Norbert Wiener

Objetivos do Capítulo

- Mostrar que se pode considerar tudo como um sistema.
- Mostrar que a informação precisa ser utilizada com sabedoria.
- Mostrar que a empresa é um sistema aberto de informações.
- Mostrar que o profissional que entende de sistemas de informação é cada vez mais valorizado.

3.1 Cibernética

A Cibernética é uma ciência relativamente jovem. Foi criada por Norbert Wiener entre os anos de 1943 e 1947, justamente na época em que os cientistas Von Neumann e Morgenstern (1947) criavam a Teoria dos Jogos e Shannon e Weaver (1949) criavam a Teoria Matemática da Informação. Nessa mesma época, Von Bertalanffy (1947) já definira a Teoria Geral de Sistemas.

A Cibernética surgiu como a ciência destinada a estabelecer relações entre as várias ciências, no sentido de preencher os espaços vazios interdisciplinares não pesquisados por nenhuma ciência, como também permitir que cada ciência utilizasse, para o seu desenvolvimento, os conhecimentos aplicados pelas demais ciências.

Cibernética é a ciência da comunicação e do controle, seja nos seres vivos ou nas máquinas. A comunicação é que torna os sistemas integrados e coerentes. O controle é que regula o seu comportamento. Esta ciência compreende os processos e sistemas de transformação da informação e sua concretização em processos físicos, fisiológicos e psicológicos, por meio da informação, isto é, seu núcleo é o sistema de processamento das mensagens.

Bertalanffy salienta que Cibernética é uma teoria dos sistemas de controle, baseada na comunicação de informações entre o sistema e o ambiente.

O controle sempre foi a preocupação dos operadores de sistemas. No sistema humano, o controle funciona em busca da máxima adaptação do indivíduo ao ambiente em que vive. Com a Teoria Geral de Sistemas, o homem começou a entender que o saber não ocupa departamentos estanques e que existem princípios unificadores que regem toda a fenomenologia e fazem com que o universo se comporte como um macrossistema, constituído por subsistemas firmemente integrados e interrelacionados, face a propósitos teleológicos.

Hoje, exige-se da Cibernética a seguinte postura: ser universal e multidisciplinar; buscar a generalização, a abstração e a comparação. Assim, para esta ciência, todo sistema orientado para um propósito é uma máquina, pois energia e informação têm significados equivalentes.

A Cibernética é, frequentemente, confundida com Teoria do Controle, o que é totalmente errado.

3.2 Teoria Geral de Sistemas

A Teoria Geral de Sistemas (1951) sucedeu a Teoria Behaviorista e a Teoria Estruturalista da organização, como um alívio às diversas limitações destas teorias. Esta teoria adveio dos estudos de organismos vivos, realizados pelo biólogo Ludwing Von Bertalanffy e fundamenta-se em três premissas básicas, a saber:

- Os sistemas existem dentro de sistemas.
- Os sistemas são abertos.
- As funções de um sistema dependem de sua estrutura/estratégia.

Mas como tudo começou? Esta pergunta nos remete a História e leva-nos aos argumentos filosóficos entre os modelos mecanicista e orgânico, que existiam entre o final do Século XIX e início do Século XX.

Chester Barnard (1886-1961) tomou como base o estudo da estrutura via sistema e nos disse: A necessidade de um sistema cria a primeira tarefa do administrador e é a origem imediata da organização. Segundo Fremont Kast, o filósofo russo, Alexandre Bogdanou, desenvolveu a Teoria da Textologia ou Ciência da Organização Universal, em 1912, e com isto prenunciou a Teoria Geral de Sistema e muitos de seus conceitos foram mais tarde utilizados pelos teóricos de sistemas.

A despeito de um longo estudo dos organismos e o pensamento holístico dos gregos, a Teoria de Sistemas é relativamente recente.

Momento de destaque no estudo da teoria sistêmica da organização se deve a Willian G. Scott, em "*Organizational Theory: A Strutural and Behavioral Analysis*" que, em 1961, descreveu o relacionamento (pontos comuns) entre a Teoria Geral de Sistemas e a Teoria da Organização.

Segundo Kenneth Boulding, "a teoria geral de sistemas não busca solucionar problemas ou tentar soluções práticas, mas sim produzir teorias e formulações conceituais que possam criar condições de aplicações na realidade empírica".

A seguir, os pressupostos básicos da Teoria Geral de Sistemas:

- Essa teoria mostra uma nítida tendência para a integração nas várias ciências naturais e sociais.
- Essa teoria pode ser uma maneira mais abrangente de estudar os campos não físicos do conhecimento científico, especialmente, o das ciências sociais.
- Essa teoria, ao desenvolver princípios unificados, atravessa campos do conhecimento e nos aproxima, cada vez mais, de uma Unidade Científica (todas têm um ponto em comum).
- Essa teoria pode levar o ser humano a uma integração da educação científica.

A Teoria Geral de Sistemas foi construída e embasada nas seguintes teorias e suas respectivas premissas:

Teoria dos Compartimentos – Todo sistema é composto de subunidades com certas condições de fronteira entre as quais podem ocorrer processos de transporte.

Teoria dos Conjuntos – Todo sistema pode utilizar os termos (leis, teoremas, axiomas) dessa teoria.

Teoria do Controle – Todo sistema é baseado na comunicação (transferência de informação) entre o sistema e o ambiente.

Teoria dos Grafos – Todo sistema será mais bem representado se for estudado à luz de um gráfico. Esta teoria é a aplicação de diagramas, para a otimização do tempo e do custo.

Teoria das Redes – Todo sistema será mais bem elaborado, se for visto como uma rede neural. A rede mais famosa, PERT/CPM, é utilizada para analisar o caminho crítico de um projeto, entendido como o mais longo de todas as etapas de sua consecução. A palavra rede (malha) significa um conjunto de atividades interligadas. Rede de comunicação é a estrutura que estabelece a direção e o sentido do fluxo de informações que circula na organização. Ela possibilita o suporte necessário de dados para os polos de decisão que processam e filtram as informações.

Teoria da Informação – Todo sistema utiliza o cálculo da probabilidade, baseando-se que a informação pode ser utilizada como unidade para medir eficiência.

Teoria dos Autômatos – Todo sistema deve mostrar que qualquer processo de qualquer complexidade pode ser simulado por uma máquina, se este processo for capaz de ser expresso em um número finito de operações lógicas.

Teoria dos Jogos – Todo sistema utiliza forças para obter o máximo de ganhos e o mínimo de perdas mediante adequadas estratégias e estruturas. A Teoria dos Jogos é a aplicação da lógica matemática ao processo de tomada de decisão, na solução de problemas com informações incompletas. Esta teoria pode ser utilizada no processo de negociação onde as partes são vistas como jogadores. Também ajuda a determinar o curso de ação que minimizará a perda máxima do tomador de decisão, face à incerteza de comportamento do ambiente, por exemplo.

Teoria da Decisão – Todo sistema utiliza a Teoria Matemática para tratar da escolha entre alternativas. A Teoria da Decisão afirma que as pessoas tomam decisões, em função do seu nível de percepção. É muito comum o administrador basear sua tomada de decisão em modelos, inferências estatísticas, estudos de amostras e cálculo de probabilidade. As amostras devem ser escolhidas de modo a serem representativas do universo pesquisado.

A tomada de decisão é algo que surge de um processo social contínuo e composto de numerosas pequenas ações, executado por pessoas diferentes, em momentos diversos. Uma equipe de planejamento pode ser muito útil, mas somente se for integrada por dirigentes ativos, de forma que haja livre comunicação e interação. As decisões são efetivamente tomadas por pessoas que depois serão responsabilizadas pelos resultados alcançados.

Teoria das Filas – Todo sistema otimiza arranjos em condições de aglomeração. A Teoria das Filas é o estudo da otimização de arranjos de recursos em situações de espera, aglomerações, gargalos ou restrições ao processo produtivo.

Teoria da Probabilidade – Todo sistema se baseia no pressuposto de que um grande número de acontecimentos passados pode ser usado para predizer acontecimentos semelhantes no futuro. Mas esta teoria não pode determinar qual a casa que será destruída pelo incêndio ou quem irá morrer. As técnicas estatísticas fornecem uma base para previsão de ocorrências, tais como: o número de avarias de máquinas, desvios no controle de qualidade, substituição de empregados, devoluções de mercadorias.

A probabilidade de um evento é um número compreendido entre 0 e 1. Se o evento não pode ocorrer, sua probabilidade é zero. Mas, se sua ocorrência é certa, sua probabilidade é um. A Teoria da Probabilidade, desenvolvida por matemáticos e estatísticos, tem sido útil na solução de alguns problemas de decisão.

3.3 Teoria de Sistemas

A Teoria de Sistemas é um ramo específico da Teoria Geral de Sistemas, que visa desenvolver técnicas para lidar com o grande e o complexo. Esta teoria não surgiu do esforço realizado na última grande guerra, mas remonta a tempos muito anteriores e tem raízes inteiramente diferentes dos equipamentos militares e realizações tecnológicas afins. Esta teoria não busca solucionar problemas ou tentar soluções práticas, mas sim produzir hipóteses e formulações capazes de interligar universos particulares da ciência.

A Teoria de Sistemas veio enriquecer a teoria da organização com noções importantes para explicar o funcionamento da empresa. Os cientistas dessa escola tentaram compreender como os sistemas eram estruturados e como as práticas administrativas podiam ser aperfeiçoadas.

A Teoria de Sistemas é multidisciplinar, buscando conceitos e técnicas em muitos campos, tais como a Sociologia, Psicologia, Matemática, Probabilidade, Estatística, Administração, Economia, Ecologia etc.

Também podemos dizer que esta teoria é descritiva, quando assume que um evento pode ser causado por numerosos fatores que são inter-relacionados e interdependentes.

Hoje, encaramos a Teoria da Administração como tendo uma visão de que a organização é um sistema adaptativo. A Teoria de Sistemas foi aplicada à Administração por várias razões, tais como:

- A necessidade de uma síntese e integração das teorias que a precederam.
- A cibernética permitiu operacionalizar ideias aplicadas à administração.
- A visão da organização como um sistema.
- O desenvolvimento das ciências exatas (principalmente a Teoria Matemática) aplicadas à tomada de decisão.
- O progresso tecnológico.
- A visão holística de coisas complexas.

3.4 Sistema

Segundo C. West Churchumann, "um sistema é um conjunto de partes coordenadas, para realizar uma ou mais atividades". O termo sistema é de uso comum, pois existem: sistema educacional, sistema de computador, sistema solar, sistema nervoso e outros. À luz da etimologia, a palavra sistema originou-se do prefixo "sun" e do radical "thema", ambos gregos, isto é, um conjunto coerente de coisas que interagem, se inter-relacionam e se integram.

Sistema é um conjunto (todo organizado) de elementos (partes) que interagem, visando atingir um objetivo (ou uma função) comum, como um todo unitário e complexo.

O estudo dos sistemas capacita os homens e as instituições a terem um procedimento racional integrado a um conjunto organizado. A verdadeira importância do estudo dos sistemas é conscientizar o dirigente para a complexidade da organização e a necessidade de ver a empresa como um sistema aberto. Tais sistemas são controlados por meio de informações.

A palavra sistema tem muitas conotações, mas o que se destaca neste conceito é que o resultado é maior do que a soma dos resultados que as partes dariam se funcionassem separadamente. A isto chamamos sinergia.

A abordagem sistêmica da Administração surgiu no início da década de 1950, tendo como proposta uma nova visão da realidade que transcende os problemas tecnológicos, exigindo uma reorientação das ciências, indo das físicas até as sociais. Esta abordagem propõe uma radical inversão nos princípios básicos até então aceitos, o reducionismo transformou-se em expansionismo, o pensamento analítico cedeu lugar ao pensamento sintético e o mecanicismo foi substituído pela teleologia.

É necessário esclarecer que sistema não é sinônimo de computador e que não existe uma conexão essencial entre os dois. Os computadores possibilitam examinar muitas alternativas em pouco tempo, oferecendo elementos para o processo decisório. Segundo Jacques Melese, o sistema é o caminho dos elementos que podem assumir estados diferentes, havendo comunicação ou interação entre eles, o que determina fluxos de informações ou de objetos.

O estudo de sistemas procura desenvolver:

- Uma técnica para lidar com o grande e o complexo.
- Uma técnica para capacitar as pessoas e as organizações a terem um procedimento racional integrado e um conjunto de coisas.
- Um enfoque sintético do todo, o qual não permite a análise em separado das partes do todo, em virtude das intrincadas inter-relações das partes entre si e com o todo, as quais não podem ser tratadas fora daquele contexto.

- Relações entre os elementos componentes, em vez de um estudo dos elementos em si, destacando-se o processo e as probabilidades de transição, especificados em função dos seus arranjos estruturais e da sua dinâmica.

3.5 Características dos Sistemas

As características dos sistemas são as seguintes:

Propósito – Todo sistema tem um ou alguns objetivos justificados e esclarecidos a serem atingidos.

Totalidade – Todo sistema tem uma natureza orgânica, porque uma ação que produza mudanças em uma das unidades do sistema, provavelmente deverá produzir mudanças em todas as outras unidades.

Entropia – É a tendência que os sistemas têm para o desgaste, desintegração, afrouxamento dos padrões e um aumento da aleatoriedade. A entropia é um conceito bastante controvertido. Alguns dizem que a entropia é a Segunda Lei da Termodinâmica e se refere à perda de energia em sistemas isolados, levando os mesmos à degradação e ao seu desaparecimento. Etimologicamente, entropia significa a volta a um estado ou forma preexistente.

Homeostase – É o equilíbrio dinâmico entre as partes do sistema. Os sistemas têm uma tendência a se adaptarem a fim de alcançarem um equilíbrio interno em face das mudanças do ambiente.

Identidade – É a característica principal e significa que, apesar dos sistemas serem constituídos por um conjunto grande de elementos, cada sistema pode ser identificado por um único elemento.

Hierarquia – É a característica que diz que todo sistema pode ser considerado como subsistema de um sistema maior.

Modularidade – É a característica que diz que todo sistema pode ser dividido em sistemas menores.

Relação – Os subsistemas se relacionam por interação e integração. Os subsistemas de um mesmo sistema são interdependentes por necessidade.

Eficiência – É definida pela relação entre recursos produzidos e recursos aplicados.

Eficácia – É definida pela relação entre resultados obtidos e resultados pretendidos (objetivos).

Rendimento – É a expressão matemática da eficiência, onde o rendimento é medido pela razão saídas/entradas, cujo limite tende a um, pois nenhum sistema tem uma saída igual ou maior do que a entrada, devido às perdas no processamento.

Reação – A reação é um evento suficiente que acontece, em função de outro evento no sistema ou no seu ambiente.

Resposta – A resposta é como uma reação, porém é necessária e suficiente.

Causalidade – É o princípio que diz que todas as coisas têm direção e sentido. Isto é, há uma razão passada para o que ocorre no presente.

Sistematização – É o esforço que se faz para se ter uma visão sistêmica de todas as ideias, objetos, elementos, teorias, hipóteses, por exemplo.

Finalidade – É a característica que afirma a que fim o sistema foi criado, isto é, para que e para quem serve.

Globalidade – É o nome que se dá ao foco de uma visão holística, onde há a necessidade de encarar tudo e todos inseridos num mesmo contexto. A evolução do enfoque sistêmico não se situou somente na análise de interdependência, mas avançou a sua contribuição para a dimensão mais ampla da globalidade, tendo em vista os problemas causados pela devastação ambiental, mercados altamente competitivos, comercialização predatória, consumo incerto, governos burocráticos e corruptos, competição desigual e concorrência desleal, por exemplo.

Crescimento – O crescimento do sistema está diretamente ligado ao número de seus elementos e suas possibilidades de combinação.

Competição – A competição se caracteriza pela disputa pelos mesmos recursos de dois ou mais elementos do sistema.

Diferenciação – Todo sistema aberto tende à diferenciação, isto é, à multiplicação e à elaboração de funções, o que lhe traz também multiplicação de papéis e diferenciação interna.

Equifinalidade – Um sistema pode alcançar, por uma variedade de caminhos, o mesmo estado final, partindo de diferentes condições iniciais.

Homomorfismo – Característica dos sistemas que guardam entre si proporcionalidade de formas, embora nem sempre do mesmo tamanho.

Isomorfismo – Característica dos sistemas que possuem semelhança de forma. Um sistema é isomorfo a outro quando suas partes forem intermutáveis.

Sinergia – Embora este conceito já tenha sido abordado, é bom lembrar que a sinergia é a melhor compatibilidade entre as partes componentes do sistema.

Teleologia – É o princípio segundo o qual a causa é uma condição necessária, mas nem sempre suficiente para que surja o efeito. A teleologia é o estudo do comportamento de um sistema com a finalidade de alcançar objetivo.

Transição – Quando um sistema passa de uma condição para outra se diz que houve uma transição.

Transformação – Quando todas as transições se realizam diz-se que ocorreu uma transformação.

Variedade – A variedade de um sistema é função do número de transições que o mesmo efetua para cada transformação e sua medida dá a quantidade de informação necessária para operar o sistema (quanto de energia necessária).

Adaptação – É o movimento de mudança que o sistema executa, através de reações ou respostas para atender as modificações ambientais e as demandas dos consumidores, sem atingir de maneira destrutiva a própria organização.

Progresso – É uma medida que dá conta de que o sistema caminha na direção dos objetivos preestabelecidos.

Resiliência – É a capacidade que o sistema tem de responder e superar dificuldades impostas por fatores externos.

Ganho – O ganho é uma espécie de fator multiplicativo no circuito de feedback (retroalimentação). Como o feedback trata dos desvios, é possível estabelecer:

$O = G\ (I - O)$ ou: $G = O\ /\ (I - O)$

Onde:
O = Saída do Sistema
G = Ganho do Sistema

I = Entrada do Sistema.

Então: O = GI - GO   O + GO = GI   O (1 + G) = GI   O = GI / (1 + G)

Dividindo-se a última equação por I, vem: O/I = G / (1 + G)

Como a eficiência de um sistema (E) é medida pela relação Saída/Entrada, vem:

E = O/I = G / (1 +G)

Dois exemplos consolidarão tais conceitos:

Exemplo 01: São aplicados num sistema 1.000 t de materiais e são obtidos 600 t de produto acabado, pergunta-se: Qual a eficiência deste sistema? Qual o fator de ganho?

Solução:

E = O/I = 600 / 1.000 = 0,6 (60%)
G = 600 / (1.000 - 600) = 600 / 400 = 1,5

Resposta: O fator de ganho é de 1,5 e a eficiência é de 0,6 (60%).

Exemplo 02: Um sistema conhecido apresenta um fator de ganho de 1,6. Qual será sua saída se aplicarmos 3.000 t de matéria-prima na sua entrada?

Solução: O = GI / (1 + G) = (1,6 x 3.000) / (1 + 1,6) = 4.800 / 2,6 = 1.846 (aproximadamente).

Resposta: A saída é de 1.846 t

3.6 Elementos do Sistema

Segundo Stanford L. Opter, em *A Análise de Sistemas Empresariais,* o sistema pode ser considerado como um conjunto de elementos que possui uma série de relações com seus atributos. Alguns autores afirmam que os sistemas se caracterizam por parâmetros, isto é, elementos e suas relações. Assim, os elementos estudados, a seguir, são básicos para a existência de um sistema:

Objetivo – O objetivo do sistema é uma intenção a ser atingida, porém não há uma preocupação quanto aos aspectos quantitativo, qualitativo e temporal. O ideal é um objetivo que seja difícil de ser alcançado por meios normais.

Ambiente – O ambiente de um sistema é um conjunto de elementos e propriedades que não fazem parte do sistema. É aquilo que está fora do sistema, mas que exerce coação sobre o mesmo. Uma modificação no ambiente pode mudar o estado do sistema. Mesmo o sistema abstrato possui elementos. Como o ambiente está sempre mudando, o processo de adaptação do sistema é dinâmico.

Entrada – A entrada de um sistema é aquilo que o sistema importa do seu ambiente para a sua operação. A entrada pode ser constituída de insumos, tais como: informação, dado, energia, material. A entrada é o impulso que dá partida ao sistema.

Processamento – Processamento de um sistema é a transformação de um insumo em um produto. O processamento pode ser manual, mecânico ou eletrônico.

Saída – A saída de um sistema é o resultado final da operação ou processamento dentro deste. Todo sistema produz uma ou várias saídas. Através da saída o sistema exporta o resultado de suas operações para o ambiente. As saídas devem ser congruentes com o objetivo do sistema, enquanto que os resultados

dos subsistemas são interdependentes. Informações de saída são conduzidas aos usuários por meio de relatórios.

Controle – O controle de um sistema é um subsistema que serve para avaliar e comparar os resultados, determinando se os objetivos foram atingidos. Assim, é necessária uma medida de desempenho chamada padrão.

Retroação – A retroação (feedback) é um subsistema de comunicação de retorno, proporcionado pela saída à sua entrada, no sentido de corrigi-lo de alguma maneira. As principais funções da retroação são: controlar a saída, enviando mensagens geradas após a saída ao regulador de entrada; manter um estado, relativamente, estável da operação do sistema, quando se defronta com variáveis externas que podem ocasionar sua flutuação.

A retroação pode ter um caráter inibidor (feedback negativo) ou um caráter incentivador (feedback positivo). A Figura, a seguir, mostra um sistema de feedback:

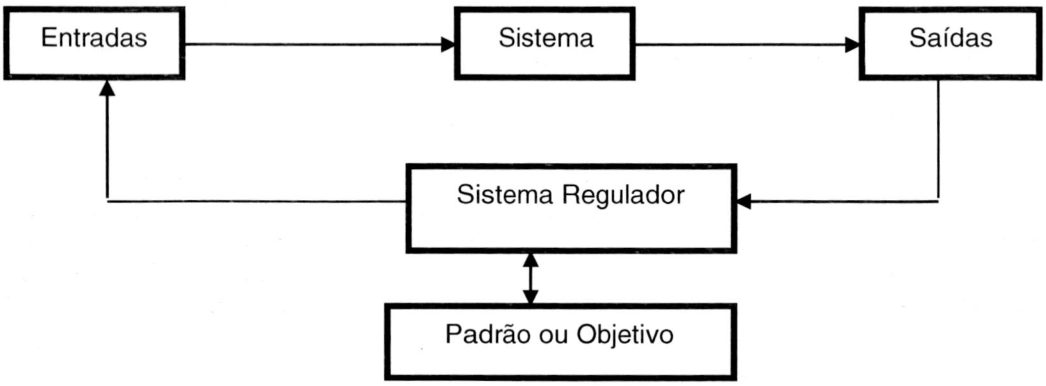

Figura 3.1: Sistema de Feedback.

Rendimento – O rendimento de um sistema é uma medida que nos diz se o sistema está funcionando bem, ou não. Uma das medidas é a eficiência, como já observada, sendo dada pela fórmula:

E = Saídas / Entradas

Recursos – Os recursos de um sistema são os meios que ele dispõe e usa para cumprir a sua função, atribuição ou atividade.

Subsistemas – Subsistemas são partes identificadas de forma estruturada que integram um sistema maior.

Administração – A administração de um sistema trata da criação de planos para o sistema, determina as finalidades dos componentes, procede à alocação de recursos e controla o rendimento do sistema.

Fronteira – É o limite virtual do sistema. A fronteira é uma espécie de linha a limitar ou conter as atividades do sistema.

Interface – A conexão e interação entre os subsistemas é chamada interface. Através das interfaces os subsistemas trocam materiais, energia e informação. Os limites e as interfaces dos subsistemas devem ser cuidadosamente estudados, e as relações com os subsistemas devem ser claramente definidas.

A fórmula, a seguir, mostra o número de interfaces do sistema:

$N = n (n - 1) / 2$

Onde:

N = número de interfaces do sistema
n = número de subsistemas.

Se n = 10, então vem: N = 10 (10 - 1) / 2 = (10 x9) = 45.

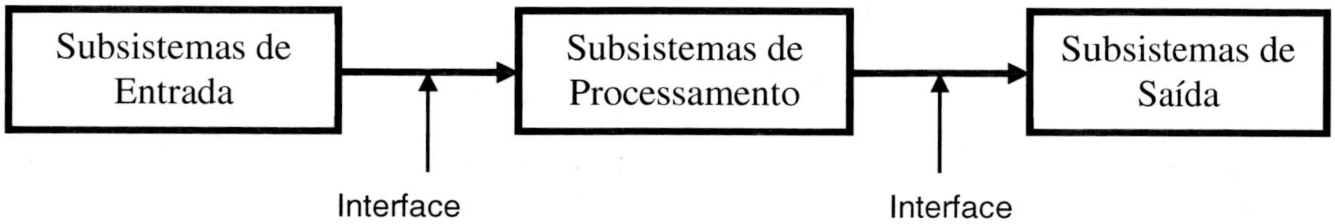

Figura 3.2: Interfaces de um Sistema.

Energia – Ciberneticamente, energia e informação se equivalem.

Ato – O ato é considerado um evento que não muda o sistema.

Registro, arquivo e usuário – Assuntos já abordados.

Ideia – A ideia, também chamada de noção ou conceito, é a simples representação intelectual de um objeto, porque se constitui num ato cognitivo. Não se confunde com a imagem, que é a representação apenas sensível do objeto. Todo e qualquer sistema é desenvolvido, partindo-se de uma ideia inicial (fato gerador, problema não resolvido, necessidade de mudança). Tanto que as ideias são consideradas soluções plausíveis para atender uma ou mais necessidades, desde que sejam confrontadas com a realidade.

Para levar uma ideia adiante, o empreendedor deverá ponderar sobre alguns fatores decisivos para o futuro de seu negócio, como: a sazonalidade, a situação econômica da sociedade, o controle governamental, a própria disponibilidade financeira, o custo do investimento e a lucratividade, por exemplo. Eleita a ideia mais adequada, o futuro empreendedor deve transformar a mesma num conceito de negócio.

Ciclo de Vida – O ciclo de vida do sistema é o tempo em que o sistema existe, desde a sua concepção até seu abandono (uso final). O ciclo pode ser considerado como uma série de eventos, etapas ou processos que se repetem numa ordem determinada. O ciclo de vida do sistema pode ser dividido em:

- Concepção – Fase onde se determinará o que deve ser feito, como e quando.
- Desenvolvimento – Fase que englobará desde o planejamento até a apresentação do relatório final de implantação.
- Acompanhamento – Fase de avaliação da atuação do sistema, bem como a sua qualidade de resposta e sua documentação de operação e de manutenção.

No estudo do ciclo de vida devemos considerar: fato gerador, requisitos de informação, programa de trabalho, viabilidade da automação, ambiente, cronograma de trabalho, manual do sistema, teste piloto, relatório de avaliação e implantação, relatório final.

Problema – O estudo dos sistemas capacita os homens e as instituições a terem um procedimento racional integrado a um conjunto organizado. A verdadeira importância do estudo dos sistemas é conscientizar o dirigente para a complexidade da organização e a necessidade de que o sistema seja sempre considerado. Os problemas sistêmicos acontecem por conta do usuário, do engenheiro, do especialista em O & M e do analista de sistema, que vivem uma verdadeira guerra de comunicação e de utilização do sistema.

Juízo – É o ato pelo qual o indivíduo afirma ou nega uma coisa de outra. O juízo se compõe dos elementos: sujeito, atributo (predicado) e afirmação (ou negação).

Lógica – É a ciência das leis ideais do pensamento e a arte de aplicar tais leis à pesquisa e à demonstração da verdade.

Raciocínio – É a operação pela qual o indivíduo de uma relação ou várias conhecidas extrai uma outra relação. Como as relações se exprimem por juízos, pode-se dizer que raciocinar é encadear juízos com o fim de concluir um pensamento.

Potencial – O somatório dos propósitos atingidos e não atingidos, embora existentes, chamaremos de potencial sistêmico. O potencial de um sistema pode determinar sua vida, como: vida curta (sistema fechado) e baixo potencial; vida longa (sistema aberto) e alto potencial.

Dinâmica – A dinâmica dos sistemas abertos difere da dinâmica dos sistemas fechados. A mais importante diferença reside nos mecanismos de feedback, que consiste num processo de busca das condições ideais do sistema.

Qualquer sistema aberto está sendo constantemente bombardeado por perturbações de toda ordem. Assim, todo sistema busca o equilíbrio. Alguns sistemas mostram um alto grau de movimentação de seus elementos. Esta movimentação pode ser positiva ou negativa.

Profissional de Sistemas – O profissional que atua no desenvolvimento e implementação de sistemas, nos procedimentos administrativos ou no processamento de dados é pago para ajudar a promover mudanças. Havendo a necessidade de resolver determinados problemas ou criar (ajustar) sistemas, em função de mudanças operacionais, espera-se que o profissional de sistemas solucione, seja qual for a razão determinante da mudança.

Profissionais de sistemas precisam ter o domínio dos conceitos, metodologias e técnicas peculiares ao campo de sistemas. Assim, ele deve perceber que:

- Mudança de sistema é algo mais do que um conjunto de soluções estritamente técnicas.
- A sua ótica não é a única verdadeira.
- Os valores, do tipo "alta especialização", podem nada significar para os usuários.
- A mudança dos sistemas implica percepções, sentimentos, ações grupais, questões políticas.
- A cultura organizacional de cada empresa deve ser sempre considerada.
- Os conflitos e disputas, em torno de mudanças, devem ser negociados.

3.7 Classificação dos Sistemas

Todo conhecimento precisa ser sistematizado e classificado, isto é, ordenado e posicionado numa escala de valores capaz de facilitar a compreensão de sua contribuição, de forma que sejam estabelecidas uma sequência e uma hierarquia que possibilitem seu uso e a evolução gradual do raciocínio do mais simples para o mais complexo, pois só assim as pessoas conseguem um crescimento cultural sólido.

Há uma grande variedade de sistemas e uma ampla gama de tipologias para sua classificação, de acordo com certas características básicas.

Segundo Sergio R. Bio, "a própria natureza interdependente dos subsistemas não recomenda uma classificação rígida, tendo em vista a relevância ou não da informação trabalhada". Um entendimento mais amplo do papel dos sistemas no processo de gerenciar organizações pode ser facilitado, classificando os sistemas segundo seus propósitos fundamentais.

Os quadros, a seguir, mostram uma classificação dos sistemas:

Sistemas Quanto à Constituição:

Sistemas	Conceitos
Físicos	Sistemas compostos de equipamentos, objetos e coisas reais. Podem ser descritos em termos quantitativos de desempenho.
Abstratos	Sistemas compostos de conceitos, planos, hipóteses e ideias, que muitas vezes só existem na cabeça de uma pessoa.

Quadro 3.1: Sistemas Quanto à Constituição.

Sistemas Quanto à Natureza:

Sistemas	Conceitos
Fechados	Sistemas fechados são os sistemas que não apresentam intercâmbio (não realizam trocas) com o ambiente. Eles são totalmente determinados e programados.
Abertos	Sistemas abertos são os sistemas que apresentam relações de intercâmbio com o ambiente, através das entradas e saídas. São eminentemente adaptativos, porque se reajustam constantemente às condições ambientais.
Vivos	Nascem e herdam traços estruturais. Morem, porque seu tempo de vida é finito. São concretos e completos.
Organizados	Montam sua estrutura por estágios. Teoricamente têm vida ilimitada. Não têm ciclo de vida definido. Distúrbio é definido como um problema.

Quadro 3.2: Sistemas Quanto à Natureza.

Sistemas Quanto à Complexidade:

Sistemas	Conceitos
Complexos Simples	São os menos elaborados.
Complexos Descritivos	São altamente elaborados e profundamente inter-relacionados.
Excessivamente Complexos	São aqueles que não podem ser descritos.

Quadro 3.3: Sistemas Quanto à Complexidade.

Sistemas Quanto ao Resultado:

Sistemas	Conceitos
Determinado	É aquele no qual as partes interagem de uma forma perfeitamente previsível, não dando lugar a dúvidas. A interação entre suas partes é conhecida. Se uma das partes tem uma descrição do estado do sistema, até um dado ponto, é possível conhecer as demais operações, sem erro. Um exemplo deste tipo de sistema é um computador que se comportará em função do programa nele instalado.
Probabilístico	É aquele para o qual não poderá ser fornecida uma previsão detalhada, em determinadas circunstâncias. Este sistema pode ser descrito como tendo um comportamento provável, mas certo grau de erro é sempre previsto. Um sistema de inventário é um exemplo de um sistema probabilístico.
Determinado Simples	É aquele que possui poucos componentes e inter-relações e que revela comportamento dinâmico completamente previsível.
Determinado Complexo	É o caso do computador. Se o seu resultado não for totalmente previsível, ele estará funcionando mal.
Determinado Supercomplexo	Não existe até o momento nenhum sistema desse tipo.
Probabilístico Simples	É um sistema simples, mas imprevisível, como jogar uma moeda. O controle estatístico de qualidade é um sistema desse tipo.

Probabilístico Complexo	É um sistema probabilístico que, embora complexo, pode ser descrito.
Probabilístico Supercomplexo	É um sistema tão complicado que não pode ser totalmente descrito. É o caso do cérebro humano.

Quadro 3.4: Sistemas Quanto ao Resultado.

Sistemas Quanto ao Comportamento:

Sistemas	Conceitos
Manutenção do Estado	É aquele que reage do mesmo modo ao evento. Aliás, a função manutenção está sempre presente, qualquer que seja o sistema.
Busca de Objetivos	É aquele que responde aos eventos internos e externos para conseguir resultados. É um sistema voltado para respostas.
Intencional	É aquele que produz o mesmo resultado, seguindo-se diferentes caminhos.

Quadro 3.5: Sistemas Quanto ao Comportamento.

Sistemas Quanto ao Estado:

Sistemas	Conceitos
Estático	É aquele em que os eventos não acontecem.
Dinâmico	É aquele onde acontecem eventos.
Homeostático	É aquele que é estático em relação aos seus elementos e dinâmico em relação ao ambiente.

Quadro 3.6: Sistemas Quanto ao Estado.

Sistemas Quanto à Automação:

Sistemas	Conceitos
Online	É aquele que recebe entradas diretamente do local onde ele foi criado e cujas saídas são dirigidas diretamente para onde sejam necessárias.
Tempo Real	É aquele que pode ser definido como controlador do ambiente pelos recebimentos de dados, com a rapidez suficiente para afetar este mesmo ambiente.

Quadro 3.7: Sistemas Quanto à Automação.

Sistemas Quanto ao Apoio:

Sistemas	Conceitos
Apoio às Operações	É aquele voltado a processar transações que envolvam com frequência alguma tomada de decisão simples, tal como a decisão sobre crédito num sistema de processamento de pedidos.
Apoio às Decisões	É aquele voltado para processos decisórios de gestão empresarial. Estes sistemas podem ser um simples arquivo de gaveta ou um sistema eletrônico bastante complexo. Eles estão geralmente ligados à eficácia da organização.

Quadro 3.8: Sistemas Quanto ao Apoio.

3.8 Tipos de Sistema

A seguir, alguns tipos de sistema:

Sistema Administrativo – Considerando administrar como tomar decisões certas, baseado em informações válidas, o problema fica em grande parte vinculado ao fluxo de informações e ao domínio da rede por onde elas caminham. Em geral, os gerentes recebem muito mais dados do que podem absorver e vivem permanentemente atolados em um excesso de informações. Assim, se torna necessário considerar:

- O excesso de informações pode ser pior do que a falta, pois confunde e dá uma aparente sensação de administração efetiva.
- Necessidade de a gerência dispor de informações sempre mais exatas do que aquelas obtidas.
- Estabelecer uma seleção e posterior hierarquização das mesmas para que o dirigente receba, numa ordem lógica, aquilo que lhe é mais importante.
- O excesso de informações aumenta de forma desproporcional os custos, restringindo a possibilidade de competir e, até sobreviver.

Um programa de sistemas administrativos compreende normalmente estudos preliminares que são empregados para identificar áreas problemáticas e não para desenvolver soluções. O gerente deve partir para análise de manuais, organogramas, cronogramas, formulários, relatórios, correspondências. Como técnica poderá se valer de: entrevistas, observações, questionários, acompanhamentos de processos.

O ideal seria que os sistemas administrativos fossem projetados com uma reserva de capacidade que lhes facultasse fazer face a quaisquer perturbações ambientais, mas, por outro lado, já foi visto que, na prática, isto não é aconselhável por ser economicamente inviável. O desenvolvimento e a aplicação de sistemas administrativos não dependem de computadores.

Sistema de Distribuição – Um sistema de distribuição física consiste de um conjunto de decisão sobre: o volume negociado, a localização do destinatário (consumidor), a armazenagem (tamanho e risco), o meio de transporte, a manutenção de estoque, a comunicação dentro da rede de distribuição, a maneira como o produto é embalado e as políticas (preço, frete, estoque).

Um dos princípios da distribuição moderna exige que o fabricante não passe a ignorar seu produto, tão logo este tenha passado de suas mãos para agentes, atacadistas e varejistas. A distribuição bem-feita estimula a demanda.

Muitas empresas declaram que seu objetivo de distribuição é o de levar as mercadorias certas para os lugares certos, nos momentos certos e pelo menor custo. Mas, nenhum sistema de distribuição física pode, simultaneamente, maximizar o serviço ao consumidor e minimizar o custo de distribuição. A maximização do serviço de distribuição implica políticas de grandes estoques, transportes com custos adicionais e muitos armazéns, todos aumentando o custo operacional.

A minimização dos custos de distribuição implica políticas de transporte rápido e barato, estoques baixos e poucos armazéns.

Sistema Orçamentário – Um sistema orçamentário desenvolve: Planejamento integrado das atividades empresariais; Controle dos resultados operacionais e financeiros, por meio da comparação com padrões; Mensuração da validade das diretrizes e dos objetivos; Mensuração da eficiência da estrutura organizacional e dos procedimentos adotados para a consecução dos objetivos empresariais.

Um sistema de controle orçamentário apresenta, portanto, as seguintes vantagens:

- Estimula a administração a estudar os mercados, os produtos e os consumidores.
- Incita a planejar e a decidir sobre o uso mais econômico da mão de obra e dos materiais.
- Torna possível uma previsão acertada dos meios financeiros necessários para a futura atividade.
- Determina e estabelece medidas de eficiência da ação a ser desenvolvida.

- Conduz ao uso de adequados sistemas de contabilidade.
- Permite uma clara delegação de autoridade e correspondente determinação de responsabilidades.
- Determina um uso mais econômico de todos os recursos da empresa, reduzindo dispersões e desperdícios.
- Exige o uso de expressões quantitativas no planejamento, com a consequência de uma precisão maior e de um controle mais simples.
- Constitui um meio de treinamento dos dirigentes, desenvolvendo nestes um senso comum sobre despesas, aplicações, receitas, investimentos.

O que há de se destacar num sistema orçamentário é o vetor chamado dinheiro (capital) do qual a análise financeira está presente, mormente no que se refere ao caixa (entradas e saídas). É da relação entre os diversos orçamentos que desenvolvemos diversas políticas, tais como: políticas de estocagem, políticas de recursos humanos, políticas de investimentos e aplicações, políticas de encaixe mínimo (nível de caixa).

A seguir, algumas observações básicas sobre o sistema orçamentário:

- Quando se monta um orçamento é sempre bom analisar dois aspectos conflitantes: planejamento e controle.
- Um orçamento estabelece diretrizes baseadas em decisões, função de relatórios.
- Uma das razões de erros no orçamento é não levar em conta a região, costume, uso, hábito, faixa etária, perfil socioeconômico, população, clima, geografia, por exemplo.
- O orçamento de vendas deve tomar como base o consumo e o mercado.

O grupo de orçamento, para ser bem-sucedido, precisa possuir uma muito boa coordenação, haja vista que a empresa delega o sistema orçamentário ao controlador (tesoureiro, controller), que não deixa que os orçamentos previstos para o período "estourem". Muitos orçamentos são mais bem expressos em termos físicos do que em termos monetários. Embora tais orçamentos sejam comumente traduzidos em quantidades monetárias, eles são muito mais significativos, num determinado estágio do planejamento e do controle.

Sistema de Produção – O sistema de produção tem a responsabilidade de reunir as matérias-primas e insumos em um plano de produção aceitável que realmente utilize os materiais, a capacidade e o conhecimento disponíveis nas instalações de produção. Dada uma determinada demanda no sistema, o trabalho é programado e controlado para produzir os bens e serviços exigidos. Entretanto, deve ser exercido um controle sobre o estoque, a quantidade. O fluxo, a seguir, mostra como funciona um sistema de produção, da forma mais simples:

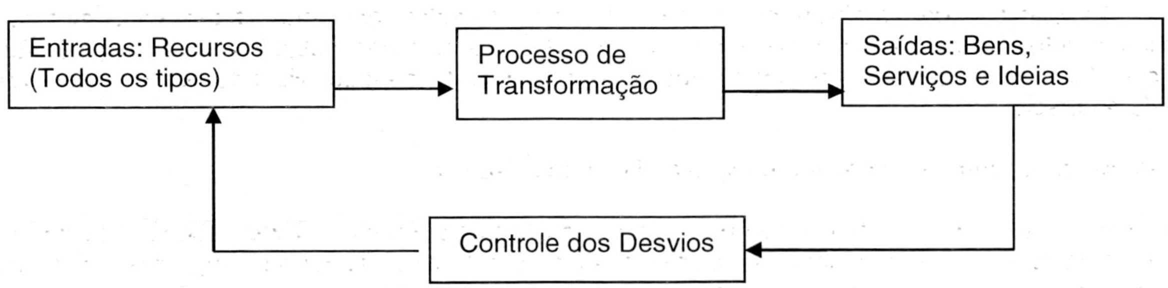

Figura 3.3: Sistema de Produção Simplificado.

A produção não é independente das outras funções organizacionais. O administrador da produção é responsável pela produção de bens, na qualidade exigida e a tempo de satisfazer as datas estipuladas para entrega. O produto fabricado será afetado pela natureza da linha de produção da empresa. As quantidades a serem fabricadas estarão em função da demanda de mercado.

Os prazos, nos quais devem ser fabricados os produtos, dependerão das exigências de entrega por parte dos elementos da empresa e modificados, se possível, apenas para fabricação em lotes de tamanho econômico e a um ritmo bastante uniforme.

Geralmente, o Departamento de Produção planeja suas atividades antes do recebimento de pedidos. Uma das razões, por exemplo, é a de que seja improvável o cumprimento da data de entrega prometida, porque o tempo necessário, para operacionalizar tudo isso, excede de muito aquilo que é aceito como razoável.

Ainda que isso não aconteça, a empresa que só dá partida a produção, depois do pedido, pode ter problemas com os fornecedores de recursos, abalando sua imagem e acumulando custos excessivos.

Para ser um bom administrador da produção, você deve ser responsável:

- Pela qualidade da produção.
- Pelo planejamento e controle da produção.
- Pela fabricação dos produtos da empresa nas quantidades exigidas, nos prazos estabelecidos e com a qualidade recomendada.
- Pela escolha do método de produção, pois quase sempre um produto pode ser fabricado de várias maneiras.
- Pelo arranjo físico da fábrica.
- Pela movimentação de materiais.
- Por determinar o lote econômico de fabricação.
- Pela redução dos custos e pela otimização dos recursos disponíveis e aplicados à produção.

Sistema Financeiro – Um sistema financeiro se baseia no fluxo de dinheiro que corre através da empresa. Este sistema envolve uma quantidade muito grande de dados históricos para o planejamento financeiro da organização. O sistema financeiro é, provavelmente, o mais importante sistema de informação gerencial. Na maioria das empresas este sistema é o mais velho e mais bem desenvolvido de todos os outros sistemas, porque lida com dinheiro. Seus maiores problemas são: determinar um padrão para controle; determinar quando a ação é requerida; obter de forma rápida e atualizada as informações relevantes; prever variações e tendências.

O fluxo de caixa é o instrumento que permite ao administrador lidar com os recursos financeiros para um determinado período. Uma vez programadas as necessidades financeiras e determinadas as fontes de recursos que serão captados, resta ao administrador financeiro a tarefa de distribuí-los, de forma racional e adequada, pelos diversos itens do ativo.

A função principal da administração financeira é poder saldar, em tempo hábil, os compromissos assumidos com terceiros e maximizar os lucros. O fluxo de caixa tem como objetivo básico, a projeção das entradas e das saídas de recursos financeiros para determinado período, visando dar a maior liquidez possível à empresa.

As decisões a serem tomadas em relação ao fluxo de caixa são:

Quando há superávit (sobra de caixa): aumentar estoques; aumentar prazos e condições de venda; melhorar as instalações e maquinários; aplicar o saldo em fundos de renda fixa; desenvolver novos empreendimentos; rever os recursos tecnológicos em uso; contratar pessoas.

Quando há déficit (falta de caixa): melhorar o processo de cobrança; reduzir os estoques; renegociar as contas a pagar; diminuir prazos de vendas; aumentar prazos de compra; promover vendas especiais; cortar custos e despesas dispensáveis; vender imobilizações ociosas; aumentar o capital próprio com injeção de recursos dos sócios atuais (novos); reduzir o nível das atividades; buscar financiamentos.

Sistema de Controle – O controle envolve a comparação entre o planejado e o resultado obtido. Contudo, quando o resultado não é o esperado nem sempre a causa está no funcionamento do sistema.

Pode estar em quem o planejou ou naquele que não sabe ler os desvios, isto é, não sabe operá-lo. O propósito de um sistema de controle é determinar se a atuação de uma empresa se acha de acordo com os objetivos do planejamento.

A possibilidade de erros de planejamento também exige um fluxo constante de entrada de informações relativas a fatores conjunturais. Quando uma empresa se expande e as suas operações assumem aspectos sempre mais complexos, aumenta a necessidade de dispor de dados significativos e sintéticos da situação. O volume de dados a elaborar e a complexidade representam um obstáculo difícil de superar.

Um sistema de controle é um sistema racional, isto é, a ação de controle é baseada em procedimentos lógicos e inteligentes. Estas regras podem, ou não, cobrir todos os aspectos de um dado problema. Situações não cobertas por políticas são designadas como exceções e são resolvidas pelo consenso entre os dirigentes. Para situações normais, basicamente, aplicamos regras, manuais, procedimentos, políticas, estratégias, táticas e modelos conhecidos.

Assim, o controle determinará o grau de relevância, confiabilidade, segurança e responsabilidade das informações geradas pelo próprio sistema. Um sistema de controle deve ter as seguintes características:

- Contribuir para a realização dos objetivos.
- Possuir um sensível sistema de mensuração.
- Dispor de um conjunto de valores (padrões), com os quais compara os valores mensurados.
- Desenvolver uma análise das variações (desvios) entre valores buscados e valores encontrados.
- Ser capaz de determinar correções adequadas na entrada do sistema, de modo a eliminar as causas dos desvios.
- Ser capaz de reforçar o desempenho para assegurar resultados satisfatórios ou superiores aos esperados.

Toda atividade ocasiona algum tipo de variação. É importante determinar os limites dentro dos quais essa variação pode ser aceita como normal. Nem toda variação exige correções, mas apenas aquelas que ultrapassam os limites de tolerância. Não é possível modificar o passado, mas a sua compreensão propicia auxílio para, a partir do presente, criar condições para obter melhores resultados no futuro. Os limites, tanto para mais como para menos, determinam a margem de tolerância.

3.9 Sistema Empresa

Uma empresa não é um fenômeno da natureza e sim uma concessão da sociedade. É uma organização de finalidade econômica. Esta organização elabora e utiliza recursos, meios, métodos e instrumentos para facilitar o seu desenvolvimento e o seu rendimento, assegurando-lhe as melhores condições operacionais.

A empresa produz bens, serviços e ideias, só existindo num grupo social, tendo como objetivo fundamental sua sobrevivência; existe por delegação da sociedade e tem de prestar contas a esta; só se legitima quando funciona como veículo para que as pessoas, que nela trabalhem, se realizem e, quando pode, atende bem seu público-alvo.

É bom lembrar que as empresas constituem, segundo Chiavenato, as instituições mais complicadas e engenhosas que o ser humana chegou a inventar. São tão complexas que dedicamos a elas um longo tempo de estudo e não chegamos a conhecê-las na sua totalidade. Da mesma forma como acontece com as pessoas, não existe duas empresas iguais. Cada empresa tem características próprias e individualizadas, assim como seus objetos, seus produtos, seus recursos, seus problemas.

Mas, embora sejam diferentes, elas guardam alguns aspectos comuns, todas são organizações sociais. A empresa é uma organização social que por meio de seus recursos explora um negócio, visando atender uma necessidade da sociedade. É um núcleo gerador de riqueza que permite o desenvolvimento econômico e o bem-estar de sua população.

Costuma-se ver a empresa por meio de sua estrutura organizacional, cuja finalidade é definir com clareza as responsabilidades e relações funcionais. A empresa seja ela qual for, possui um critério de organização que pode ser por: finalidade, estratégia, objetivo, função, atividade, recurso, área geográfica, clientela, produto.

As empresas são unidades sociais (agrupamentos humanos), construídas com a intenção de atingir objetivos específicos. Em última análise, a empresa é todo empreendimento humano que procura reunir e integrar recursos no sentido de se autossustentar e de lucrar, através da produção e comercialização de bens e serviços.

É a lucratividade o estímulo básico capaz de assegurar a livre iniciativa, manter, ou aumentar, o empreendimento.

O que faz as empresas diferentes das demais organizações é que as mesmas são orientadas para assumir riscos; dirigidas e reconhecidas como um negócio; geralmente, avaliadas sob um ponto de vista contábil e constituem propriedade de alguém.

A criação de uma empresa está em função da sua missão, isto é, qual a razão (sentido) da sua existência. É também possível perguntar aonde a empresa quer chegar e quais são seus objetivos? Os objetivos naturais de uma empresa são: satisfazer a sociedade em que está inserida; proporcionar trabalho para as pessoas; aumentar o bem-estar das pessoas que nela trabalham; otimizar a utilização de recursos; agir dentro da ética e da justiça e, é claro, ter lucro.

A ideia de ver a empresa como um sistema aberto já vem de longa data, porque um sistema organizacional fechado não poderá sobreviver, à medida que não conseguir responder eficazmente às mudanças contínuas e rápidas do ambiente. Para garantir sua sobrevivência a empresa deve dar ao ambiente o produto que ele necessita.

A seguir, as diferenças fundamentais entre sistemas aberto e fechado:

Sistema Aberto	Sistema Fechado
Interage com o ambiente.	Não interage com o ambiente.
Possui habilidades para crescer, mudar e adaptar.	Não possui estas habilidades.
Compete com outros sistemas.	Não compete.

Quadro 3.9: Sistema Aberto × Sistema Fechado.

Um organismo social assemelha-se a um organismo individual nos seguintes aspectos: com o tempo, torna-se maior e mais complexo; suas partes exigem uma crescente interdependência; sua vida tem imensa extensão comparada com a vida de suas unidades componentes; embora as partes sejam heterogêneas, há bastante integração.

Na defesa da teoria do sistema aberto, James G. Miller selecionou diversas hipóteses com que sustentou a aplicabilidade da mesma. Também afirmou que “não há limites no número de proposições para justificar seu uso”. Nestas hipóteses relacionou resultados, estruturas, processos, subsistemas, informações, comunicações, estratégias, desenvolvimentos, interações e integrações. Na realidade, Miller quis demonstrar os diferentes tipos de sistemas que se pode montar (ou estudar), já que as possibilidades de atuação, quando se trata de seres humanos, são praticamente ilimitadas.

A abordagem de sistema aberto concebe um sistema que tem entradas e saídas com seu ambiente. Dentro dessa abordagem, a empresa é visualizada em um dinâmico relacionamento com o seu ambiente, recebendo vários insumos (entradas), transformando-os em resultados na forma de bens, serviços e ideias (saídas).

Os sistemas abertos trocam matéria e energia regularmente com o ambiente e são, fundamentalmente, adaptativos, pois para sobreviver precisam reajustar-se continuamente às condições mutáveis do meio em que vivem. O diagrama do sistema aberto, que também é conhecido como Diagrama de Ackoff, representando a empresa num determinado ambiente, relacionando: ambientes, informações, produtos, restrições, ajustamentos, decisões, cenários, desempenhos, desvios, controles, realimentações, estratégias, táticas, operações.

3.10 Administração por Sistemas

É difícil encontrar qualquer coisa que não possa ser classificada como sistema. Os sistemas organizacionais são controlados por meio de informações. Em uma organização, pessoas e tarefas são interdependentes, tal como os sistemas do corpo humano. Uma mudança em um sistema afeta os outros.

Tal como um organismo, uma organização é um sistema. É evidente que, consistindo a administração num processo de conversão das informações em atividades, o seu êxito resultará, antes de tudo, das informações coletadas e do modo como a conversão é efetuada.

O conceito de administração por sistemas significa que a administração procurará estabelecer, onde for apropriado, um conjunto programado de regras de decisão para serem aplicadas num grande volume de tipos repetitivos de transações. As expressões S*istema de Informações e Sistema de Informações Gerenciais* são frequentemente empregadas para descrever redes baseadas em computador, que fornecem à administração dados relevantes, oportunos e precisos, para fins de tomada de decisão.

A administração por sistemas capacita os homens e as instituições a terem um procedimento racional integrado a um conjunto organizado.

A verdadeira importância do estudo dos sistemas, como já observado, é conscientizar o dirigente para a complexidade da organização e a necessidade de que a visão sistêmica seja sempre considerada. Os sistemas são controlados por meio de informações.

A empresa consiste de um conjunto de subsistemas em interação, os departamentos, cada qual exercendo uma função específica em proveito do sistema global, a empresa. Pode-se dizer que a empresa possui duas áreas funcionais:

- Área Funcional Fim (Marketing e Produção).
- Área Funcional Meio (Finanças, Contabilidade, Pesquisa, Desenvolvimento, Recursos Humanos, Materiais, Patrimônio, Serviços, Sistemas de Informação, Sistemas de Comunicação, Tecnologia, Segurança).

É importante lembrar que essas áreas funcionais correspondem às unidades organizacionais.

3.11 Avaliação do Sistema

Avaliar é comparar, por meio de um controle, os resultados obtidos com os padrões propostos anteriormente. Uma avaliação deve ter, de preferência, um relato escrito. A avaliação requer um referencial, isto é, um padrão. A falta de padrões objetivos e concretos dá àquele que avalia campo para dar vazão a seus preconceitos e tendenciosidades.

A avaliação é importante para qualquer indivíduo, ou organização, pois é através dela que se adquire senso crítico.

Um processo de controle inclui a avaliação. Mas, para se chegar a esta fase, é preciso a etapa da medição. Assim, medir é determinar o grau a que se está progredindo em relação aos resultados (objetivos) esperados, isto é, reunir informações sobre o desempenho real do sistema.

Na avaliação do sistema são abordados os seguintes aspectos:

Objetivos do Desempenho – Os objetivos servem para medir a eficiência atual do sistema, identificar o potencial para seu aperfeiçoamento, indicar o que ele necessita para obter maior desenvolvimento.

Fatores de Avaliação – Os fatores de avaliação, geralmente, medem: perícia de desempenho na consecução dos objetivos e características de qualidade operacional.

Fatores de Desempenho – Os fatores para medir desempenho estão, principalmente, calcados nas habilidades de execução e nos padrões para comparação.

Traços Característicos – Os traços característicos, geralmente, se refletem nas maneiras pelas quais o sistema desempenha suas funções. Estas características ou qualidades influenciam o resultado. As características, que frequentemente aparecem em formulários de avaliação, são: eficiência, eficácia, tempo de resposta, efetividade, interação com o usuário do sistema.

Processo de Avaliação – Os passos no processo de avaliação podem ser resumidos em: execução e acompanhamento do programa.

Métodos de Avaliação – Os métodos de avaliação do sistema mais importantes estão voltados para medir: rapidez de processamento, precisão dos relatórios de saída e relevância das informações que produz.

Qualidade dos Resultados – Um dos principais objetivos do sistema é normalmente atender bem, ou atender melhor os usuários.

Ciclo de Atendimento – Isto é importante quando se considera o tempo de resposta a uma solicitação do usuário do sistema.

Custo Real – Quando da preparação do sistema, o custo é estimado. Na implementação verifica-se sua veracidade. Isso permite descobrir o ponto fraco do sistema implantado, possibilitando corrigir distorções de avaliação que podem prejudicar novas implementações incrementais.

Processamento – Uma preocupação no processamento do sistema é o de não cometer erros bobos. Para tal, é comum mostrar os enganos, avivando-os, por meio de: som, sinal ou palavra.

3.12 Testes

O processo de testes, provavelmente, ocupará cerca de metade do cronograma de desenvolvimento do sistema, dependendo do cuidado com que tenham sido executadas as atividades iniciais de análise, avaliação, projeto e programação. Sempre será necessário verificar se há erros. Existem diferentes estratégias de testes. As mais conhecidas são: Bottom-up e Top-down.

A abordagem bottom-up começa por testar os módulos pequenos de forma individual, essa modalidade é muitas vezes chamada de teste de unidade, teste de módulo ou teste de programa.

A abordagem top-down principia com um arcabouço do sistema, isto é, a estratégia de testes presume que os módulos de execução de alto nível do sistema foram desenvolvidos, mas que os módulos de baixo nível existem apenas como simulações.

Os mais importantes testes são:

- Teste Funcional –. O objetivo é verificar se o sistema executa corretamente suas funções normais. Este teste é o mais aplicado.
- Teste de Recuperação – O objetivo deste tipo de teste é verificar se o sistema pode recuperar-se adequadamente de vários tipos de falha. Este teste pode exigir que a equipe de projeto simule falhas de hardware, falta de energia, falha do software do fornecedor e outros.

- Teste de Desempenho – O objetivo deste tipo de teste é verificar se o sistema pode manipular o volume de dados e transações recebidas especificadas no modelo de implementação do usuário, bem como verificar se ele apresenta o tempo de resposta necessário e suficiente.
- Teste de Aceitação – O objetivo deste teste é colocar o sistema em ritmo de produção, para que o usuário possa se utilizar do sistema sozinho. A preparação dos testes de aceitação pode ficar totalmente nas mãos do usuário.

Um plano de teste contém as seguintes informações: objetivo do teste; local do teste; cronograma dos testes; descrições dos testes; procedimentos nos testes. Deve haver um teste de sistema para cada versão do sistema a ser executada. Teste de sistema é diferente de teste de implementação, o qual deve ser feito depois que todos os programas e testes de implementação para a versão do sistema estejam completados.

3.13 Subsistemas

Embora já tenhamos abordado os conceitos de subsistema e interface, vale lembrar que cada sistema é composto de subsistemas que, por sua vez, é formado de outros subsistemas, isto é, cada subsistema age como um coletor e processador de dados para a produção de determinadas informações.

Os limites e interfaces dos subsistemas devem, cuidadosamente, ser estudados e as relações com os subsistemas devem ser claramente definidas.

Quando do estudo dos subsistemas é necessário ter conhecimento dos seguintes elementos:

Fatoração – O processo de divisão (fatoração) de um sistema em subsistemas é contínuo. Uma empresa, considerada como um sistema, pode ser dividida em subsistemas, tais como: Marketing; Produção; Finanças; Materiais; Pessoal; Segurança, por exemplo. Marketing, por sua vez, pode ser dividido em: Propaganda; Publicidade; Promoção; Pesquisa de Mercado.

Simplificação – Como cada subsistema é definido pelas suas entradas, saídas e interfaces com outros subsistemas, será preciso definir o número de interfaces. Então, se você lida com 4 subsistemas, terá 6 interfaces, mas, se forem 20, este número subirá para 190.

Desacoplamento – Se dois diferentes subsistemas são conectados muito cerradamente, cada acoplamento ocupa o lugar de dois subsistemas. A solução é fazer o desacoplamento ou liberação da conexão, fazendo com que os dois sistemas possam operar com certa independência.

3.14 Desenvolvimento de Sistema

O desenvolvimento é o ato de crescer, aumentar, construir e progredir. Também pode ser considerado como um caminho para criar e aplicar métodos, técnicas, metodologias e regras para melhorar (alavancar): práticas administrativas, práticas sociais, atividades, processos, políticas, soluções, estratégias, táticas, ações, planos, projetos, modelos, decisões, análises, pesquisas, avaliações.

Durante os últimos anos vêm-se acumulando dados de pesquisa a respeito do desenvolvimento de quase tudo que se possa imaginar. Recentes estudos mostraram aspectos essenciais na elaboração mais ampla de modelos de desenvolvimento. Parte dessas pesquisas está direcionada a minimizar o tempo que se gasta em um projeto de desenvolvimento, qualquer que ele seja.

As empresas estão, cada vez mais, reconhecendo que a chave para sua sobrevivência e crescimento reside no desenvolvimento contínuo de novos produtos ou aprimoramento dos existentes.

Para desenvolver um sistema, precisamos de uma metodologia. Metodologia é a combinação integrada de um conjunto de métodos, formando um todo abrangente para algum propósito. Em um ambiente de desenvolvimento e manutenção de sistemas deve-se ter uma integração entre os métodos utilizados, como suporte do ciclo de vida de todo o sistema. Não há uma metodologia universal para tal.

Uma metodologia de desenvolvimento de sistemas não deve ser confundida com técnicas de análise de sistemas. Ela pode ser orientada para a construção de um software, como pacote ou como serviço. O software considerado como pacote, ao ser desenvolvido, não considera o ambiente organizacional. Já aquele considerado como serviço é substancialmente afetado pelo ambiente organizacional.

As abordagens das metodologias de desenvolvimento de sistemas, que normalmente se faz, são as seguintes:

Enfoque Convencional – É baseado no estudo linear do ciclo de vida da própria metodologia e seu poder de resistência às mudanças tecnológicas, ambientais e comportamentais.

Enfoque Incremental – O enfoque incremental representa uma variação do modelo linear, onde a partir da fase de especificação funcional são feitos incrementos sucessivos. Geralmente, é utilizado como estratégia para minimizar riscos de projetos muito grandes, onde se procura obter resultados de médio e curto prazos sem, entretanto, descuidar do objetivo final.

Enfoque de Prototipação – Esta abordagem é baseada na teoria do aprendizado, útil para organizações que experimentam um ambiente muito dinâmico, onde os usuários têm pouca cultura em computação e informática. Tal enfoque não é uma técnica, mas, sim, uma filosofia.

Protótipos são produtos de experimentação rápida, onde uma versão simplificada é projetada, desenvolvida, testada e operacionalizada. Com base na experiência adquirida com a primeira versão, estabelecem-se novos requisitos para a metodologia, e uma nova versão é concebida e implementada.

A construção de um plano diretor, para desenvolvimento de sistema, exigirá: entendimento das características e necessidades da empresa; conhecimento e avaliação dos sistemas existentes; exame dos recursos de processamento de dados existentes e requeridos; consideração de prioridades, custos e benefícios. Um estudo sobre as necessidades de informações deve relacionar: decisões chaves, informações requeridas e subsistemas geradores de dados.

Assim, para a área de marketing, por exemplo, são as seguintes:

Decisões Chaves: planejamento de metas de venda, orçamentos, acompanhamentos, controles, linhas de produto, introdução ou eliminação de produtos, canais de distribuição, preços.

Informações Requeridas: dados sobre o mercado-alvo, experiência anterior, andamento de vendas, rentabilidade por linha de produto, relação entre custo, volume e lucro, participação dos produtos nas vendas, custos de distribuição, margem de contribuição, exigências legais, contas a receber, contas a pagar, análise financeira.

Subsistemas Geradores de Dados: pesquisa de mercado, faturamento, processamento dos pedidos, contabilidade gerencial, indicadores de gestão.

Capítulo 4

SISTEMA de INFORMAÇÃO

"A fábrica do futuro terá apenas dois empregados: um homem e um cachorro. O homem estará lá para alimentar o cão e o cão para impedir que o homem toque no computador".

Warren Bennis

Objetivos do Capítulo

- Capacitar o leitor a entender o que seja um sistema de informação e para que serve.
- Mostrar os elementos básicos que fundamentam o sistema de informação.
- Mostrar os principais problemas encontrados no sistema de informação.

4.1 Sistema de Informação

O sistema de informação é um subsistema do sistema empresa que, por sua vez, é composto de um conjunto de subsistemas interdependentes. Ele está voltado a transformar dados em informações úteis. Uma empresa, pequena ou grande, terá necessidade de um sistema de informação que será tanto mais sofisticado quanto mais complexas forem as operações da organização.

Segundo Belmiro N. João, "os sistemas de informação são conjuntos de procedimentos que visam captar o que acontece na organização, apresentando de forma sucinta, a cada nível, o que lhe cabe, tendo por objetivo dar subsídios ao processo decisório". São conhecidos como Sistemas de Informações Gerenciais os sistemas que envolvem dinamicamente as informações que apóiam o administrador na gestão da empresa.

O gerente deve se preparar e tomar parte ativa no processo de desenvolvimento e instalação de tais sistemas. Estes, bem planejados, têm diferentes papéis na eficiência, eficácia e efetividade da empresa. A velocidade do fluxo e do processamento de dados determina a duração do ciclo operacional. Portanto, as informações operacionais devem ser, significativamente, adequadas e exatas. O trabalho administrativo deve ser organizado de forma que permita a empresa seja vista como uma entidade integrada de subsistemas.

Um sistema de informação de uma empresa terá como suporte os próprios departamentos, considerados como subsistemas da organização. As informações a serem fornecidas por tais sistemas dependem da gerência, de seus objetivos e do escopo da empresa. Uma das preocupações, ao longo de um projeto de sistema, é possibilitar o atendimento das necessidades de informações para gerá-las na quantidade e qualidade requeridas, para que as decisões sejam tomadas com um maior grau de certeza possível e no menor tempo viável.

É preciso sintonizar as informações com a autoridade e a responsabilidade dos vários níveis hierárquicos pela tomada de decisões. Este é um trabalho que só pode ser levado a bom termo, se na estrutura da organização, com que se depara o analista, ficar bastante claro quem decide o quê.

Existe uma crescente compreensão do potencial dos sistemas de informação nas organizações. Numa pequena empresa o dono é o presidente, o executivo, o gerente, o faz tudo. Possui um registro histórico das informações, através de controles manuais e seu acesso a este "banco de dados" é imediato.

Se uma pequena organização vier, com o tempo, se transformar numa grande organização, basicamente, terá as mesmas funções administrativas, porém o volume de informações será muito grande e complexo, tendo em vista: novos produtos, novos projetos, novos volumes de vendas, novos empregados, novas operações, novas tecnologias.

Uma característica da maioria dos sistemas de informação é que eles dão aos administradores mais informações atuais sobre o que outros administradores e suas unidades estão fazendo.

Aqueles que elaboram sistemas de informação procuram torná-los inofensivos e não problemáticos, para evitar amedrontar o usuário. Os construtores de sistemas de informação tentam dar acesso fácil àquele que dele precisa. Tudo isso leva os administradores a delegarem grande parte dos controles a estes profissionais de sistemas, que muitas das vezes não possuem habilidades gerenciais.

4.2 Objetivos dos Sistemas de Informação

Objetivo é o alvo (situação, resultado) que se pretende atingir, dentro de certo espaço de tempo. Ele determina a direção e o sentido para onde se deve concentrar esforços e recursos de toda a sorte.

Os objetivos indicam a missão da organização, isto é, aquilo para a qual foi criada, e constituem uma fonte de legitimidade que justifica suas atividades e, na verdade, até sua existência. Também servem como padrões, através dos quais os membros de uma organização podem avaliá-la. Como é comum se fazer confusão entre objetivo, propósito, meta e desafio, a seguir os seus conceitos:

- Propósito: Objetivo mais esclarecedor, geralmente de aspecto setorial e de finalidade bem específica. O propósito é o elemento vital do objetivo, porque dá ao mesmo um significado e mostra a intenção.
- Meta: Objetivo quantificado e/ou qualificado, sendo, em geral, de curto prazo com responsabilidades definidas. A ausência de metas conduz as pessoas da organização a uma atitude passiva (ou reativa). As metas ajudam a orientar, melhorar e motivar os recursos humanos.
- Desafio: Objetivo perfeitamente quantificado e com prazo definido. Para realizar um desafio a organização terá de fazer um esforço extra, às vezes, com mudanças no seu comportamento, na estratégia e nos seus recursos.

Os objetivos são importantes, porque identificam os primeiros passos do planejamento. Se estes são vagos e indefinidos, como planejar? Objetivos mal definidos levam a organização ao fracasso. Em muitas empresas, se você pedir a alguns executivos que descrevam os seus principais objetivos, tem-se um número elevado de respostas confusas e conflitantes que podem criar uma série de problemas para a organização, como o desperdício de: dinheiro, horas de trabalho e recursos.

Os objetivos são a base para as principais atividades, isto é, são as fundações onde se assentam a estrutura da organização.

Não é suficiente definir objetivos, mas também os recursos e as ações necessárias para alcançá-los. Deve-se também definir as prioridades desses elementos, com clareza, sem ambiguidades. Um sistema de informação tem como objetivos fundamentais:

- Fornecer informações confiáveis e oportunas, a fim de que cada um possa desempenhar suas funções adequadamente.
- Incorporar as informações necessárias para apoiar as funções administrativas.
- Acompanhar o avanço tecnológico da automação para prover informações necessárias, suficientes, exatas e rápidas.
- Usar sempre técnicas científicas para análise dos dados.
- Controlar recursos, projetos, planos, programas, contratos.

Uma vez que o objetivo de um sistema de informação é estimular uma resposta conjunta dos funcionários para fomentar suas estratégias de negócio, quanto mais ágil for o fluxo de informações, melhor e mais rapidamente uma empresa irá se adaptar às mudanças. Um construtor de sistemas de informação deve possuir determinadas características, tais como:

- Definir e compreender o problema.
- Saber dominar a complexidade.
- Poder se relacionar com diversas coisas simultaneamente.
- Ser capaz de imaginar subsistemas.
- Ter grande poder de abstração.
- Determinar uma rede hierárquica de construção dos sistemas.
- Alterar o conhecimento do usuário, criando um canal efetivo de comunicação com o mesmo.
- Estabelecer e flexibilizar, dentro do possível, padrões de produtividade.
- Não negligenciar aquilo que não for capaz de perceber.
- Saber analisar a relação custo/benefício.

4.3 Elementos do Sistema de Informação

A seguir, os principais elementos de um sistema de informação:

Característica – Cada sistema de informação contém partes com características próprias, mas que se interagem e trabalham juntas para alcançar determinado objetivo. Em outras palavras, um sistema não é a reunião de elementos ao acaso. Consiste de elementos identificados, tendo propósitos comuns. Uma restrição para os diversos sistemas de informação é que eles serão controlados pelo homem.

Estas características definem e delineiam um sistema dentro de seus limites, podendo ser medidas pelas seguintes propriedades:

- Utilidade: necessidade, confiabilidade, oportunidade e totalidade.
- Facilidade: operação, aprendizado, ergonomia, portabilidade.
- Dinâmica: flexibilidade, alterabilidade, elasticidade, compatibilidade.
- Economia: rentabilidade, viabilidade, otimização.
- Segurança: confidenciabilidade, continuidade, robustez.

Qualidade – A qualidade de um sistema de informação pode ser medida pelas propriedades vistas acima. A primeira preocupação que se deve ter na construção de um sistema de informação é com relação às necessidades de cada usuário. Assim, o construtor se lança ao estudo dos fluxos de informação existentes na empresa e o propósito de cada um.

Computador – Com sua capacidade de seguir instruções pormenorizadas, o computador tem uma margem de erro praticamente nula. Trabalha seguindo um caminho rígido de procedimentos: um programa. Cada programa é composto de uma série de instruções que fazem com que o computador execute o trabalho pretendido.

As atividades de um computador são: armazenar dados e conjuntos de dados (arquivos); recuperar dados a qualquer momento; modificar a sequência dos dados; classificar dados da forma desejada; executar cálculos, textos, gráficos; mostrar resultados de pesquisa; selecionar dados. Recomenda-se o uso do computador quando se necessita de: velocidade nas operações, grande volume de trabalho, uniformidade nas transações, muitos cálculos, estabilidade das operações, necessidade de alta precisão, menor tempo de resposta e ajuda na tomada de decisão.

O computador requer instruções exatas sobre o que fazer e como fazer. A equipe que traduz as necessidades do novo sistema é constituída de pessoas que se caracterizam pela meticulosidade e atenção ao detalhe, à precisão por certos conhecimentos de matemática e pela necessidade de estarem familiarizadas com as práticas da empresa. Tais profissionais da informática são conhecidos como programadores e analistas de sistema.

Foi só no final da década de 1950 e início da de 1960 que houve a aproximação dos computadores com a administração de empresas.

O entendimento dos conceitos sobre sistemas de informação, de sua função no processo gerencial e das suas possibilidades na solução de problemas empresariais não implica, necessariamente, conhecimentos profundos sobre processamento eletrônico de dados.

Os problemas com estes sistemas envolvem não só restrições e/ou ineficiências no processamento dos dados, mas também uma variada gama de questões, de caráter conceitual, que não podem ser equacionadas com a mera utilização de computadores por mais sofisticados que sejam os seus recursos técnicos.

Construção – Qualquer sistema de informação pode ser modelado por: ensaio e erro, simulação e otimização. Mas, atenção, a construção de um computador só será precisa quando reconhecermos o problema e tivermos ao nosso alcance técnicas, métodos e recursos de como resolvê-los, senão é pura perda de tempo. Nenhum computador possui uma estrutura simples. Até mesmo o menor deles requer um número formidável de circuitos eletrônicos integrados.

Eficiência Operacional – O ciclo operacional retrata as atividades necessárias à sobrevivência da organização, que depende da geração e do tratamento das informações decorrentes dessas atividades. Ao se examinar a melhoria da eficiência operacional, como um benefício que pode ser obtido pelo planejamento do sistema, não se está, especificamente, preocupado com a eficiência em si mesmo, mas com a contribuição desse sistema à eficiência do todo.

Os fatores que diferencia a eficiência operacional de um sistema para outro são:

- A velocidade do fluxo e do processamento dos dados determina a duração do ciclo operacional.
- Do ponto de vista gerencial, é relevante a contribuição que os sistemas podem dar à coordenação entre os vários departamentos da empresa e a execução de milhões de transações repetitivas.
- Informações operacionais devem ser significativamente adequadas e exatas.

4.4 Papel dos Sistemas de Informação

Significativas mudanças ocorreram no meio empresarial nestas últimas décadas e cada uma delas levou as funções administrativas a ganharem um novo sentido nas organizações. Várias empresas procederam a estudos de sistemas de informação avançados e em grande escala. Com base nestes esforços, muitos dos conceitos fundamentais da abordagem dos sistemas de informação foram reexaminados, modificados e ampliados.

À medida que o comércio e a indústria mundiais foram se desenvolvendo, o volume de dados cresceu em função exponencial, atingindo, presentemente, uma situação que, a se manterem os métodos tradicionais, tornaria impossível ao administrador desempenhar satisfatoriamente suas tarefas.

As operações, no dia a dia, da maioria das grandes empresas, são cada vez mais dependentes de computadores, inclusive para a sua sobrevivência. Exemplo típico é o das companhias aéreas, totalmente dependentes dos sistemas de reservas de vôos, assim como as operações dos bancos comerciais e os processos industriais. Até pouco tempo, escassas foram as autoridades inclinadas a encarar as redes de informação como sistemas.

Com o aumento vertiginoso do custo da burocracia e devido à crescente oferta de computadores ao mercado, a preços cada vez mais baixos, mais e mais gerentes começaram a dar valor aos sistemas de informação.

Existe uma crescente compreensão do papel dos sistemas de informação nas organizações. Podemos construir novos sistemas de informação para gerenciamento, análise e apoio à decisão. Muitas empresas já utilizam sistemas de informação como vantagem competitiva. A própria reengenharia está sendo vista não como somente uma mudança na estrutura organizacional (descentralização e menores dimensões), mas como uma reengenharia de sistemas de informação.

As grandes razões que movimentam o mercado de sistemas de informação são:

- A conscientização de que informação é um patrimônio estratégico
- A conscientização cada vez maior das vantagens do processamento distribuído.
- A evolução do microprocessador, que tornou possível o desenvolvimento da tecnologia de rede.
- A crescente multiplicação de escolhas disponíveis para modelar soluções e componentes de sistemas.

Temos presenciado transformações econômicas, políticas e sociais decorrentes da utilização da tecnologia digital da informação, em nível mundial. A partir da década de 1970, o paradigma tecnológico propôs uma sociedade automatizada e informatizada. Se você é um homem de negócios, existe uma boa possibilidade de que se envolva em alguma atividade de análise de sistemas.

Como administrador terá de interagir com pessoas ligadas ao processamento de dados e à análise de sistemas, quanto mais você souber sobre o que essas pessoas fazem e o que elas esperam de você, melhor será para todos.

4.5 Problemas nos Sistemas de Informação

A seguir, os mais relevantes problemas nos sistemas de informação:

- Compreensão – O primeiro dos problemas com que se defronta o projetista, quando inicia o estudo de um novo projeto, é o de compreender, num curto período de tempo, uma realidade bastante complexa e diversificada, contendo milhares de elementos.
- Complexidade – O projetista precisa saber dominar a complexidade, independentemente da natureza específica do projeto, visando descrevê-la, dentro de certo ponto de vista particular, com toda a precisão e clareza.
- Conhecimento – Um coordenador de projeto terá de ser alguém dotado de conhecimento específico (relativo ao projeto), mas também de ter uma capacidade interdisciplinar, pois terá de se envolver com dezenas de coisas ao mesmo tempo. Terá de ser talentoso, treinado e muito disciplinado.
- Percepção – As pessoas tendem a negligenciar a importância ou, até mesmo, a existência daquilo que não percebem ou que não são capazes de aprender (captar simultaneamente em conjunto). Infelizmente, o essencial é invisível aos olhos do indivíduo de baixo nível de percepção.
- Criação – Para que determinados projetos produzam resultados satisfatórios, é preciso criar subprojetos que tenham propriedades adequadas. Tais subprojetos nem sempre são fáceis de se imaginar, como bem criá-los.
- Abstração – Uma coisa que pode ter qualquer propriedade que desejamos a ponto de poder, junto com poucas outras, atender a uma multiplicidade de exigências do projeto global.
- Hierarquia – Um projeto só pode ser construído, para ter determinadas propriedades, através de um processo hierárquico, no qual cada subprojeto criado e formalizado (especificado) em uma etapa também o é para a seguinte, obtendo-se uma rede que tem dentro de si uma hierarquia.
- Valor – O valor do projeto está intimamente ligado à capacidade que ele tem de alterar o estado de conhecimento do usuário.
- Comunicação – O usuário, ao ser interrogado pelo analista sobre seus problemas e necessidades, tenderá talvez a ser muito minucioso ou a dar exemplos concretos sobre o que ocorreu, sem se aperceber que o outro, provavelmente, não tem capacidade para absorver, de uma vez, tanta coisa.
- Custo – Em qualquer projeto a relação custo/benefício terá de ser estabelecida, o que muitas vezes não é fácil.
- Produtividade – Não há ainda padrões de produtividade totalmente definidos em projetos.
- Flexibilidade – É sempre possível mexer e acertar os programas e demais características de um projeto. Porém, isto não é tarefa trivial nem barata, demandando extremo cuidado.
- Segurança – A segurança é vista segundo três dimensões: confiabilidade, continuidade e sigilo.
- Mudança – Todo projeto implica mudanças. Quanto mais partes organizacionais sofrerem impactos pelo projeto maior a possibilidade para a mudança. As mudanças impostas por um novo projeto

podem dar causa a conflitos e resistências. Quanto maior a área da organização afetada pelo projeto, tanto mais grave esse problema se apresenta.
- Usuário – São cada vez maiores as exigências dos usuários, no sentido de obter respostas e soluções confiáveis e, também, prazos e custos compatíveis.
- Gerenciamento – Gerenciar projetos é um desafio para qualquer um, pois terá de enfrentar problemas com: pessoas, prazos, recursos, estratégias e estruturas.
- Implementação – O problema maior da implementação é a fronteira da interface homem-máquina.
- Aspectos Organizacionais – Alguns aspectos influenciam a atuação do gerente na implementação do projeto, tais como: cultura organizacional, apoio da alta administração, miscelânea tecnológica, resistência à mudança, relacionamento grupal, atribuição de responsabilidades.
- Risco – O problema do risco deve ser considerado, pois não existe risco zero.

4.6 Sistemas de Informação

A seguir, são colocados alguns sistemas de informação e quais as informações que devem tratar:

Sistema de Informações de Franquia – As entidades interessadas na transparência e ética da franquia têm interesse que as informações, trocadas entre franqueador e franqueado, sejam as mais claras e objetivas possíveis. Assim, antes de assinar qualquer coisa, o candidato a franqueado deve ter conhecimento de:

- Informações que identifique o franqueador, descrevendo as experiências anteriores.
- Informações a respeito de ações judiciais, falências e concordatas de todos que participam da rede.
- Informações de todos os direitos, obrigações, restrições, especificações, padrões de qualidade e exigências do negócio.
- Informações sobre a proteção territorial e cláusulas contratuais.
- Informações sobre seção, transferência e venda de direitos de franquia.
- Informações sobre normas e procedimentos operacionais e financeiros.
- Informações sobre assistência técnica e suas condições de pagamento.
- Informações estatísticas sobre o mercado.
- Informações sobre rentabilidade, formação de preço e custeio.
- Informações dos endereços dos demais participantes da rede e de serviços de apoio.

Sistema de Informações Viárias – A gerência de transporte procura minimizar o custo do frete. Ela prefere meios menos dispendiosos e embarques menos frequentes e volumosos. A análise do sistema viário principal de uma cidade permite o entendimento preliminar da movimentação dos veículos e das pessoas dentro do tecido urbano. Assim, é possível avaliar: as áreas, mais ou menos, servidas em termos viários; os principais entroncamentos; os tipos e volumes de produtos.

De um modo geral, os sistemas viários apresentam hierarquia entre as suas vias. Por exemplo:

- Rede primária (grandes fluxos e longas distâncias), com vias expressas e artérias.
- Rede secundária (tráfego de curta e média distância, com menos fluxo, velocidade média e com vias coletoras).
- Rede local (tráfego pequeno e baixa velocidade).

Um dos fatores críticos para o estudo de tráfego é a localização dos pontos logísticos de atendimento. O mapeamento das áreas de concentração das atividades de comércio e dos polos geradores de serviços contribuirá para a identificação dos principais pontos de atração varejista da cidade. Desse modo, a organização de um banco de dados associado a elementos geográficos tem importância vital.

A utilização do Código de Endereçamento Postal (CEP) ajuda a identificar a região, unidade da federação, município e suas microáreas. Os três últimos dígitos para logradouros e segmentos deles. Uma das vantagens do uso do CEP é a possibilidade do processamento da base de dados. Os quatro ou três primeiros dígitos representam polígonos, permitindo, assim, a rápida identificação do local de entrega. Outras ferramentas para o gerenciamento do tráfego são:

Sistema de Informações Geográficas (GIS) – Sistema de informações geográficas é baseado no mapeamento de dados por um sistema de coordenadas.

Sistema de Posicionamento Global (GPS) – Sistema que determina a posição do ponto em relação as latitudes, altura e longitude.

Sistema de Informações de Projeto – O sistema de informações de projeto é construído para gerar fluxos de informações para a empresa cumprir a sua missão. A Figura, a seguir, mostra um modelo preliminar de sistema de informações de projeto e seus mais importantes subsistemas:

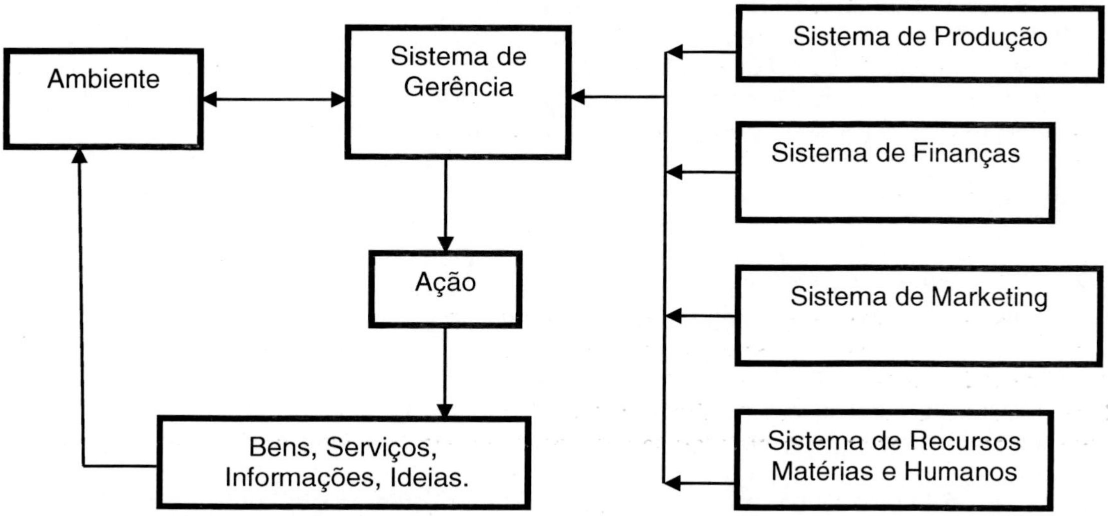

Figura 4.1: Modelo de Sistema de Informações de Projeto.

4.7 Sintoma de Mudança

Um sintoma é um desvio do comportamento de um sistema àquilo que se considera normal. Custos mais baixos do que os normais são um sintoma e não algo errado, indicam uma mudança no sistema. Aplicando-se técnicas estatísticas, pode-se detectar o sintoma.

Os sintomas são obtidos não apenas pela comparação do atual com o passado, como também pela comparação com sistemas semelhantes, por exemplo, o concorrente. Alguns autores nos falam de pré-sintomas, como sendo um prenúncio de um sintoma. Por exemplo, observamos valores (medidas) todos acima da média, porém em um intervalo considerado normal.

Os principais problemas encontrados para mudar são:

- A inflexibilidade psicológica (gerentes e empregados podem desenvolver padrões de pensamento e comportamento difíceis de mudar).
- A inflexibilidade para procedimentos (uma vez estabelecidos, passam a integrar a maneira de dirigir a empresa).
- A inflexibilidade de imobilizar capital num novo projeto é muito grande.

À medida que a equipe está prestes a apresentar um novo sistema, a expectativa, quanto às mudanças a serem introduzidas pelo novo sistema, cresce. Essas percepções das várias pessoas envolvidas podem evoluir, as preocupações serem dissipadas ou intensificadas. Certos aspectos de mudança devem ser ressaltados:

- As mudanças ambientais são caracterizadas pelas variáveis: sociedade, governo, globalização, concorrência, mercado, recurso, produto, comportamento, consumidor, renda, população, inovação.
- As mudanças na organização são aquelas de caráter interno, fundamentadas em: valor, cultura organizacional, clima organizacional, missão, objetivo, estratégia, tática, estrutura, política, problema social, necessidade de melhorar processos (reengenharia).
- As mudanças tecnológicas são aquelas relativas à: conhecimento, sistema de informação, sistema de comunicação, utilização de computadores, internet e automação.
- As mudanças nos resultados da organização são aquelas relativas à: lucro, prejuízo, margem de contribuição, custo, produtividade, fatia de mercado, desvio de qualidade, receita com vendas.
- Planejar mudança significa estabelecer um programa, um planejamento, um plano, a fim de provocar as alterações necessárias para colocar a organização no rumo de resultados positivos.
- A mudança poderá ser estrutural e/ou comportamental.
- Diagnosticar a situação é ler para que direção vai o mercado, analisar as fontes de recursos, conhecer a influência da política governamental, prever a demanda de inovações em produtos e processos, analisar as condições ambientais.
- Caracterizar conflitos significa definir os pontos de discordância, os gargalos na organização, os entraves para o progresso e desenvolvimento da mesma.

4.8 Configuração Sociotécnica

Antes que uma empresa (organização) seja pensada como um conjunto de recursos e/ou uma estrutura formal que distribui funções ou procedimentos, atividades, sistemas e computadores, por exemplo, talvez deva ser pensada como organização social e humana.

O modelo sociotécnico de Tavistock foi proposto por sociólogos e psicólogos do Instituto de Relações Humanas de Tavistock, com base em resultados de pesquisas por eles efetuadas em minas de carvão inglesas e empresas têxteis indianas, onde a organização é vista como dois subsistemas: Técnico e Social.

No campo dos sistemas de informação, especialmente, observa-se que todos os problemas tendem a ser analisados e interpretados à luz de conceitos e técnicas de sistemas de processamento de dados. Frequentemente, tais soluções não se efetivam por dificuldades de entendimento, comportamentos contrários e obstáculos políticos, por exemplo.

As tarefas têm determinados requisitos em termos de quantidade, qualidade, tempo, especialização e conhecimento. O sistema, nesse aspecto, envolve tecnologia, operações e divisão do trabalho. Por outro lado, existe em paralelo um sistema comportamental, sendo desenvolvido. Estes dois sistemas (tecnológico e comportamental) intimamente associados e interdependentes, podem ser entendidos como subsistemas de um sistema maior, chamado sistema sociotécnico.

4.9 Planejamento do Sistema de Informação

Nenhuma organização sobrevive no mundo atual a menos que planeje o futuro. O gênio que gerencia por palpite, intuição, sentimento ou pragmatismo é um oportunista. O sucesso advém menos da inspiração do que do cuidadoso planejamento da criação de oportunidades.

Planejamento é uma função administrativa que capacita a empresa a decidir qual é o melhor uso de seus recursos para atingir objetivos propostos. Se os recursos empresariais são insuficientes, cabe ao administrador planejar e apontar as necessidades. É a primeira e a mais importante função administrativa por ser ela a base para as demais funções.

O planejamento não diz respeito a decisões futuras, mas às implicações futuras de decisões presentes.

Planejar significa determinar o que precisa ser feito e o que se espera por quem e quanto cumprir atribuições. E também como e quando assumir responsabilidades. Planejar é desenvolver planos.

Os principais elementos de um Plano de um Sistema de informação são:

Identificação – O analista deverá identificar o sistema a ser estudado/construído e as unidades organizacionais envolvidas, obter uma ideia preliminar e genérica da complexidade do sistema, visando determinar o esforço necessário, para o seu adequado desenvolvimento.

Sintomas – Inventariar desvios àquilo que é considerado normal, isto é, sintomas que são obtidos não apenas pela comparação do atual com o passado, como pela comparação com sistemas semelhantes.

Missão do Sistema – Buscar saber com que finalidade o sistema será criado.

Deficiências – As deficiências podem ser encontradas em: duplicidade de formulários, arquivos, registros e funções; formulários mal delineados e/ou mal projetados; estrutura organizacional inadequada; manuais desatualizados e impróprios; ambiente de trabalho corrompido (cheio de vícios), arranjo físico deficiente; falta de padronização; sistema de informações irrelevantes.

Lógica do Sistema – A lógica do sistema mostrará a oportunidade de desenvolvimento, pois avaliará os objetivos das funções vitais, sua carga de trabalho, recursos necessários e prazos para a sua realização.

Análise da Situação – Esta análise determinará quais as funções são necessárias, ou quais as que devem sofrer algum tipo de incremento, porque fará comparação entre o real e o desejado, determinando os desvios do sistema. As principais ferramentas de pesquisa e análise são: a observação, a entrevista, o questionário e a experimentação.

Viabilidade – O analista elabora um estudo (relatório) onde indica as variáveis a serem alteradas e as estratégias que ajudarão na viabilização do projeto. Recolhe do mercado modelos semelhantes à situação encontrada. Define recursos, custos, orçamentos, benefícios, indicadores de gestão, resultados esperados. Este relatório deve ser simples, claro, conciso e devidamente comunicado.

Estruturação – O analista deverá definir o sistema que será implantado, estabelecer, clara e adequadamente, as políticas em que se baseará o sistema e a organização necessária para operá-lo, bem como definir o fluxo geral do novo sistema, delineado a partir das relações entre as áreas envolvidas, e estabelecer os procedimentos básicos de cada área isoladamente.

No novo sistema deve-se ter em mente as seguintes palavras: simplicidade, economia, qualidade, flexibilidade, comunicabilidade, conectividade, produtividade, interatividade, acessibilidade, aceitabilidade, racionalidade, lógica.

Detalhamento – O detalhamento ajudará a implementar (pôr em prática) o novo sistema, através de planos, modelos, gráficos, diagramas, referenciais, programas de computador e equipamentos de informática e de comunicação.

Implementação – Na implementação, fase mais difícil do projeto, o analista deve: determinar a abordagem da implementação; incentivar a participação ativa dos usuários; determinar a tecnologia de apoio; projetar mudanças culturais; projetar banco de dados; projetar sistema de conversão; programar o treinamento de recursos humanos; buscar aprovação do projeto.

Testes – O analista trabalhará junto com o usuário, montando um manual completo de operação e manutenção do sistema. Com referência ao teste do sistema, o analista pode escolher entre testar o sistema antes de implantá-lo ou testar em paralelo com o antigo sistema funcionando. As orientações para testar o sistema são: testar cada módulo do sistema separadamente; utilizar dados reais, além dos dados de teste; executar um processamento em paralelo, antes do processamento definitivo; testar o sistema como um todo; fazer com que o usuário teste o sistema.

Implantação – Na implantação o analista verificará se o sistema foi, realmente, bem construído. É de suma importância que o analista tenha em mente que o seu trabalho em qualquer projeto não termina, quando o sistema se torna operacional. Ele deve comparar os resultados alcançados com os anteriormente previstos, e as variações significativas devem ser investigadas, visando determinar as causas.

Acompanhamento – O analista desenvolverá tarefas para mais bem avaliar o desempenho do sistema. Um programa deve ser criado para monitorar e acompanhar o trabalho do pessoal usuário que assumirá o novo sistema, após os testes de aceitação. No acompanhamento serão registrados os problemas e quais ajustes serão necessários ou convenientes para o funcionamento ótimo do sistema.

Capítulo 5

SISTEMA de INFORMAÇÕES GERENCIAIS

"Dirigir bem uma empresa, ou um negócio, é administrar o seu futuro. Para tal precisamos de um sistema de informações gerenciais que funcione."

Bill Gates

Objetivos do Capítulo

- Mostrar que sistemas de informação são importantes ferramentas para gerir uma empresa.
- Mostrar que cada função organizacional possui seu próprio sistema de informações.
- Mostrar que os sistemas de informação suprem os dirigentes de informações relevantes para a resolução de problemas.

5.1 Gerência

A gerência é a arte de pensar, decidir, agir, fazer acontecer, prover recursos, atingir objetivos estabelecidos e obter resultados positivos. Resultados que podem ser definidos, previstos, analisados e avaliados, mas que têm de ser alcançados por pessoas dentro de uma interação constante.

A gerência é o exercício de uma atividade que exige mais de uma pessoa para exercê-la, existe em função de um objetivo comum, requer uma ação calculada e racional dos recursos, necessita de cooperação e coordenação entre indivíduos, para evitar superposição ou oposição em suas ações.

Você poderá ser gerente de você mesmo, mas não estará exercendo em toda sua plenitude a liderança de uma gerência, pois nesta cabem outras pessoas para poder acontecer. A palavra gerência (management) tem sido usada como sinônimo de administração, mas, na verdade, apesar de muitas pesquisas, este termo ainda continua um tanto ambíguo.

Segundo Motta, "pode-se tratar a gerência como algo científico, racional, enfatizando as análises e as relações de causa e efeito, para se prever e antecipar ações de forma mais efetiva. Por outro lado, é preciso aceitar a imprevisibilidade, o ilógico, o intuitivo, o emocional, o espontâneo e o irracional. Gerentes não supervisionam rotinas ou lidam com tecnologias específicas. No entanto, sabem o que são e como funcionam".

As artes de pensar e de julgar que caracterizam os gerentes exigem maior conhecimento. Assim, é recomendado que os mesmos melhorem sua formação intelectual e cultural, aguçando sua mente para inovações, curiosidades e novas perspectivas sobre o futuro. Hoje, essa aquisição de conhecimento é altamente facilitada em função do desenvolvimento da tecnologia da informação.

Para não se perder em meio a uma infinidade de informações, o gerente precisa: ser organizado, sistemático e específico; ter objetivos congruentes; ter uma ação de risco calculado; receber cooperação; saber coordenar e liderar pessoas.

A gerência da empresa atua no nível intermediário da organização. Neste sentido, torna-se imprescindível o conhecimento da natureza humana, já que a empresa é constituída de pessoas que ocupam cargos diferentes em diversos níveis, realizando tarefas diferentes. Para lidar com tudo isso, o trabalho gerencial se torna muito complexo.

A gerência na empresa é necessária, porque existem atividades que um indivíduo sozinho não consegue realizar. Embora a função gerencial esteja ligada ao nível intermediário da organização, é comum se ler sobre gerências de alto nível, transparecendo que esta palavra gerência está ganhando cada vez mais importância e, via de consequência, galgando o nível estratégico da organização.

Durante muitos anos, a gerência foi relativamente mais simples do que em nossos dias, porque as mudanças ocorridas no ambiente eram mais lentas e previsíveis. O futuro era mais facilmente planejável a partir do estudo de séries históricas. Com maior grau de confiança, era possível coletar dados, estruturar relações de causa e efeito e estabelecer as bases para explicar, prever e interferir em um evento específico.

5.2 Ação Gerencial

Num passado recente, construía-se a Teoria Gerencial na premissa de que se poderia dominar, por critérios de racionalidade, a vida e o destino de uma organização. Para tanto, bastaria ter muitas informações para decidir de forma inteligente. Porém, a era da racionalidade gerencial parece ter chegado ao fim. Hoje, se sabe que o mundo organizacional é muito complexo e ambíguo, os cenários são cambiantes e incertos. Por isso, torna-se premente agir em tempo hábil.

Os processos de decisão continuam válidos, mas incorporados de métodos heurísticos e intuitivos. Procuram-se novas formas de possibilitar ao dirigente a nova visão de totalidade, em um ambiente fragmentado.

A ação gerencial, muitas vezes, é baseada em informações incompletas sobre problemas graves e inéditos. No mundo de hoje, quando se lê relatos de dirigentes, descobre-se que métodos de previsão e planejamento acabam por ser tão valiosos quanto os métodos intuitivos e criativos. As novas habilidades gerenciais têm de ser desenvolvidas dentro de uma perspectiva de simplicidade, com base tanto na arte do julgamento quanto no conhecimento dos fatos.

A moderna Teoria Gerencial tem trilhado o planejamento estratégico, a descentralização e a ação integrada das diversas unidades organizacionais.

Ter domínio cognitivo, analítico ou conhecer alternativas de comportamento só faz sentido, na gerência, se esse domínio conduzir a uma ação mais eficaz. No entanto, a habilidade de ação é aqui caracterizada como uma categoria à parte, não só para enfatizar sua importância na gerência, mas sobretudo para lembrar que o novo conhecimento ou atitude não leva necessariamente à ação.

Acumular conhecimentos e ideias pode ser importante, mas, por si só, não conduz à ação esperada ou desejada. O conhecimento sobre alternativas de comportamento informa o indivíduo sobre novas possibilidades, mas é insuficiente para alterar comportamentos. A habilidade de agir, na sua dimensão individual, depende de características construídas na vida e passíveis de serem reconstruídas em programas e projetos de desenvolvimento gerencial.

A ação gerencial é uma expressão individual de autonomia, de reflexão, de segurança, de conhecimento e de seu papel na organização. Além do mais, a ação reflete o comprometimento, a autodisciplina e a adaptabilidade pessoal na consecução de uma missão. A habilidade desta ação é totalmente apoiada pelo conhecimento administrativo, na busca de novos horizontes.

5.3 Gerente

Chiavenato conceitua gerente como sendo aquele executivo que trabalha no nível intermediário da empresa, subordinado aos executivos do nível institucional e dirigindo os supervisores do nível operacional. No nível gerencial há a necessidade de que os recursos demandados sejam atendidos, obedecendo a padrões esperados de produtividade, principalmente, sendo fornecidos em volume adequado, não ocorrendo escassez e desperdícios.

O gerente precisa alocar recursos no tempo e espaço adequados, ou seja, nem antes e nem depois da sua necessidade, dando segurança de continuidade e progresso.

A função gerencial é multidirecional, envolvendo responsabilidades para gerir relacionamentos nos sentidos vertical, horizontal e diagonal da estrutura organizacional. Segundo Motta, a definição da função gerencial permanece uma incógnita. Ninguém logrou caracterizá-la com exatidão. Gerentes são nomeados e dispensados como técnicos de futebol, isto é, permanecem se conseguirem vitórias ou se vão com as derrotas.

Atualmente, já se aceita tratar a função gerencial como repleta de dualidades, cujo trabalho se faz de forma fragmentada e intermitente. Assim, se torna difícil uma conceituação precisa, ao contrário do passado onde achávamos que tudo deveria ser certinho, subtraindo a mudança do ambiente de operação da organização.

A maioria dos gerentes quando questionada sobre o seu trabalho, informa que encontra sempre uma carga inesperada de tarefas, muitas reuniões, interrupções e atividades burocráticas. Tais trabalhos são aleatórios e muito variados, fato que torna seus processos de tomada de decisão descontínuos. Também reclamam que gostariam de ser mais racionais, ter mais tempo para pensar e planejar, mas rendem-se ao imediatismo. Pior, levam trabalho para casa.

Gerentes, normalmente, são pressionados por demandas urgentes e raramente encontram tempo para, isoladamente, pensarem nos problemas do dia a dia. São profissionais que vivem pressionados para adotarem ações na busca de recursos e ferramentas para terem soluções de curto prazo e resultados que, geralmente, só aparecerão no longo prazo.

Para Thomas Peters e Nancy Austin, "a simplicidade, a intuição e a tecnologia do óbvio são consideradas fatores fundamentais do trabalho gerencial". Para Mintzberg, os gerentes (dirigentes) gastam a maior parte do tempo frequentando e conduzindo reuniões, onde discutem um conjunto de problemas, passando para novas reuniões, encontrando outros desafios e realizando um trabalho variado e intercalado por interrupções diversas. Nesse processo complexo-interativo, o decidir torna-se uma parte pequena do processo.

As organizações não poderão se expandir sem gerentes esclarecidos. A grandeza das empresas depende da qualidade de seus gerentes. Não é meramente questão de porte físico, econômico ou de capacitação tecnológica o que assegura a sobrevivência das mesmas. A administração de recursos demanda capacidade interdisciplinar, sobretudo num mundo onde a mudança e a incerteza são as duas únicas constantes.

O trabalho do gerente é de difícil enquadramento. Muitos acreditam que gerente é uma profissão. O que é errado, pois confundem com administrador que é profissão, enquanto gerente é apenas um cargo dentro da estrutura organizacional.

5.4 Gestão Empresarial

A falta de pessoas preparadas em gestão empresarial é um dos fatores que impede o maior crescimento das pequenas empresas e que dificulta a sua competição com as grandes. Drucker sempre acreditou que a gestão dizia respeito aos recursos humanos, isto é, mais especificamente, de conhecimentos, capacidades e relacionamentos.

O termo gestão vem sendo preferido pelo desgaste das palavras administração e gerência

A expressão mais nobre da administração tem origem no Século XVII, com a institucionalização mais clara do cargo de ministro. O administrador era, assim, o executor das decisões emanadas dos órgãos superiores ou dos parlamentos. A expressão gerência originou-se na área privada para significar a função subordinada àqueles que estão nos conselhos superiores.

Vale lembrar que os termos administração, direção e gerência foram sendo vítimas de ambiguidades e incompreensões. O uso indistinto das expressões administrador e gerente generalizou-se para significar posição de chefia. A palavra administração vem sendo, nos últimos 20 anos, substituída pela palavra gestão, mais como um modismo do que por outra coisa.

Até a década de 1970, a palavra administrador valia mais do que gerente. Gerentes eram considerados os que exerciam funções em pequenos comércios. No entanto, nos bancos, o gerente, como até hoje, é tratado como o todo poderoso da agência bancária e o decisor final de qualquer processo.

Hoje, o administrador é uma pessoa que estudou Administração, por meio de um curso de graduação. Já o gerente passou a designar executivos de grandes empresas. Gestão é da terminologia européia, que não utiliza a palavra gerência. Para os europeus a palavra gestão engloba administração e gerência.

A palavra management é empregada no setor da gestão privada; a palavra administration (administração) é empregada para a gestão pública. Business administration (administração de negócios) e public management (gerência pública) são outros conceitos utilizados. Embora não tenha mudado o conceito, a alteração do sentido terminológico sempre assinalou a introdução de alguma novidade técnica ou uso diverso de ideias antigas.

A palavra gestão é um termo genérico que sugere a ideia de dirigir e decidir sobre recursos.

5.5 Sistema Integrado de Gestão

A integração é um desses termos cujo emprego é frequente, mas cuja significação continua vaga e controvertida. Seu emprego se espalhou muito rapidamente com a aparição dos microcomputadores. Ela continua sendo confundida com o conjunto dos procedimentos utilizados na organização do processamento propriamente dito. É também confundida com a tomada automática de decisão.

Um sistema integrado de gestão é constituído pela harmonização dos métodos de gestão e de organização, graças ao emprego de tecnologia digital da informação. Para o funcionamento de um sistema integrado de gestão é necessário:

- Elaborar um sistema de informação como um subsistema do sistema empresa.
- Incorporar o sistema de informação na organização.
- Envolver a administração da empresa na elaboração de cada um desses subsistemas e da própria organização.

Os elementos de um sistema integrado de gestão são:

Grupo Gestor – Recebe: estratégias, informações, propostas. Envia: políticas, relatórios, previsões, soluções.

Modelos de Decisão – Recebe: soluções, decisões, informações, programas, instruções. Envia: alternativas, instruções, desempenho.

Tomada de Decisão – Recebe: hipóteses de solução do grupo gestor, feedback dos desvios. Envia: ordens de execução, segundo análise e avaliação dos gerentes.

Memória e Comparação – Recebe: desempenho previsto, programas, dados. Envia: relatórios.

Grupo de Pesquisa – Recebe: dados, informações, respostas, relatórios. Envia: relatórios de pesquisa, instruções.

Sistema de Informação – Recebe: informações, perguntas, dados, relatórios. Envia: programas, controles, levantamentos.

Banco de Dados – Recebe: programas, dados, perguntas. Envia: dados de desempenho e informações.

Identificador de Sintomas – Recebe: programas, dados de desempenho. Envia: relatórios de sintomas.

5.6 Sistema de Informações Gerenciais

Embora já tenhamos visto o conceito de sistema de informações gerenciais, vale lembrar que um sistema de informações gerenciais (SIG) é um sistema integrado que provê informações, para dar suporte às funções de operação e gerenciamento da empresa.

Um sistema de informações gerenciais é como um sistema integrado de gestão, baseado, fundamentalmente, no uso de computadores (sistemas automatizados). Hoje, os gerentes, além de trabalharem o tempo todo com estes equipamentos, otimizam a sua utilização.

Segundo Bio, "sistema de informações gerenciais é uma combinação de recursos, facilidades, tecnologias, ambientes, procedimentos e controles, com os quais se pretende: manter os canais essenciais de comunicação; processar certas rotinas típicas de transações; alertar os executivos para eventos internos e externos; proporcionar uma base para a tomada de decisão".

Este sistema é frequentemente empregado para descrever redes baseadas em computador, que fornecem à administração de dados relevantes, oportunos e precisos, para fins de tomada de decisão e resolução de problema.

Sistema de informações gerenciais é aquele que transforma dados em informações que são utilizadas na estrutura decisória da empresa, bem como proporcionam a sustentação administrativa para otimizar os resultados esperados.

Um sistema de informações gerenciais pode ser entendido como simplesmente um sistema de informações que recebe entradas de dados e instruções, processa estes dados conforme instruções e obtêm, na saída, informações e resultados. Ele é um subsistema do sistema empresa, cuja finalidade é operar um conjunto de lógicas voltadas para a produção de informações destinadas a apoiar o processo decisório nas funções organizacionais.

Processos decisórios e sistemas de informação só poderão ser desenvolvidos se gerentes e analistas de sistemas tiverem uma linguagem comum. Pelo próprio fato de os sistemas envolverem atividades de áreas distintas e, portanto, fora do alcance de um único executivo e, ainda, pelo fato de o desenvolvimento dos sistemas requerer uma série de técnicas especializadas, torna-se necessária à presença de especialistas.

Para que a empresa possa usufruir vantagens básicas do sistema de informações gerenciais é necessário que alguns aspectos sejam observados, como:

- Envolvimento da alta administração.
- Competência por parte das pessoas envolvidas no sistema.
- Uso de um plano de ação.
- Atenção específica aos recursos humano e tecnológico.
- Habilidade de detectar necessidades de informações.
- Apoio global dos vários planejamentos.
- Conhecimento e confiança no sistema.
- Atualização constante através da pesquisa.
- Uso de modelos de decisão.
- Vantajosa relação custo/benefício.
- Apoio de um banco de dados.
- Habilidade em identificar sintomas.

Os sistemas de informações gerenciais, quando devidamente construídos, afetarão as variáveis empresariais: custo, qualidade, produto (bem e serviço), produtividade, velocidade de resposta, previsão, projeção, estrutura, funções administrativas, qualidade do recurso, funções organizacionais, comportamento, objetivo, estratégia, política, risco, tática.

Quando adicionamos um Banco de Dados a um Sistema de Informação, temos um Sistema de Informações Gerenciais, que utiliza dados coletados e armazenados.

5.7 Elementos do SIG

A seguir, os principais elementos do sistema de informações gerenciais (SIG):

Linguagem – A essência do planejamento e do controle é a tomada de decisão. Esta, por sua vez, depende de informações oportunas, de conteúdos adequados e confiáveis. Processos decisórios e sistemas de informação só poderão ser desenvolvidos se administradores e analistas de sistemas tiverem uma linguagem comum.

Ambiente – Em tese o planejamento exige um sistema de informação que retrate o ambiente externo, as condições de mercado e as condições internas. O tratamento sistemático dos dados de origem externa é bem mais complexo pelas suas próprias características aleatórias e de difícil obtenção e formalização.

Projeto – Ao se projetar um sistema de informações, que apóie o planejamento e o controle, é necessário compreender as necessidades de informação, que, por sua vez, exige a compreensão dos processos decisórios.

Aplicação – As aplicações mais frequentes em sistemas envolvem: previsões de venda, orçamentos, custos, controles contábeis.

Especialização – Pelo próprio fato de os sistemas envolverem atividades de áreas distintas e, portanto, fora do alcance de um único executivo e, ainda, pelo fato de o desenvolvimento de sistemas requerer uma série de técnicas especializadas, torna-se necessária a presença de especialistas.

Benefício – O sistema de informações gerenciais pode, sob determinadas condições, trazer os seguintes benefícios: redução dos custos; melhoria no acesso às informações; melhor produtividade e qualidade; maior velocidade na tomada de decisão; melhores projeções; redução do grau de centralização das decisões; maior interação com a clientela; melhor nível de motivação dos funcionários; redução dos níveis hierárquicos da estrutura; aumento da: eficiência, eficácia e efetividade.

Abordagem Corporativa – Nesta abordagem, que é bastante difícil e demorada, exigindo sólida visão organizacional, se obterá, entre outras coisas, a certeza de que não se estará tentando resolver, com um novo sistema de informações, problemas de outra natureza.

Abordagem do Diagrama – Bem mais simples e popular, faz-se um diagrama do fluxo de dados (DFD), procurando examinar e destacar tão somente as trocas e arquivamento de dados que se dão hoje, na suposição de que, de sua observação e análise, se vai obter subsídios sobre os objetivos ou resultados esperados para o sistema.

Abordagem Teleológica – É a mais adequada, por equilibrar o custo e a dificuldade de execução contra o nível de clareza e confiabilidade dos resultados. Tal abordagem poupa-nos de realizar um completo estudo sistêmico inicial de todas as atividades dos usuários, determinando como aquelas ações interagem entre si e se são elas válidas, como recomendam as outras abordagens.

Nível de Abrangência – São destacados três níveis: Abrangência Corporativa (É o nível de estudo referente ao sistema de informações inerente do negócio da empresa. Sua sustentação se fará através do questionamento da validade estratégica); Abrangência Estratégica (É o nível de estudo onde a empresa se divide em uma ou mais unidades estratégicas de negócios e cada unidade pode se responsável por uma ou mais dessas áreas; Abrangência do Sistema Aberto (É o nível de estudo que considera a empresa como um sistema aberto pronto a interagir com o ambiente).

Nível de Influência – As influências, sobre o sistema de informações gerenciais, dependerão do nível hierárquico em que atuem. Assim, consideramos os níveis: Nível Estratégico (Neste nível consideraremos a interação entre a empresa e o ambiente); Nível Tático (Neste nível consideraremos os resultados por áreas); Nível Operacional (Neste nível consideraremos as informações escritas que fazem a empresa entrar em ação).

Condicionantes – As principais condicionantes de um sistema de informações gerenciais são: Objetivos; Estratégias; Políticas; Diretrizes; Ambientes; Qualidades; Táticas; Recursos; Tecnologias; Riscos.

Restrições – No desenvolvimento de sistemas de informações numa organização, existem quatro fatores que poderiam constitui-se em restrições ou dificuldades no sucesso do projeto de um novo sistema. Esses fatores são: Hardware; Software; Banco de Dados; Requisitos da Informação.

Processamento – Para poder desenvolver sistemas de informações gerenciais é necessário projetar banco de dados. Isto faz a diferença de um sistema convencional, pois este sistema é independente e tem seus próprios arquivos funcionais. O processamento é feito numa modalidade sequencial ou lote (batch) e o tempo de resposta é elástico.

Os arquivos no sistema de informações gerenciais são multifuncionais, ou seja, bancos de dados que centralizam as informações. O processamento passa a ser do tipo Online, onde as consultas são feitas, por meio de terminais e o tempo de resposta se torna crítico.

Necessidades – Teoricamente a gerência de uma organização é uma entidade. Contudo na prática, temos tantas gerências quantos indivíduos, pois cada gerente tem suas próprias necessidades. Assim, devemos considerar: Quais as necessidades de informação dos gerentes? Quais as necessidades da organização em todas as funções organizacionais? Quais são as características pessoais dos gerentes cujas áreas são envolvidas pelo sistema de informações gerenciais?

Componentes – Os componentes fundamentais do SIG são: Elementos (dados, informações, produtos, recursos); Processos (tratamentos, alternativas, decisões, controles, avaliações); Subsistemas Funcionais (marketing, produção, finanças, materiais, segurança, logística); Subsistemas de Decisão (banco de dados, módulo de memória e comparação, banco de modelos de decisão, grupo de pesquisa, grupo de inteligência).

5.8 Classificação do SIG

Os sistemas de informações gerenciais, basicamente, serão classificados, segundo a sua orientação. Eles podem ser orientados para dados ou orientados para modelos.

Os Sistemas Orientados para Dados podem ser:

- Sistema para Arquivo de Gaveta – Permite o acesso imediato ao dado, através de meios mecânicos.
- Sistema de Análise de Dados – Permite a manipulação de dados para ajudar nas: tarefas, operações, atividades.
- Sistema para Análise de Informações – Permite acessar uma série de dados, informações e modelos. Uma das mais importantes características deste sistema é a que ele se adapta as necessidades dos gerentes.
- Sistema Preditivo de Informações – Este sistema é na realidade um banco de dados em que as previsões e inferências fazem parte do sistema.
- Sistema para Tomada de Decisão – Permite obter informações para a tomada de decisões. Seu objetivo principal é fornecer alternativas de solução.

Os Sistemas Orientados para Modelos podem ser:

- Modelo de Controle – Este modelo utiliza relações, fórmulas e cálculos para medir o desempenho daquilo que foi planejado.
- Modelo de Simulação – Este modelo utiliza situações não facilmente definidas ou parcialmente definidas.
- Modelo de Otimização – Este modelo fornece um guia para a ação em soluções com recursos próprios.
- Modelo de Sugestão – Este modelo sugere ações baseadas em técnicas da Pesquisa Operacional.

5.9 Sistema de Informações de Marketing

Marketing é uma espécie de filosofia dirigida à ação administrativa da empresa que se inspira na pesquisa de mercado. Portanto, uma visão consolidada do processo empresarial inteiro. É a atividade humana dirigida para a satisfação das necessidades e dos desejos dos consumidores, através de processos de troca.

Um conceito ampliado de marketing pode ser considerado como uma orientação da direção da empresa, baseada no entendimento de que a tarefa primordial da organização é determinar: necessidades, desejos e valores de um mercado alvo de forma efetiva.

As transformações nas economias nacional e internacional são rápidas demais e frequentemente violentas. Os mercados atuais assistem à transferência de poder das grandes fábricas para os varejistas gigantes. Há também crescimento e aceitação de novas marcas e novas formas de varejo. Uma grande movimentação de consumidores, em função do preço, do valor agregado ao produto, da propaganda, dos meios de comunicação e da Internet, deve ser considerada.

Etimologicamente, marketing significa "com mercados". Quando se faz uma pesquisa bibliográfica, os conceitos de marketing se multiplicam. É comum conceituar marketing como sendo um conjunto de métodos para aumentar as vendas e gerar lucros para a empresa, através de uma ou mais estratégias. O marketing é um "continuum". Não é algo que se faz num determinado ponto e depois se abandona e nem é uma arte maliciosa de enganar o consumidor incauto e não se destina unicamente a especialistas.

Sistema de informações de marketing é um conjunto de procedimentos e métodos para a coleta planejada, análise e apresentação de informações a serem usadas em decisões de marketing. Sistema de informações de marketing da empresa é um subsistema projetado para gerar um fluxo ordenado de informações pertinentes, coletadas tanto de fontes internas como externas da empresa.

A informação de marketing é a mais importante da empresa, pois é dela que derivam os negócios.

Quais as necessidades reais de informação que um gerente de marketing precisa para tocar o negócio. A efetividade do uso do sistema de informações de marketing depende do papel e lugar que o Departamento de Marketing ocupa na estrutura organizacional da empresa.

Por que ainda vemos muitas pessoas confundindo marketing com propaganda? Marketing, na verdade, significa uma filosofia onde a empresa e todos os seus departamentos estão voltados a atender o mercado. A propaganda é um dos seus subsistemas.

No desenvolvimento de um sistema de informações de marketing, os documentos de gerenciamento são: relatórios de vendas; relatórios dos níveis de venda; análise das transações; investigações e pesquisas.

A seguir, os subsistemas do sistema marketing:

- Sistema de Contabilidade – Subsistema utilizado para descrever a atividade e desempenho corrente, tais como: Vendas, Custos, Fluxo de Caixa, Contas a Receber, Contas a Pagar.

- Sistema de Inteligência – Subsistema utilizado para acompanhar o desenvolvimento do mercado e fazer circular as informações entre os funcionários da empresa. Certas empresas usam sua força de vendas para coletar dados.
- Sistema de Gerência – Subsistema utilizado para dar assistência na solução de problemas complexos, através de métodos e técnicas em estatística, matemática, análise e pesquisa operacional.
- Sistema de Pesquisa – Subsistema utilizado para analisar dados que são provenientes de fontes externas, tais como: consumidores, concorrentes, fornecedores e governos.

Os mais modernos sistemas de informação de marketing se apóiam pesadamente no uso de computadores, para armazenar e processar dados.

O sistema de informações de marketing deve desempenhar as seguintes funções:

- Montagem – Busca e coleta de dados.
- Processamento – Edição, tabulação e resumo dos dados.
- Análise – Verificação do valor dos dados.
- Armazenagem – Indexação, arquivamento, recuperação e localização de dados.
- Avaliação – Determina a relevância dos dados.
- Disseminação – Encaminha informações úteis para os tomadores de decisão.

5.10 Sistema de Informações de Produção

Produção é um conjunto de atividades, procedimentos, operações e movimentos usados para transformar a natureza em bens e serviços. Uma combinação da engenharia de desenvolvimento de produtos com racionalização de espaço e custo, isto é, uma sucessão de elementos de trabalho aplicada a materiais naturais com a finalidade de atender às necessidades humanas.

A produção tem padrões de custo e de operação, tem grande controle sobre seu ambiente interno, processos de produção, máquinas e empregados. Estes elementos são organizados e dirigidos de maneira a produzirem o máximo de eficiência.

O objetivo principal da produção é transformar as entradas de um sistema em um conjunto específico de saídas.

Como objetivos complementares temos:

- Atender a carteira de pedidos.
- Assegurar a plena utilização da capacidade instalada.
- Reduzir custos.
- Aumentar a movimentação de materiais e produtos.
- Desenvolver um banco de dados para aplicações futuras.
- Obter dados sobre os fatores de produção.
- Registrar e acompanhar as atividades executadas.
- Obter informações sobre: andamento da produção, quantidade produzida, refugos, consumo de matérias-primas, insumos, materiais e energia.
- Analisar tempos e movimentos.
- Medir a produtividade.
- Otimizar o arranjo físico de homens e máquinas.

A produção não é independente das outras funções organizacionais. O administrador da produção é responsável pela produção de bens, na qualidade exigida e a tempo de satisfazer as datas estipuladas para entrega. As quantidades a serem fabricadas serão afetadas pela magnitude da demanda dos produtos. Os prazos, nos quais devem ser fabricados os produtos, dependerão das exigências de entrega por parte dos elementos da empresa e modificados, se possível, apenas para fabricação em lotes de tamanho econômico.

O sistema de informações de produção se fundamenta nos seguintes subsistemas:

- Sistema de Engenharia – Subsistema para descrever: processos, métodos, produtos, metodologias de desenvolvimento, projetos, controle de qualidade e testes de laboratório.
- Sistema de Planejamento e Controle da Produção – Subsistema para descrever: planejamento, controle, avaliação, movimentação de materiais, programação da carteira de pedidos.
- Sistema de Fabricação – Subsistema utilizado para descrever: processamento, tratamento, linha de produtos, acabamento, almoxarifado, inspeção, controle.
- Sistema de Manutenção – Subsistema utilizado para dar assistência preventiva e corretiva a máquinas e equipamentos.

Entre os subsistemas, relacionados acima, circula um fluxo de informações sobre: análise de vendas, engenharia de produto, controle de estoque, produção, manutenção de máquinas e equipamentos, operações de produção, facilidades de compra, suprimentos, contabilidade financeira, custos, finanças, vendas, pesquisa, distribuição, crédito, cobrança.

A ordem apresentada acima não significa cronologia de movimentos, já que todo o sistema é integrado e funciona ao mesmo tempo.

5.11 Sistema de Informações de Finanças

A sobrevivência antecede o sucesso. A única pré-condição absoluta para a sobrevivência da sua empresa é a disponibilidade de dinheiro à mão, quando for preciso. Ficar sem capital de giro significa o fim de um negócio. Um desequilíbrio de caixa pode ser sintoma de um problema mais profundo. Em geral, não é simplesmente a consequência de uma falta de liquidez passageira, mas de uma administração financeira deficiente.

Para ter êxito, os administradores financeiros precisam se envolver com as mudanças que ocorrem constantemente, em ambiente de constante competitividade. Precisam estar atentos ao humor dos mercados.

Finanças são a aplicação de uma série de princípios econômicos e financeiros para maximizar a riqueza ou o valor total de um negócio. Atualmente, os administradores financeiros dispõem de muitas ferramentas sofisticadas para solucionar difíceis problemas empresariais. O horizonte das finanças recai sobre as formas de orçar com eficácia os escassos recursos e investir os capitais nos ativos, ou projetos, que apresentem o melhor balanceamento entre o risco e o retorno do investimento.

O conhecimento de finanças não deve se restringir aos tesoureiros, controladores e planejadores financeiros. Em qualquer empresa, contabilistas, estatísticos e gestores, se possuírem uma avaliação e um entendimento dos princípios de finanças, poderão participar mais efetivamente do processo decisório.

Os problemas financeiros, basicamente, estão voltados para o fluxo de dinheiro que corre na empresa e se ela terá condições de saldar compromissos assumidos (liquidez). Assim, é preciso ter presente a noção de conta, que é o registro de uma transação que envolve valores, devendo ter um nome para caracterizar se a mesma é do ativo ou do passivo.

O saldo, ou diferença, é o resultado do confronto entre os totais de débitos e de créditos, levados a uma conta corrente. Este saldo, como é óbvio, poderá ser nulo, positivo ou negativo. Em última análise, a conta corrente é um registro para mostrar a liquidez de um negócio.

Um sistema de informações de finanças se baseia no fluxo de dinheiro que corre através da empresa. Estes sistemas envolvem uma quantidade muito grande de dados históricos e internos para o planejamento financeiro da organização.

O sistema financeiro é, provavelmente, o mais importante sistema de informação gerencial. Na maioria das empresas este sistema é o mais velho e mais bem desenvolvido de todos os outros sistemas, porque lida com dinheiro.

O sistema de informações de finanças se fundamenta nos seguintes subsistemas:

- Sistema de Crédito e Cobrança – Subsistema utilizado para informar: valores de financiamento, prazos de pagamento, processos de crédito e cobrança e inadimplência.
- Sistema de Tesouraria – Subsistema utilizado para informar: a programação de investimentos, bancos, caixa, contas a pagar, contas a receber, orçamentos, câmbio.
- Sistema de Controladoria – Subsistema utilizado para informar: liquidações de sinistros, apólices, contratação de seguradora, mercado de recursos, contabilidade fiscal, contabilidade patrimonial, contabilidade de custos, contabilidade gerencial, contabilidade geral e relatórios.
- Sistema de Planejamento Financeiro – Subsistema utilizado para informar: mercado de capitais, projeções econômicas, planos de governo e planos de desembolso.
- Sistema de Captação de Recursos Financeiros – Subsistema utilizado para informar: títulos, bolsa de valores, empréstimos, financiamentos e contratos.

5.12 Sistema de Informações de Materiais

Materiais são bens que entram na produção e venda de um produto. São classificados em: matérias-primas, insumos, peças (componentes), produtos semiacabados e produtos acabados. O bom aproveitamento da máquina e da mão de obra exige que haja um abastecimento ininterrupto de materiais. A falta dos mesmos pode redundar em sérios prejuízos para a organização.

Nenhuma empresa poderá melhorar o nível de produtividade, se não tiver um sistema de informações de materiais que funcione e que tenha como finalidade precípua, cuidar de todos os problemas que tenham relações com suprimentos, controlando para que sejam efetuados a tempo e a hora.

Sistemas de informações de materiais entram em conflito com: produção, marketing e finanças, porque a administração da produção deseja ter estoques para absorver as variações de curto prazo da procura e as resultantes flutuações das necessidades de produção.

A administração mercadológica deseja ter estoques num nível que minimize a possibilidade de colapso de produtos. A administração financeira está interessada na redução do investimento em estoques, a fim de liberar recursos para investimento em outras operações da empresa.

Depois de ter sido tomada a decisão de que se deve manter determinado item em estoque, surge uma outra ordem de questões: Quanto comprar? Quando comprar? De quem comprar? Como comprar? O que comprar? Por que comprar?

A maioria dos custos relevantes, associados à manutenção de estoques, está disponível nos registros contábeis.

O sistema de informações de materiais se fundamenta nos seguintes subsistemas:

- Sistema de Controle de Estoque – Subsistema utilizado para descrever: inspeção, recebimento, movimentação, alienação de ativos, inventário, distribuição, armazenagem, matéria-prima, insumos, produtos semiacabados e produtos acabados.
- Sistema de Transporte – Subsistema utilizado para descrever o controle e a manutenção de veículos.
- Sistema de Aquisição – Subsistema utilizado para descrever bancos de dados de fornecedores, compras e contratos.
- Sistema de Planejamento de Materiais – Subsistema utilizado para descrever: orçamento, padronização, normas, análise, programação de materiais.

5.13 Sistema de Informações de Estoque

O estoque é o somatório de matérias-primas, insumos, produtos acabados e semiacabados. O valor do estoque é um valioso item (conta) do ativo circulante, porque mostra o giro de cada produto (material) e o quanto o produto participa no valor total do estoque.

O sistema de controle de estoque é uma necessidade que ajuda a decidir quais os níveis de bens que podem ser economicamente mantidos. Tal sistema é utilizado para descrever: inspeção, recebimento, movimentação, alienação de ativos, inventário, distribuição e armazenagem.

Controlar o movimento do estoque é uma das pedras de toque da administração do varejo. Tal sistema assegura o suprimento oportuno e conveniente, melhora o equilíbrio do capital de giro próprio, evita compras desnecessárias e facilita o ajuste da empresa às mudanças do ambiente e do mercado. O ideal é que o empresário saiba, dia a dia, qual é o valor imobilizado no estoque, quais quantidades estão disponíveis, qual a movimentação, qual é o custo da inflação na compra e outros detalhes.

O risco do descontrole não se limita apenas à superestocagem. Uma má administração de estoque pode prejudicar, econômica e financeiramente, a empresa. Em épocas de juros altos, prestar atenção na movimentação dos produtos evita encalhes.

Aquele que projetar um sistema de informações de estoque deve considerar que há um alto grau de heterogeneidade nos materiais. Por isso, o construtor do sistema começa examinando as características dos estoques e procurando os principais atributos dos diversos itens de estoque. Estes atributos servem de base para a classificação do estoque em grupos.

A prática geral de estabelecer um sistema de controle para todos os itens é útil, mas, normalmente, deixa muitos deles com pouco ou com excesso de controle.

A seguir, algumas considerações sobre o nível de estoque:

Estoque Mínimo – Quantidade mínima de uma mercadoria que a empresa deve manter em estoque para atender às suas necessidades por determinado período, até reposição ao nível normal de operação. O estoque mínimo é dado pela fórmula:

Estoque Mínimo = (Quantidade Vendida / Consumo Médio Diário) x Prazo de Cobertura

Onde:
Prazo de Cobertura = Tempo para fazer o pedido + Prazo de entrega + Prazo de conferência e codificação + Margem de segurança

Margem de segurança = 20% do Prazo de entrega

Estoque Máximo – Quantidade máxima de uma mercadoria e/ou material que a empresa deve estocar para operacionalizar suas atividades durante determinado período. Uma fórmula prática é ter o estoque máximo igual ao dobro do estoque mínimo.

5.14 Sistema de Informações de Recursos Humanos

Recursos humanos são as pessoas que integram uma organização. Eles estão distribuídos através dos níveis hierárquicos. Constituem o único recurso vivo e dinâmico da empresa. É aquele que decide o que fazer com os demais recursos. As pessoas trazem para as empresas habilidades, conhecimentos, atitudes, comportamentos, vícios e virtudes. Por serem diferentes entre si, passam a ser um recurso altamente diversificado e complexo.

As pessoas, dentre os recursos, são aquelas que precisam ser analisadas, sob os pontos de vista do: profissionalismo, comportamento e comprometimento. Por sua própria natureza também apresentam considerável grau de mutabilidade e influência na tomada de decisão. Dependendo de seus conhecimentos técnicos, habilidades e personalidades, associados ao atendimento de suas necessidades, as pessoas colaborarão em maior grau para a construção do sistema empresa.

Com as pessoas, surge a necessidade de organizar, estabelecer estruturas, definir relações, descrever cargos, estabelecer funções, dirigir, recrutar, selecionar, orientar, treinar, socializar, liderar, desenvolver, delegar, motivar, coordenar, mudar, por exemplo. Através do processo de liderança as pessoas são influenciadas, levando as mesmas a atingir metas desejadas.

Para lidar com pessoas, você precisa saber se comunicar para que seja assegurada a compreensão do que se quer e aonde se pretende chegar. Assim, para trabalhar com pessoas é preciso observar as seguintes premissas:

- Treinamento não muda personalidade, muda atitudes.
- O comportamento das pessoas é muito difícil de ser mudado.
- As pessoas nem sempre têm atitudes e comportamentos desejados, é preciso entender um pouco mais das pessoas para se despertar interesse e motivação, reconhecendo e valorizando pessoas de alto desempenho.
- Organizações são agrupamentos de pessoas produzindo coisas que atendem as necessidades da sociedade.
- Investir no homem é o mesmo que renovar seus conhecimentos.
- O ser humano é fator chave de sucesso nos negócios.

A administração de recursos humanos é uma área interdisciplinar que envolve necessariamente conceitos de: Psicologia Industrial; Sociologia Organizacional; Engenharia Industrial; Direito do Trabalho; Segurança no Trabalho; Medicina no Trabalho; Higiene e Limpeza, por exemplo. A abrangência de assuntos tratados nesta administração são muitos e variados.

O sistema de administração de recursos humanos necessita de padrões capazes de permitir uma contínua avaliação e um sistemático controle de seu funcionamento. A administração de pessoas deve estar na base de todos os esforços para desenvolver competências, habilidades e conhecimentos. O ponto de partida para um sistema de informações de recursos humanos é o banco de dados, cujo objetivo principal é abastecer as gerências de fontes de dados sobre o seu pessoal.

Um sistema de informações de RH utiliza, como fontes de dados: recrutamento e seleção; treinamento e desenvolvimento; avaliação e desempenho; administração de salários, registros e controles de pessoal; estatísticas sobre acidentes; higiene; segurança; saúde; incentivos; seguros.

A administração da empresa deve, constantemente, esforçar-se para criar e manter programas de pessoal. Um bom programa de pessoal deverá prover:

- Desenvolvimento da liderança executiva.
- Recrutamento e seleção.
- Plano de cargos e salários.
- Treinamento.
- Reconhecimento dos sindicatos.

A empresa deve compreender que, em última análise, as metas são alcançadas por seres humanos. A lealdade, a motivação e o entusiasmo são atributos difíceis de serem comprados, se é que se pode comprar.

O sistema de informações de recursos humanos fornece mão de obra à empresa, cujo sistema se baseia nos seguintes subsistemas:

Sistema de Planejamento – Subsistema utilizado para descrever: pesquisa, orçamento, mercado de trabalho, programação de pessoal.

Sistema de Pessoal – Subsistema utilizado para descrever: cadastro, recrutamento, seleção, registro, terceirização, movimentação de pessoal, cargos, salários, orçamento.

Sistema de Desenvolvimento – Subsistema utilizado para descrever: relações sindicais, avaliação de desempenho, acompanhamento e treinamento.

Sistema de Pagamentos – Subsistema utilizado para descrever: folha de salários, encargos sociais, rescisões contratuais e auxílio (doença, alimentação e transporte).

Sistema de Benefícios – Subsistema utilizado para descrever: assistência social, férias, lazer, empréstimos a funcionários, assistência médica.

Sistema de Higiene e Segurança – Subsistema utilizado para descrever: medicina do trabalho, educação sanitária, hábitos de higiene e limpeza, segurança no trabalho, segurança patrimonial, segurança industrial (espionagem), segurança física.

5.15 Sistema de Informações de Vendas

A mais clássica definição de venda foi formulada pela Associação Americana de Marketing e diz que: "Venda é o processo pessoal, ou impessoal, de assistir e/ou persuadir um comprador potencial a adquirir um bem ou serviço, ou reagir, favoravelmente, a uma ideia que tenha significado comercial para o vendedor".

A venda é a ação que precede a transferência de propriedade, ou utilização, de um bem ou serviço, representando uma atividade útil, necessária, difícil e desafiante, porque o vendedor tem a oportunidade de cumprir uma operação completa com início, meio e fim, refletindo responsabilidade e maturidade.

A seguir, uma Figura que mostra os procedimentos básicos da arte de vender:

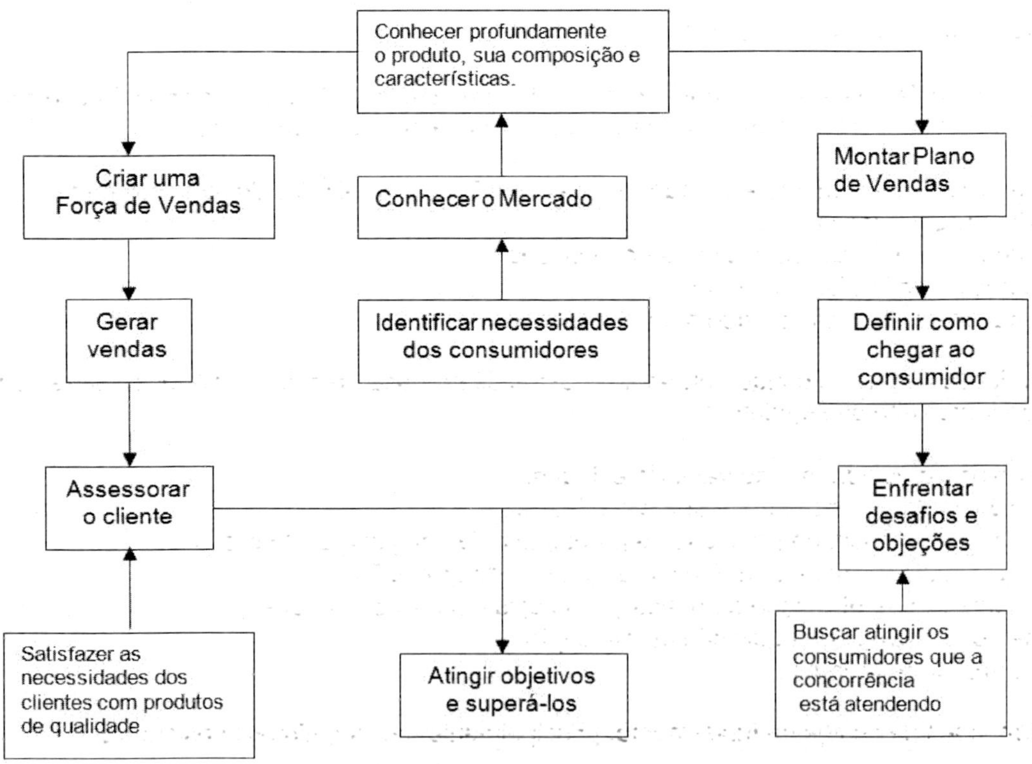

Figura 5.1: Sistema de Informações de Vendas.

Vender é uma atividade que permite a quem vende uma autoavaliação diária do seu trabalho. Também testa a autorrealização, porque o sucesso depende do próprio vendedor. A atividade mercadológica vender se fundamenta no pressuposto de que os consumidores não comprarão os produtos, a menos que sejam estimulados para tal.

Quaisquer que sejam as mudanças que ocorram no social, econômico, político e ambiental de um país, as vendas permanecem notavelmente inalteradas em seus objetivos básicos: gerar receitas, criar consumidores cativos e desenvolver novas tecnologias de suporte.

Vender é a forma de comunicação dirigida, personalizada, persuasiva, interativa e eficaz realizada entre um vendedor e um comprador, visando eliminar as objeções deste e realizar as expectativas daquele. O sistema de informações de vendas se fundamenta nos seguintes subsistemas:

- Sistema de Controle do Faturamento – Subsistema utilizado para medir o desvio do faturamento e saber se as metas de vendas estão sendo cumpridas.
- Sistema do Perfil do Consumidor – Subsistema que é, na verdade, o cadastro geral dos consumidores.
- Sistema de Controle de Vendas por Vendedor – Subsistema que mostra e compara o resultado mensal de cada vendedor com a média do grupo de vendas.
- Sistema de Controle de Vendas por Produto – Subsistema que mostra qual produto está vendendo mais e qual está vendendo menos.
- Sistema de Controle da Conta do Consumidor – Subsistema que mostra a liquidez do consumidor e sua capacidade de compra.
- Sistema de Controle da Devolução de Mercadorias – Subsistema que contém informações quanto aos defeitos, prazos de entrega não atendidos, especificações fora dos padrões, valores não contratados.
- Sistema de Previsão de Vendas – Subsistema que espelha a possível receita com vendas da empresa, informação a ser utilizada no planejamento estratégico da organização.

5.16 Sistema de Informações de Custos

Custo é o gasto (desembolso) relativo à produção de um bem ou serviço. Conhecer custos é condição básica para tocar qualquer negócio. Os custos devem refletir a empresa que os apura, para:

- Atender as exigências legais quanto à apuração e à avaliação dos resultados de suas atividades.
- Tomar a decisão mais realística.
- Ajudar nos controles contábeis, financeiros e econômicos.
- Adequar-se às novas realidades ambientais.
- Fornecer dados para os sistemas de apoio gerencial.

A necessidade de dados analíticos concernentes aos custos de produção resulta de vários motivos. Os mais conhecidos e importantes são os seguintes:

- Determinação do preço de venda e do valor do estoque.
- Controle da eficiência de utilização dos fatores produtivos.
- Determinação da conveniência do processo de produção e da composição do produto.
- Utilização da capacidade instalada, em função do volume de produção.
- Análise da conveniência de utilização de meios (tecnologias) mais sofisticados.
- Cálculo dos lotes econômicos de aquisição ou produção.
- Decisão entre comprar ou produzir.

O sistema de informações de custos se fundamenta, principalmente, nos seguintes subsistemas:

- Sistema de Planejamento dos Custos – Subsistema utilizado para analisar os seguintes fatores: Elementos de custo (natureza do consumo, mão de obra, material, aluguel, seguro); Identificação com o bem ou serviço (custo direto e custo indireto); Distribuição dos custos por centros de custos (produção e serviço); Escolha do método para a apuração dos custos, que pode ser por processo, por ordem de fabricação e por lote econômico.

- Sistema de Estimativa dos Custos – Subsistema que toma por base o custo histórico, isto é, o custo verificado em outros períodos e atualizado para o momento.
- Sistema de Custo Padrão – Subsistema que é baseado em métodos e tempos de laboratório para um trabalho de máxima eficiência.
- Sistema de Padronização do Custo – Subsistema utilizado para determinar os padrões de custo na empresa, isto é, aqueles padrões que atribuem valores monetários aos custos de operação, tais como: mão de obra por unidade produzida, matéria-prima por unidade produzida, estocagem, máquina/hora, processamento do pedido, requisição de material, custo fixo, custo variável, custo de produção.
- Sistema de Variação do Custo – Subsistema utilizado para o estudo das variações entre custos efetivos (realizados) e custos padrões. A relação custo/benefício está sempre presente neste tipo de estudo. O custo padrão é um valor que serve de referência para controlar e avaliar resultados.

5.17 Sistema de Informações de Custeio

A primeira preocupação que existe, em toda e qualquer empresa, relativo aos custos, é a da sua formação.

A mão de obra direta mais a matéria-prima e insumos, associados às despesas gerais de produção, como planejamento, preparação, manutenção, armazenamento, gastos com energia determinam o custo de fabricação. Somando-se a este custo estão os custos de comercialização, as despesas administrativas, as despesas de logística, resultando no custo total de todo o processo.

Os sistemas de custeio referem-se às formas como os custos são registrados e transferidos internamente na empresa.

O sistema de Informações de custeio se fundamenta nos seguintes subsistemas:

- Sistema de Custeio por Atividade – Subsistema voltado para as atividades que emprega o custo dessas atividades como base de apropriação dos custos a outros objetos de custo. Este sistema rastreia, primeiramente, os custos para as atividades e depois rastreia os custos para objetos de custos.
- Sistema de Custeio por Ordem de Serviço – Subsistema em que o custo de um produto é obtido pela apropriação dos custos a uma unidade isolada, grupo ou lote de um produto, isto é, usa o custeio por ordem de serviço para atribuir os custos dos materiais de produção.
- Sistema de Custeio por Processo – Subsistema no qual o custo de um produto é obtido pela distribuição dos custos por grandes quantidades de unidades semelhantes (iguais). Os custos unitários são calculados com base na média. Este sistema é utilizado para produção em massa.
- Sistema de Custeio por Apropriação – Subsistema onde os custos são calculados à medida que o processo de fabricação avança, desde a matéria-prima até a entrega ao consumidor final.
- Sistema de Custeio por Consumo – Subsistema para determinar o custo de um produto baseado no preço que os consumidores estão dispostos a pagar. Também é conhecido como custeio alvo e custeio direcionado pelo preço. Alguns autores consideram que este sistema tem como objetivo a redução sistemática do custo do produto por todo seu ciclo de vida.
- Sistema de Custeio Standard – Subsistema onde o custo é determinado em laboratório (ensaio e erro). É o custeio baseado na Ficha Técnica. Qualquer diferença acentuada entre o custo efetivo e o custo presumido significa que algo anormal está ocorrendo.
- Sistema de Custeio por Absorção – Subsistema de custeio em que todos os custos de fabricação, variáveis e fixos, são levados em conta para a avaliação dos estoques. Tal sistema consiste em atribuir aos produtos fabricados todos os custos de produção, quer de forma direta e indireta (rateios). Assim, todos os custos, sejam eles fixos ou variáveis, são absorvidos no sistema. É o sistema utilizado para custear os estoques e determinar o custo de mercadorias vendidas (CMV).

5.18 Sistema de Informações de Aquisição

A aquisição refere-se àquelas atividades que ocorrem entre a empresa e os fornecedores e, geralmente, dá a impressão de tratar de compras. O termo aquisição é usado aqui para designar os aspectos da obtenção que afetam a disponibilidade e o fluxo do suprimento.

Apesar de o preço e a qualidade do produto serem variáveis vitais na escolha de um fornecedor, a terceira variável é a disponibilidade de entrega. Alguns itens, como matérias-primas, são adquiridos pelo departamento de compras, enquanto outros são adquiridos por gerentes, diretores e supervisores. Portanto, nem tudo passa por Compras.

O sistema de aquisição é muito maior do que o sistema de compras.

Uma aquisição pode, em geral, estar associada a uma atividade específica, que não causa um grande impacto na empresa. Mas, o somatório de todas as aquisições pode ser muito maior do que a soma de compras de materiais para a produção. Portanto, muito cuidado com os conceitos de aquisição e de compra.

O custo de aquisição não é igual ao preço ajustado pelo fornecedor. Àquele preço, precisam ser adicionados outros custos, dependendo de sua incidência, ou não, no processo de compra. Se a embalagem é cobrada adicionalmente ou se o frete não está incluído no preço, precisam ser considerados.

Se vários produtos são faturados pelo mesmo fornecedor e transportados juntos, o frete precisa ser rateado entre os diversos itens.

O sistema de aquisição nada mais é do que um subsistema utilizado para descrever um banco de dados de fornecedores, compras efetuadas e contratos assumidos. Este banco de dados tem como partida a ficha do fornecedor.

A ficha do fornecedor é um cadastro que indica quem atua no mercado de recursos, principalmente, para bens, matérias-primas, insumos e utilidades.

5.19 Sistema de Informações de Logística

Em todo e qualquer processo de comercialização, a logística assume um caráter, muitas vezes, mais importante do que a própria produção, pois seu estudo envolve o produto (características, padrões, embalagens), os intermediários (custo, propriedade, transporte, distribuição) e a armazenagem (obsolescência, guarda, movimentação, classificação).

A logística é entendida como o controle do rápido movimento dos recursos organizacionais, que devem ser colocados nos tempos e locais ótimos. Na realidade, é um modelo que estabelece medidas de controle, por meio de esquemas que buscam custos mínimos de um sistema de distribuição física.

Os avanços do varejo eletrônico dependem cada vez mais da logística, hoje, o "Calcanhar de Aquiles" do comércio globalizado. A logística foi definida na década de 1970, como a arte de administrar o fluxo de recursos materiais de um lugar para outro quando se fizerem necessários.

Em 1986, o Council of Logistics Management acrescentou que este fluxo deveria ir da origem até o consumo, acrescentando que também as funções administrativas deveriam ser aplicadas a este processo da cadeia de suprimentos. A partir do final da década de 1990, a logística passou a ter as visões estratégica, sistêmica e holística do mercado.

A visão sistêmica é dada àquele que encara a empresa como um sistema, que tem subsistemas de sustentação e preservação dos negócios (recursos, estratégias, funções, métodos, programas, planos, projetos, políticas, mudanças, regras, avaliações). No caso da logística, esta visão passa por um sistema que vai da previsão de vendas até a expedição de produtos acabados. Mas todo o sistema centraliza-se na engrenagem da administração de estoques.

O estoque é o elo entre o atendimento do pedido e a receita com vendas da empresa.

5.20 Sistema de Informações de Armazenamento

O armazenamento é definido como uma função da distribuição e que envolve o tempo de espera e guarda, até que o produto seja movimentado para seu destino. A transferência de bens do produtor ao consumidor exige grande manuseio físico.

Os produtos acabados (ou semiacabados) precisam ser armazenados, tanto no estabelecimento do produtor como no do distribuidor.

O sistema de armazéns pode pertencer ao fabricante, aos seus distribuidores ou a ambos. As empresas que abastecem uma grande variedade de distribuidores, de grandes redes de varejo a pequenas lojas, precisam ter muitos armazéns e uma frota diversificada.

Todas as empresas querem ter estoques suficientes de produtos acabados disponíveis para satisfazer a procura dos consumidores, mas isso tem de ser contrabalançado pelo custo da manutenção de estoques.

Toda empresa precisa estocar seus bens acabados até que sejam vendidos. Uma instalação de estocagem é necessária, porque os ciclos de produção e consumo raramente coincidem. Muitos produtos agrícolas, cujo consumo é diário, são produzidos de forma sazonal. Então, é preciso a estocagem para superar os conflitos entre quantidades demandadas e tempo de atendimento.

Os tipos de armazenamento podem ser listados em termos de propriedade, instalação, serviço e especialidade.

Os armazéns podem ser: públicos, particulares, custodiais (carga sob garantia) e governamentais. Mesmo em armazéns particulares, o governo tem a obrigação de inspecionar higiene, qualidade de instalações, normas de segurança, limpeza, validade do produto, prazo de armazenagem.

Como não é possível, nem econômico, efetuar compras a todo o momento, a fábrica deve possuir um órgão que se encarregue de manter uma quantidade desejável de materiais, para ir suprindo o setor de produção, à medida que for sendo necessário, isto é, o almoxarifado.

Almoxarifado é o nome dado a um local onde estão guardados utilidades, materiais, ferramentas, componentes, equipamentos que a empresa comprou para serem consumidos em suas operações.

Depósito é o local onde estão guardados os produtos acabados que o varejo vai vender.

A regulamentação do armazenamento visa higiene, qualidade, segurança, limpeza, validade do produto, prazo de estocagem.

5.21 Sistema de Informações de Contabilidade

A mentalidade de que a contabilidade só serve para atender a legislação governamental precisa mudar. Contabilidade é essencial. Se bem-feita, ela registra todo o passado, aponta caminhos no presente e projeta o futuro da empresa. Com números confiáveis, sabe-se quanto faturou, qual é o custo da operação, a margem de lucro, a despesa financeira, entre outras inúmeras informações, que são a base da análise gerencial.

As atribuições do contabilista (contador), além da escrituração, são preparar as guias de recolhimento de impostos e taxas. Sem um contabilista habilidoso você poderá se ver em maus lençóis.

O sistema de informações de contabilidade se fundamenta nos seguintes subsistemas:

- Sistema de Contabilidade Gerencial – Subsistema que enfatiza os conceitos e os procedimentos contábeis que são relevantes à preparação de relatórios para os usuários internos e externos. Num sentido mais amplo, está voltado, única e exclusivamente, para a administração da empresa, procurando suprir informações que se encaixem de maneira válida e efetiva no modelo decisório do dirigente.
- Sistema de Contabilidade Geral – Subsistema que se vale, em suas aplicações, de outros campos do conhecimento não circunscritos à contabilidade. Atinge e aproveita conceitos da administração da produção e da administração de vendas, bem como da administração financeira, campo mais amplo, no qual toda a contabilidade da organização se situa.
- Sistema de Contabilidades de Custos – Subsistema construído para atingir os seguintes objetivos: determinação do lucro, controle das operações e tomada de decisões. Para que estes objetivos sejam atingidos, as empresas se valem dos métodos de custeio estruturados, alimentados por informações de todas as áreas.

As fontes de informação devem prezar pela qualidade, sob pena de os resultados não atingirem os objetivos.

A contabilidade de custos se aproveita do princípio contábil de que um registro a débito de uma determinada conta pode ser desdobrado em diversas subcontas, no mesmo tempo que pode se transferir, metodologicamente, de uma conta para outra.

As transferências de uma conta para outra acontecem nas diversas fases de produção. Portanto, a contabilidade de custos pode ser definida como um sistema contábil de processos de transferências de valores para uma conta única, relativa ao final da produção.

A contabilidade de custos não é apenas utilizada em fábricas, mas também em empresas de serviços. Os consumos, à medida que se realizam, são levados a débito das contas usualmente utilizadas pela empresa.

A contabilidade de custos também auxilia na solução de problemas relacionados à:

- Redução dos custos dos insumos.
- Controles das operações e atividades.
- Redução de desperdícios de materiais e de tempo ocioso.
- Elaboração de orçamento.
- Determinação do preço de venda.
- Contribuição de cada produto ou linha de produtos para o lucro da empresa.
- Preço mínimo de determinado produto em situações especiais.
- Nível mínimo de atividade em que o negócio passa a ser viável.

Capítulo 6

SISTEMA de SUPORTE à DECISÃO

"No momento em que o homem pegou pela primeira vez uma pedra ou um galho para usar como ferramenta, ele alterou o equilíbrio homem x ambiente. À medida que o número de ferramentas aumentou, mais rápido foi o ritmo da mudança."

James Burke

Objetivos do Capítulo

- Mostrar a importância da decisão acertada.
- Mostrar as principais ferramentas de decisão.
- Mostrar as vantagens de ter à mão um sistema de suporte à decisão.

6.1 Decisão

Como todo dirigente experiente sabe, uma grande parte do seu tempo é ocupada em tomar decisões diversas e variadas. As exigências de decidir são as mesmas tanto para importantes questões como para as triviais. Apesar da importância desse assunto, não há uma fórmula sistemática para a tomada de decisão, pois a mesma parece ser mais uma arte do que ciência. Ela precisa menos de cálculos e mais de senso comum.

A tomada de decisão é a essência da responsabilidade administrativa. O administrador deve responder as perguntas clássicas: onde, quando, por que, quanto, como, quem e o que fazer? Segundo Chiavenato, ao estabelecer objetivos, alocar recursos, resolver problemas, por exemplo, o administrador deve ponderar o efeito da decisão de hoje sobre as oportunidades de amanhã.

Decidir é escolher entre várias alternativas de cursos futuros de ação, porque, se não há alternativas não há escolha, isto é, não há decisão a tomar; é fazer uma apreciação sobre uma linha de conduta a ser adotada.

Tomar decisões implica dispor, inteligentemente, de recursos físicos, materiais, humanos, financeiros, mercadológicos, administrativos, sistêmicos e tecnológicos, de maneira a otimizá-los na consecução dos objetivos propostos. Se você tem conhecimento e experiência pertinentes, provavelmente, escolherá os melhores caminhos, se não os tem tomará más decisões. Em suma, você é vítima da sua própria formação.

O processo de decisão possui muitas facetas e modifica-se continuamente. A tomada de decisão está intimamente relacionada à solução de problema. Mas, deve-se fazer uma distinção entre as duas coisas. Enquanto esta trata da busca e resposta, aquela se compromete com uma alternativa específica de solução.

Como não é fácil decidir, você precisa estar bem servido de informações relevantes e pertinentes, porque quanto mais dados forem obtidos menor é o tempo disponível, para sua análise e uso eficaz. Qualquer que seja o tamanho do problema será necessário ter um sistema de suporte à decisão.

O objetivo da decisão é a direção do comportamento humano no sentido de alguma finalidade futura. A racionalidade pressupõe certa habilidade em efetuar um julgamento a respeito do futuro. Mais importante do que saber por que não se chega às conclusões certas é saber que linha de ação produzirá os melhores resultados possíveis, a partir dos recursos disponíveis. Na tomada de decisão, você deve questionar:

- Até que ponto as consequências de uma decisão podem ser previstas de modo preciso?
- Até que ponto a decisão vai afetar sua empresa?
- Você terá a capacidade de controlar os resultados?

- Essa decisão vai afetar outras funções organizacionais?
- Essa decisão envolve pontos da política empresarial?
- Essa decisão é baseada em circunstâncias únicas?
- Quanto tempo é preciso para acontecer o resultado esperado?

6.2 Dificuldade em Decidir

As decisões são, efetivamente, tomadas por pessoas que depois serão responsabilizadas pelos resultados alcançados. De fato, a fonte mais comum de erros e enganos nas decisões administrativas é o destaque que se dá à busca da resposta correta e não da pergunta certa. Ao decidir, sua mente agirá de sorte a procurar a melhor solução para o problema.

Da mesma forma, quando tomamos decisões autocorretivas, estamos buscando parâmetros familiares, baseados na experiência e conhecimento acumulados, ao longo dos anos, como num processo contínuo de realimentação. Parece complicado? E é.

Ninguém realmente compreende como a mente humana funciona e como as decisões são tomadas, muito embora os ciberneticistas estejam estudando o problema, há muitos anos.

Uma decisão, raramente, é uma opção entre o certo e o errado. Na melhor das hipóteses, é uma escolha entre o quase certo e o provavelmente errado. Porém, muito mais constante, é uma escolha entre dois cursos de ação, não sendo nenhum deles mais certo do que o outro. Por que a maioria dos livros sobre este assunto preconiza os fatos, se somos movidos pelas opiniões?

As opiniões nada mais são do que hipóteses não comprovadas e, como tais, são inúteis, a não ser que sejam testadas no mundo real. As pessoas começam com uma opinião e depois buscam fatos que se encaixam com a conclusão a que elas já chegaram.

Sempre há uma pergunta de quem toma decisões: É realmente necessário tomar esta decisão? Já que existe a alternativa de nada fazer, toda decisão é uma espécie de cirurgia, embora muitas decisões dêem em nada. É preciso tomar uma decisão quando uma situação vai degenerar. Isto também se aplica com relação à oportunidade. Se esta for importante tenderá a desaparecer.

Portanto, deve-se agir imediatamente. No extremo oposto, há situações que, na melhor das hipóteses, os problemas devem se resolver por si mesmos, ainda que nada seja feito. A grande maioria das decisões ainda reside nesses extremos. O problema não vai se resolver por si, mas é improvável que se alastre.

Já a oportunidade é apenas para o aprimoramento e não para a mudança real e para a inovação. Mas, ainda assim deve ser considerada. Se não agimos, é provável que sobreviveremos, mas se agimos, estaremos em melhor situação?

6.3 Tomador da Decisão

O tomador da decisão (decisor) pode encontrar as seguintes barreiras na sua tarefa:

- Pode não haver políticas preestabelecidas que o auxiliem na tomada de decisão.
- Pode não ter as habilidades requeridas para tomar decisões acertadas.
- Pode não ter tempo suficiente para planejar os passos necessários.
- Pode não conseguir apoio à implementação.
- Pode ter de correr grande risco e obter resultados imprevisíveis.

O comportamento do tomador de decisão pode: ajudar, atrapalhar ou inibir resultados. Assim, se você tem tendência a ser deprimido, deve se dedicar a tomar decisões dentro dos prazos estabelecidos para evitar demoras ou adiantamentos de efeitos danosos. Se, por outro lado, você tem a tendência a tomar medidas de retaliação quando se irrita, deve ouvir conselhos de alguém de dentro ou de fora da sua empresa ou, ainda, adiar a decisão.

Mas se você tem mania de perfeição, deve entender que os resultados são mais importantes do que os métodos. E, finalmente, se você tem uma tendência a ser cauteloso e metódico deve utilizar os modelos de decisão que deram bons resultados no passado.

O tomador final da decisão pode permitir aos subordinados maior liberdade e maior poder, se existirem as seguintes condições nos subordinados:

- Necessidade de independência.
- Disposição para assumir responsabilidades.
- Tolerância para ambiguidades.
- Interesse no problema a resolver.
- Identificação com os objetivos e metas da organização.
- Conhecimento e experiência para tratar do problema.
- Paciência para o momento certo.

A atuação do tomador de decisões se fará em função: da situação, do ambiente, do fato (evento), do mercado, do custo, da estratégia, do risco, da amostra, da política, do manual, da regra (norma), da habilidade, da influência, da informação, do dado, do processo, do recurso, da marca, da certeza, da incerteza, do programa, do critério preestabelecido, da ferramenta disponível, da ética, do nível de qualidade, da capacidade gerencial, do nível de percepção, da intuição, do problema, da tática, da operacionalidade, da publicidade, da integração, do sistema de valor, da confiança no subordinado, do poder de liderar, da segurança, da restrição, da premência de tempo, da natureza do problema, da necessidade centralizadora.

Nas empresas o trabalho de cada um é avaliado, principalmente, pela maneira como aplica sua capacidade de discernimento na tomada de decisão e sua ação de comunicá-la. Uma vez reconhecido o fato de que a tomada de decisão é, inevitavelmente, executada por muitas pessoas numa organização, cada um usando sua própria capacidade de discernimento e empenhando recursos dentro dos limites de suas funções, fica claro, portanto, que cada pessoa toma decisões sobre o que fazer.

Tanto o zelador como o presidente da empresa, executam a função administrativa decisão.

6.4 Elementos da Decisão

A seguir, os principais elementos da decisão:

Fonte de Decisão – Embora não haja regras absolutas, as fontes de decisão, geralmente, se originam de: ordens superiores, apelos dos subordinados, planos organizacionais, planejamentos estratégicos, políticas de promoção, posições na estrutura organizacional, orçamentos, oportunidades, ameaças, restrições, contingências, estratégias, táticas, vantagens, desvantagens, pontos fortes, pontos fracos, prioridades, planos de benefícios, por exemplo.

As decisões transmitidas a um executivo por níveis superiores da hierarquia, geralmente, exigem mais ações de decisão. Algumas decisões superiores não podem ser executadas, porque não levam em consideração a natureza do problema. Deixar de responder a uma decisão superior é, obviamente, um negócio sério, mas tentativas de impor a decisão podem ter consequências igualmente sérias.

Capacidade de Decisão – Como Chester Barnard indicou, a capacidade da maioria dos homens de tomar decisões é limitada e, muitas vezes, eles tentam evitar as decisões que envolvem mais do que respostas às condições rotineiras. O executivo não pode responder a todo apelo subordinado de ajuda, sem negar, em primeiro lugar, a própria razão da delegação. Os superiores devem, em geral, restringir suas intervenções a importantes problemas de decisão ou assuntos que exijam precedentes.

Nível de Decisão – As decisões tomadas em cada nível têm um impacto em outros pontos da organização. Mas, ao mesmo tempo, são tomadas decisões em consequência de alterações que resultam de decisões de executivos de outros níveis. Por exemplo, uma decisão do presidente de reduzir o orçamento de um departamento cria um problema de decisão para o gerente do departamento, decisões tomadas pelo gerente de vendas podem criar problemas para o gerente de produção, e vice-versa.

Cada posição na hierarquia é simultaneamente um centro de tomada de decisão, de comunicação e de poder (autoridade).

Forças de Decisão – Que forças considerar na tomada de decisão? O comportamento do administrador é grandemente influenciado pelas numerosas forças que atuam dentro de sua própria personalidade. Entre as forças internas importantes que o afetam estão as seguintes:

- Grau de Confiança – O grau de confiança que os membros têm em sua capacidade de resolver problemas como grupo é também uma consideração importante, bem como a coesão, a permissividade, a aceitação mútua e a comunhão de propósitos, pois exercem uma poderosa influência sobre a eficácia do grupo.
- Natureza do Problema – A natureza do problema pode determinar o grau de autoridade que deve ser delegado pelo administrador aos seus subordinados. Mas, há ocasiões em que a complexidade do problema exige uma decisão isolada. Ouvir é a grande estratégia.
- Premência de Tempo – Esta força é claramente a pressão mais sentida. Em organizações que vivem em constante crise e programação relâmpago é provável encontrar dirigentes que resolvem as coisas à sua maneira, sem consultar alguém, isto é, de cambulhada.

Natureza da Decisão – A natureza das decisões possui muitas facetas e modificações, continuamente. Esta diversidade tende a aumentar com o nível de responsabilidade e tornar-se particularmente pronunciada no caso do mais alto executivo da empresa. Num único dia, ele pode ser forçado a tomar decisões a respeito de operações, recursos, mudanças e conflitos. Também demonstra que ele precisa aprender como pensar, mais do que o que pensar, porque é isso que impulsiona a tomada de decisão.

Ao tomar suas decisões, você deve reunir tanta informação quanto for possível, abrangendo todas as circunstâncias que envolvam tais procedimentos.

Poderá um dirigente dizer se sua decisão é a mais sabia? Infelizmente, não. O que pode fazer é reduzir a possibilidade de erros. Todos os dispositivos propostos para testar decisões possuem sua utilidade. Alguns se adaptam melhor a uma situação do que outros. Mas, em geral, eles podem ser aplicados na seguinte ordem:

- Verificar nossos pensamentos e detalhamentos de como será possível implementá-los.
- Conseguir apoio de outras pessoas.
- Realizar ensaios e testes.
- Agir de forma incremental, se possível.

Informação na Decisão – Se as decisões fossem apoiadas apenas em fatos, poderíamos alimentar um computador com as informações necessárias e a decisão surgiria. Mas, precisamente, porque é raro termos todos os fatos suficientes, os administradores "humanos" precisam tomar as decisões. O importante no processo de tomada de decisão é quem motivar e quem ouvir.

Infelizmente, tomamos, na maioria das vezes, decisões baseadas apenas em poucos fatos e suposições. A informação qualifica a decisão.

A seguir, o resultado alcançado na decisão, em função da informação, do risco e da decisão.

Informação	Decisão	Risco	Resultado
Muita	Maior Certeza	Baixo	Esperado
Regular	Certeza	Algum Risco	Possível
Pouca	Incerteza	Alto	Probabilístico

Quadro 6.1: Resultado e Risco das Decisões.

Resultado da Decisão – O problema de prever o resultado da decisão leva em consideração: certeza, risco, incerteza e informação. A certeza ocorre quando se sabe que uma ação conduz, invariavelmente, a uma determinada consequência. A decisão sob risco ocorre quando uma ação conduz a um dos resultados possíveis de um conjunto, cada um dos quais pode ocorrer com uma probabilidade conhecida. A decisão sob incerteza prevalece se são inteiramente desconhecidos os dados da situação ou, ainda, se a probabilidade dos resultados possíveis não é favorável.

A seguir, algumas considerações sobre resultados e decisões:

- Resultado Esperado – Decisão sob Certeza (as variáveis são conhecidas e a relação entre a ação e suas consequências é determinada, ou seja, uma relação de causa e efeito).
- Resultado Possível – Decisão sob Risco (as variáveis são conhecidas e a relação entre a ação e suas consequências é conhecida em termos de probabilidade).
- Resultado Probabilístico – Decisão sob Incerteza (as variáveis são conhecidas, mas as probabilidades para determinar as consequências de uma ação são desconhecidas ou não podem ser determinadas com algum grau de certeza).

Risco na Decisão – O elemento de risco está presente, em certo grau, em todas as decisões administrativas. O involuntário e o imprevisível podem reduzir lucros ou causar prejuízos financeiros, que podem ser reduzidos ao mínimo ou evitados com planejamento e análise apropriados. Somente com uma análise de risco pode-se criar a atmosfera de redução da incerteza. Portanto, reprimir a incerteza é evitar conhecer que tipos de fatores externos incidirão e, possivelmente, continuarão a influenciar a organização. Decidir no escuro é um ato de grande risco, mesmo que o ambiente nos forneça algum grau de certeza.

Ética na Decisão – Os problemas éticos da tomada de decisão são, de certa forma, minorados pelo fato de que as instituições ocupam, geralmente, uma posição intermediária na cadeia de meios e objetivos. Até certo ponto, o problema é de adaptação a um sistema de valores impostos pelas condições ambientais. Como uma empresa reage à demanda do consumidor e aos preços do mercado, seria incorreto dizer que os executivos não estão envolvidos, de modo significativo, na decisão a respeito desses valores.

Responsabilidade da Decisão – Todo dirigente tem alguma responsabilidade de decisão que não são impostas por decisões superiores ou remetidas por subordinados. A natureza dessa responsabilidade está definida nas políticas da empresa. Assim, o executivo é responsável pelos resultados de suas decisões. Cada administrador deve dar atenção às decisões que lhe competem, sem desconhecer os problemas dos outros. O superior não deve tomar decisões que cabe ao subordinado. Por outro lado, os subordinados devem evitar transferir suas atribuições de decisão para os superiores.

Densidade da Decisão – As decisões são tomadas em todos os níveis da estrutura organizacional, mas determinadas decisões estão limitadas aos níveis mais altos, como por exemplo: investimentos, implantação de projetos, imobilizações em máquinas de alta tecnologia, orçamentos. No entanto, despesas gerais, inventários, controle de custos, determinação do preço de venda, políticas de descontos, programa de capacitação profissional, por exemplo, podem ser decisões tomadas em todos os níveis.

Análise da Decisão – A análise da decisão objetiva identificar alternativas de escolha, fazer uma apreciação sobre uma linha de conduta a ser adotada, determinar quais os recursos que viabilizam a solução de um problema. Na análise da decisão é fundamental conhecer a natureza do problema, da estratégia de solução e o tipo de decisão a tomar.

Firmeza na Decisão – Chefe competente é aquele que trata os subordinados sem regalias, nem perseguições. E não deve desmentir amanhã o que afirmou hoje com segurança, pois assim perde o respeito. Um dirigente inconstante ataca os nervos de qualquer um, porque, hoje, quer uma coisa de uma determinada maneira, amanhã, já não quer mais. O que era de seu agrado, ontem, pode não servir hoje. Isso cria confusão geral e deixa todo mundo inseguro. Essas atitudes também podem gerar acusações de favoritismo e discriminação.

Um superior que hoje trata um subordinado de uma maneira e amanhã de outra forma está cultivando problemas.

Comportamento na Decisão – Os gerentes costumam tomar decisões baseados mais em otimismo lúdico do que pesando, racionalmente, a possibilidade de ganhos e perdas. Superestimam os benefícios, subestimam os custos e constroem cenários de sucesso deixando de lado o potencial de erros. Como resultado, tais pessoas adotam iniciativas que dificilmente cumprirão orçamentos ou prazos, ou nunca darão retorno.

Os otimistas tendem a viver num mundo de ilusões. Eles, frequentemente, atribuem seus sucessos à própria habilidade e os fracassos à falta de sorte.

Os pessimistas, de temperamento angustiado, costumam começar seus projetos, imaginando que tudo vá dar errado. Por isso, trabalham, diligentemente, todos os detalhes e acabam se saindo bem. O pensamento negativo concreto e detalhista pode ajudar os executivos a antecipar coisas, que possam dar errado, e a mais bem planejar para evitar resultados ruins.

Percepção na Decisão – A Teoria da Decisão afirma que as pessoas tomam decisões, em função do seu nível de percepção. É muito comum o administrador basear sua tomada de decisão em modelos, técnicas, métodos, inferências estatísticas, estudos de amostras e cálculo de probabilidade. As amostras devem ser escolhidas de modo a serem representativas do universo pesquisado.

Os gerentes tomam um grande número de decisões, sob uma ampla diversidade de circunstâncias. Aqueles que não podem discernir entre o importante, o urgente e o que não tem pressa, estão fadados a gastar tempo e energia preciosos em problemas errados e decisões desnecessárias.

Tempo de Decisão – Não se deve afundar nos detalhes da informação, mas também não se deve saber tão pouco que exclua as suas expectativas. Os modernos sistemas de informação podem reunir grande massa de dados, mas não podem predizer o futuro. É o futuro que precisa, mais frequentemente, ser analisado. A consulta e o apelo ao consenso são atos importantes. Muitas vezes, convém esperar que a decisão amadureça.

Racionalidade na Decisão – É sempre bom lembrar que o tomador de decisão escolhe uma alternativa dentre várias outras. Se ele escolhe os meios apropriados para alcançar um determinado objetivo, a decisão é considerada racional.

A racionalidade pressupõe certa habilidade em efetuar um julgamento a respeito do futuro. Mais importante do que saber por que não se chega às conclusões certas é saber que linha de ação produzirá os melhores resultados possíveis, a partir dos recursos disponíveis.

Premissas da Decisão – A seguir, são colocadas premissas (algumas já conhecidas) que ajudarão, ao tomador de decisão, a poupar esforço, recurso e tempo:

- É bastante conveniente ter um sistema de informações de apoio à tomada de decisão.
- Quanto mais dados forem obtidos para a decisão, menor é o tempo disponível para seu uso eficaz.
- Com o aumento de informações, a necessidade de pensar se intensifica.
- Quanto mais necessários forem os elementos de decisão, mais suas consequências restritivas devem ser compensadas por um estilo mais liberal de agir.

- Quando não há alternativas para alcançar um objetivo, não existe o problema da tomada de decisão.
- Parte da função administrativa decisão consiste em auxiliar e encorajar o desenvolvimento de meios para a obtenção de um bom resultado.
- Uma escolha entre muitas alternativas é, provavelmente, melhor do que a realizada entre poucas.
- Na tomada de decisão é preciso escolher, dentre as muitas alternativas, as que realmente são relevantes.
- O propósito da criação de alternativas é permitir que os objetivos da empresa sejam alcançados da melhor forma possível.
- É necessário avaliar a extensão de uma decisão e quem ela afeta.
- A natureza das decisões demonstra que você precisa aprender "como", mais do que "o que" pensar.
- A experiência prévia de quem toma a decisão pode não ser guia adequado.
- Quem toma a decisão pode não ter tempo suficiente para planejar os passos necessários à implementação.
- Talvez haja um fator de grande risco com resultados imprevisíveis.
- A tomada de decisão, que ultrapassa um determinado tamanho, não pode ser entendida sem primeiro reconhecer que se trata de um processo de cooperação.
- O processo de tomar decisões é de aproximações sucessivas e de refinamento constante, onde a variável tempo é essencial.
- Cada nível da hierarquia recebe certa parcela da responsabilidade na decisão global.
- Ao perseguir seus próprios interesses particulares os dirigentes são levados a tomar decisões que promovem o bem-estar de toda a empresa.
- Os seres humanos tomam decisões, independentemente, de sua posição dentro de uma organização.
- Numa situação não estruturada, o tomador de decisão deve fornecer julgamento e avaliação, bem como suas percepções para a definição do problema.
- Numa situação muito estruturada, grande parte do processo de tomada de decisão, se não todo, pode ser automatizado.
- O subsistema de controle estará sempre presente na tomada de decisão.

Programa de Decisão – A seguir, um programa de decisão que, certamente, ajudará o leitor na tomada de decisão:

01 – Perceba a situação que exige uma decisão.
02 – Analise fatores externos e internos (Leitura do Cenário).
03 – Identifique o problema.
04 – Observe constantes, parâmetros, variáveis e especificações.
05 – Crie uma simbologia e uma terminologia (nomenclatura).
06 – Selecione as variáveis para desenvolver um modelo.
07 – Distinga as variáveis controláveis das não controláveis.
08 – Estabeleça relações entre variáveis.
09 – Estabeleça diretrizes baseadas na coleta de dados.
10 – Procure alternativas de solução mais promissoras.
11 – Estude os efeitos das alternativas.
12 – Estude a probabilidade de acerto.
13 – Avalie e compare as alternativas.
14 – Escolha a melhor alternativa como um plano de ação.
15 – Escolha o método (modelo) para implementação da decisão.
16 – Preveja o comportamento das variáveis não controladas.
17 – Consiga soluções baseadas no modelo.
18 – Teste o modelo.
19 – Revise o modelo quando necessário.
20 – Assegure-se de que a decisão é necessária.
21 – Implemente a decisão.
22 – Avalie resultados.

23 – Faça feedback.
24 – Recomende mudanças.

Ciclo de Decisão – As fases do ciclo de decisão são:

a) Entrada: dados e informações.
b) Avaliar situação e ambiente.
c) Diagnosticar desvios.
d) Analisar alternativas.
e) Tomar decisão, em função dos recursos disponíveis.
f) Avaliar resultado da decisão.
g) Implementar a decisão.
h) Medir necessidade de correções.
i) Implantar decisão.
j) Saída: relatórios e recomendações.

6.5 Processo Decisório

Uma boa maneira, para poder começar a entender o processo de tomada de decisão, é fazer uma abordagem idealizada e totalmente racional do problema, comparando o ideal com o real. O processo de decisão não deve ser considerado como um sistema mecânico com diferenciações e relações precisas, porque interações sociais informais, ou não planejadas, entre os administradores faz parte integral do sistema de decisões.

As interações podem facilitar ou impedir o processo de decisão, mas elas não podem ser eliminadas das organizações. Assim, o processo decisório é aquele que escolhe as diretrizes que vão nortear as ações do sistema, no sentido de mudá-lo do estado presente para o estado desejado (objetivo, por exemplo).

As pessoas agem como se os problemas empresariais fossem resolvidos por um único cérebro. As decisões têm um caráter descentralizado na sua essência, já que ninguém poderá sozinho controlar as decisões, em todos os níveis de uma organização. Para decidir qual o caminho a tomar para a solução de um problema empresarial, normalmente, deve-se agir com maturidade, objetividade e método.

A racionalidade analítica no processo decisório se fundamentou em modelos matemáticos e no avanço da tecnologia, porque considerar e analisar as alternativas de decisão ficou muito mais fácil com o computador. Porém, a literatura atual que trata da gerência da decisão e da excelência administrativa encerra propostas oriundas da experiência profissional, voltada para: simplicidade, intuição, senso comum, juízo e percepção.

É bom lembrar que a intuição é vista como um "impulso" para a ação, onde não há raciocínio lógico.

Uma das características essenciais de um sistema é a sua capacidade de contribuir para a solução de problemas. E esta contribuição se materializa através do aperfeiçoamento do processo decisório. Embora um dos objetivos da Administração seja selecionar a melhor alternativa no processo decisório, trata-se de uma abordagem muito criticada por se relacionar quase que exclusivamente com o procedimento e não com o conteúdo da decisão.

O tomador de decisão pode aplicar métodos quantitativos para tornar o processo decisório mais racional possível, concentrando-se, principalmente, na determinação e equacionamento do problema a ser resolvido. Para poder começar a entender o processo de tomada de decisão é preciso fazer uma abordagem idealizada e totalmente racional do problema, comparando o ideal com o real.

A tomada de decisão está relacionada à solução da questão. Assim, o processo decisório é aquele que escolhe as diretrizes que vão nortear as ações do sistema, no sentido de mudá-lo do estado presente para o estado desejado (objetivo, por exemplo).

A tomada de decisão, na realidade, faz cessar a consideração ulterior de soluções possíveis e se compromete com uma alternativa específica, visando solucionar um problema. Tomada de decisão e problema andam juntos, mas são diferentes.

Outro aspecto, já considerado, na tomada de decisão é a diferença entre o que é urgente e o que é importante. O problema é que a tarefa importante precisa ser executada no mesmo dia ou durante a semana que se segue.

A tarefa urgente exige providências imediatas, exercendo uma pressão interminável a toda hora e todo dia. A dificuldade é a distinção entre ambos.

6.6 Tipos de Decisão

Existe muitos tipos de decisão que circulam entre dois extremos, tais como a certeza e a incerteza.

A maioria dos autores considera os seguintes tipos de decisão:

Decisões Administrativas (aplicação do que fazer) – As decisões administrativas podem ser: Importantes (aquelas voltadas ao estabelecimento de objetivos estratégicos); Primárias (aquelas voltadas para políticas, táticas, procedimentos e provisão de cargos); Secundárias (aquelas sobre atividades operacionais, rotinas).

Decisões Estratégicas (o que fazer) – São decisões que influem nos objetivos que definem a política geral da empresa. Elas são mais difíceis de construir, porque, em geral, as decisões estratégicas permanecem escondidas atrás dos problemas operacionais.

Decisões Táticas (quando fazer) – São decisões que permitem a variação do modo operativo anteriormente escolhido. Elas não têm implicações diretas nos objetivos, mas podem mudá-los.

Decisões Operacionais (como fazer) – São decisões que influem no funcionamento corrente da empresa, pois afetam processos, atividades, tarefas, atribuições e movimentos.

Decisões Integrativas (responsabilidade do fazer) – São decisões que se preocupam com a estruturação dos recursos de modo a criar possibilidade de execução para os melhores resultados.

Decisões Programadas (certeza no fazer) – São decisões de rotina e repetitivas que podem ser usadas para situações em que o problema não seja novo. Os dados utilizados são adequados e as condições são consideradas praticamente estáticas. O grau de certeza é grande.

Decisões Não Programadas (incerteza no fazer) – São decisões não estruturadas que podem ser usadas para situações que acarretam novos problemas complexos. Os dados são inadequados e exclusivos. As condições são dinâmicas e o grau de certeza é, praticamente, nenhum.

Decisões Mercadológicas (acomodação ao que fazer) – Antecipar-se, ou pelo menos, acompanhar o sobe e desce do mercado são as principais preocupações que dificultam o planejamento e a tomada de decisão. A solução é estabelecer um planejamento capaz de permitir uma rápida resposta (acomodação) ao novo comportamento do mercado.

Decisão em Função do Custo (equilíbrio no fazer) – O custeamento direto, além de facilitar a preparação dos orçamentos, da análise do ponto de equilíbrio (receita = despesa) e da determinação da margem de contribuição, vai revelar as mudanças nos lucros, em função da variação do volume produzido.

O conhecimento da margem de contribuição (preço de venda menos custo variável unitário m do produto) fornecerá diretrizes para a seleção de clientes, produtos, territórios e outros segmentos mais lucrativos.

Uma das principais decisões a serem tomadas, com base nas informações de custeio, é aquela que se refere ao preço de venda do produto.

Decisões Probabilísticas (estimativa do que fazer) – Decisões que utilizam os princípios da Teoria da Amostragem Estatística, da Teoria da Probabilidade e da Teoria da Amostragem.

Estes tipos de decisão não são mutuamente excludentes.

A combinação dos enfoques de Simon e Anthony resultou num quadro referencial, onde se mostra as visões estruturada, semiestruturada e não estruturada com relação aos tipos de decisão:

Sistemas	Níveis Hierárquicos	Decisões (exemplos de atividades)
Estruturado	Operacional	Contas a Receber
		Pedidos de Clientes
	Gerencial	Análise de Orçamentos
		Custo Padrão
		Previsão a Curto Prazo
	Estratégico	Combinação Logística
		Localização de Fábrica
		Localização de Depósitos
Semiestruturado	Operacional	Controle de Estoque
		Programação da Produção
	Gerencial	Análise de Variância
		Orçamentos
	Estratégico	Fusões e Aquisições
Não Estruturado	Operacional	Administração do Caixa
		Custos
		Custeio
		Redes de Planejamento e Controle
	Gerencial	Orçamentos
		Vendas
		Produção
	Estratégico	Projeto de Produto
		Planejamento e Desenvolvimento

Quadro 6.2: Decisões em Função do Sistema e do Nível Hierárquico.

6.7 Ferramentas de Decisão

Alguém com a ferramenta certa, no tempo certo, tem condições de resolver um determinado problema? É bem provável. Pode-se dizer que a ferramenta ajuda a diminuir a complexidade de como tudo se apresenta aos olhos do ser humano e, principalmente, de uma empresa, tendo em vista o alto grau de incerteza em todos os mercados que atua.

A ferramenta administrativa será considerada como um recurso apoiado em leis, regras, princípios, premissas, procedimentos e políticas, que dará ao dirigente condições de não só decidir, como solucionar um problema. Todas as funções administrativas e organizacionais de uma empresa utilizam ferramentas para apoiar, no seu dia a dia, as diversas decisões e soluções a serem implementadas.

Apesar de sua grande utilidade, as ferramentas devem ser escolhidas e operadas, tendo em vista a resolução do problema. O problema é que deve determinar a ferramenta e não o contrário. Um dos graves erros que se pode cometer é acreditar que uma ferramenta substitui o ato de pensar e dispensa a análise da situação.

Em última análise, todas as decisões se resumem num sim ou não. Todavia, o cuidado com que se toma decisões determinará o êxito como administrador e quão importante estará contribuindo para a sua organização, agora e no futuro.

A seguir, algumas diretrizes que ajudarão o leitor na utilização de uma ferramenta de decisão:

a) Assegure-se de que sua decisão é necessária – Se você notar que está tomando muitas decisões sem importância, está na hora de delegar mais.
b) Identifique o problema – Procure ter certeza de que está lidando com a verdadeira causa do problema. Por exemplo, uma escassez de liquidez talvez seja um estoque exageradamente alto. Um estoque grande é resultado de más previsões de vendas, que acontecem pelo otimismo exagerado do pessoal de vendas.
c) Use um método ou modelo de tomada de decisão que se adapte ao seu problema – Não esmague uma mosca com um malho. Talvez, você precise usar ferramentas sofisticadas.
d) Enfrente corajosamente as decisões ruins – Muitos dirigentes não abrem mão de suas decisões, haja o que houver. Isso é admirável quando a decisão é um sucesso.

Mas, quando a decisão é um desastre? Inúmeros são os exemplos de decisões erradas que prevalecem na iniciativa pública, ou privada, por simples teimosia e vaidade, não importando custos e consequências.

6.8 Técnica e Metodologia de Decisão

Os gerentes tomam um grande número de decisões, sob uma ampla diversidade de circunstâncias. Além de ter ou merecer diferentes prioridades, as decisões diferem em pelo menos outro importante aspecto: a sua qualidade rotineira ou de novidade.

Os quadros, a seguir, relacionam as técnicas de decisão aos tipos básicos de decisão e as ferramentas utilizadas:

Decisões	Técnicas	Ferramentas
Programadas	Tradicionais	Rotinas, regras, normas, diretrizes, políticas, reuniões, lista de prioridades, fluxogramas, redes, análise do ponto de equilíbrio, análise matemática.
	Modernas	Métodos quantitativos (estatística, e probabilidade), aplicativos em computadores, pesquisa operacional, matrizes, programação, árvore de decisão, sistemas de informação.

Quadro 6.3: Técnicas de Decisões Programadas.

Decisões	Técnicas	Ferramentas
Não Programadas	Tradicionais	Julgamento em grupo, intuição, métodos empíricos, processamento eletrônico de dados, ensaio e erro.
	Modernas	Método heurístico, simulação por computadores, aproximação sucessivas, análise de sistemas, análise estruturada.

Quadro 6.4: Técnicas de Decisões Não Programadas.

Metodologia é o arranjo de etapas (passos) de ação, por meio de uma organização lógica de procedimentos, visando atingir um determinado objetivo, que pode ser a solução de um problema. Se tal objetivo não for alcançado, é provável, que as etapas não foram seguidas ou as mesmas estão equivocadas. Também pode ser uma coleção de métodos, técnicas, procedimentos e ferramentas para otimizar um determinado processo, levando o indivíduo a: conhecer, agir e fazer um determinado estudo.

Toda metodologia deve possuir uma filosofia própria, isto é, um conjunto de ideias iniciais que constitui a sua fundamentação conceitual e que serve de embasamento para as demais regras de sua construção.

Uma metodologia de decisão já foi abordada no item 6.4 (Programa de Decisão).

É bom esclarecer que uma metodologia não é um caminho rígido, pois pode sofrer mudanças ao longo do tempo.

6.9 Modelos de Decisão

Os modelos ajudam a economizar tempo e dinheiro. Munidas desses instrumentos, as pessoas correm menos riscos, tendo em vista que a construção de modelos se aplica, principalmente, a tomada de decisão, resolução de problemas e avaliação de desempenho.

A utilização de modelos permite ao ser humano errar menos, eliminar testes de campo, porque podem substituir referidos testes por simulações em laboratórios, utilizando o computador como ferramenta.

Um modelo é a expressão de um raciocínio, de um encaminhamento lógico que parte dos dados de base, que são o resultado da observação da situação, para a escolha de uma solução que possibilite uma ação.

Munido de modelos matemáticos e estatísticos pode-se prever, através de sucessivas simulações, que fatia de mercado deverá caber a um produto antes mesmo de ele passar pelo crivo dos testes de mercado. Se houver indícios de fracasso, a empresa poderá recuar e desistir da implementação do produto, evitando assim investir num projeto sem futuro.

A utilização de modelos permite, também, que os testes de mercado sejam reduzidos ou até eliminados, substituídos por pré-testes e simulações em laboratórios que reproduzem sigilosamente todas as condições externas diante de um número selecionado de consumidores.

Modelos simulatórios são cada vez mais usados, porque ajudam a economizar esforço, tempo e dinheiro. Mas, precisam ser aplicados cuidadosamente. E o melhor sinal de que funcionam bem é que estão sendo cada vez mais usados. Antes de sua introdução, o índice de fracasso dos lançamentos de novos produtos era bem mais alto. Avisam logo se há possibilidade de fracasso, dando chance às empresas de abandonarem, a tempo, iniciativas equivocadas.

O modelo de decisão é qualquer representação abstrata e simplificada de um processo de decisão. Pelo modelo verifica-se a interligação entre informação e decisão. Os modelos nos permitem elaborar sistemas de tomada de decisão e determinar que informações sejam necessárias para manter tal sistema.

O desenvolvimento de um modelo é fundamental, porque ele é um pré-requisito para a análise de valor da informação e porque é a chave para se compreender que partes do processo decisório podem ser apoiadas ou automatizadas.

A seguir, exemplos de modelos de decisão:

Fluxograma de Decisão – Os fluxogramas caracterizam-se pelo fato de que são aplicados nas situações em que o gestor está interessado em analisar os métodos de trabalho usados em um processo, onde recursos são movimentados de um lugar para outro.

Fluxograma é um diagrama para atividades, rotinas e relações, que representa de forma dinâmica as unidades de trabalho e a sequência do processo, através dos fluxos das microestruturas que compõem o sistema.

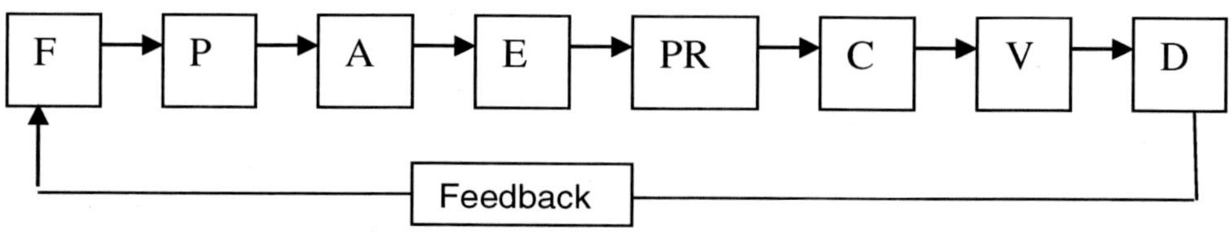

Figura 6.1: Fluxograma Geral de Decisão.

Onde:
F = Fatores ambientais
P = Problema
A = Alternativas de solução
E = Efeito da Alternativa Escolhida
PR = Probabilidade de que cada efeito ocorra
C = Classificação dos efeitos, conforme sua probabilidade
V = Escolha das melhores alternativas
D = Decisão

Tabela de Decisão – Tabela de decisão é uma representação tabular bidimensional (matriz), associado às condições e as ações, com as suas respectivas ocorrências.

Uma tabela de decisões é criada relacionando-se todas variáveis relevantes (condições ou entradas) e as ações.

A construção da tabela de decisão é feita da seguinte forma:

a) Relacionar todas as possíveis condições do processo.
b) Relacionar todas as possíveis ações que poderão ser tomadas, dependendo das condições acima.
c) Preencher as possíveis combinações entre as condições.

O uso de tabelas de decisão proporciona vantagens, tais como:

- Analisar lógicas complexas, utilizando apenas uma única tabela, ocupando não mais do que uma página.
- Construir tabelas de decisão, exige que se formulem todas as possíveis combinações de condições.
- Ser possível determinar quais decisões não formam um vínculo adequado e específico, na fase de levantamento com os usuários.
- Ser simples de leitura e interpretação, tanto para analistas e programadores, como para usuários.

As tabelas de decisão especificam políticas para a transformação de entradas em procedimentos para as saídas, em vez de especificar as características operacionais do algoritmo que está por baixo dessa transformação.

As tabelas se concentram nas condições e resultados, ao passo que os outros métodos se concentram em implementações procedimentais.

As tabelas de decisão são muito úteis na explicação das miniespecificações para os usuários finais. São ótimas para desembaraçarem a teia de regras e políticas confusas. Também é comum uma tabela de decisão revelar discrepâncias, ou lacunas, nas rotinas da organização.

As pessoas gostam de tabelas bidirecionais, porque são fáceis de entender e não são ambíguas. Pensemos na frequência com que usamos tabelas de preço, por exemplo. Se estiver faltando alguma condição ou ação, a tabela de decisão vai realçar sua ausência. Se as condições e ações puderem ser simplificadas, a tabela de decisão vai apresentar uma perspectiva concisa mais conveniente de alterar que as outras técnicas de decisão.

A seguir, exemplos de modelos de tabelas de decisão:

Condições	Alternativas							
Idade > 21 Anos	S	S	S	S	N	N	N	N
Sexo (M ou F)	M	M	F	F	F	M	F	F
Peso > 80 kg	S	N	S	N	S	N	S	N
Medicação A	*				*			*
Medicação B							*	
Medicação C			*			*		*
Não Medicação		*		*				

Tabela 6.1: Modelo de Tabela de Decisão de Medicação para Emagrecimento.

Critérios	Produto A	Produto B	Produto C	Produto D
Vendido em Supermercado	Sim	não	não	sim
Vendido em Drogarias	Sim	sim	sim	sim
Consumidores Femininos	Não	não	sim	sim
Embalado Facilmente	Não	sim	não	sim
Vendido por mais de $ 3,00	Não	sim	não	sim
Faturamento no Varejo Maior do que $ 500,00/mês	Sim	não	não	sim
Alternativa Escolhida				*

Tabela 6.2: Modelo de Tabela de Decisão para Novo Produto.

Árvore de Decisão – A árvore de decisão é uma representação visual, cujo método de decisão se baseia no fluxo de entrada e saída de dados. Por ser organizada hierarquicamente como uma árvore, não existem valores de entrada ambíguos ou indefinidos. A árvore de decisão é uma ferramenta que através da divisão das ações em diferentes ramos, consegue cobrir todos os possíveis desdobramentos de uma determinada lógica.

A árvore de decisão é um modelo que trabalha com riscos, valores, ganhos e perdas em cada alternativa. Ela é uma versão diagramada da tabela de decisão.

As árvores de decisão são bem simples de modificar, de acordo com a evolução das especificações. A tarefa mais difícil é organizar os critérios de decisão para que cada teste ocorra somente uma vez. Mas, uma vez executada, será fácil acrescentar novas condições de teste e atualizar a árvore.

As árvores de decisão são úteis quando a seleção lógica consiste em condições discriminatórias diretas que possam, rapidamente, condensar um conjunto de ações possíveis. Os usuários finais acham esta representação fácil de entender. A seguir, exemplos de árvores de decisão:

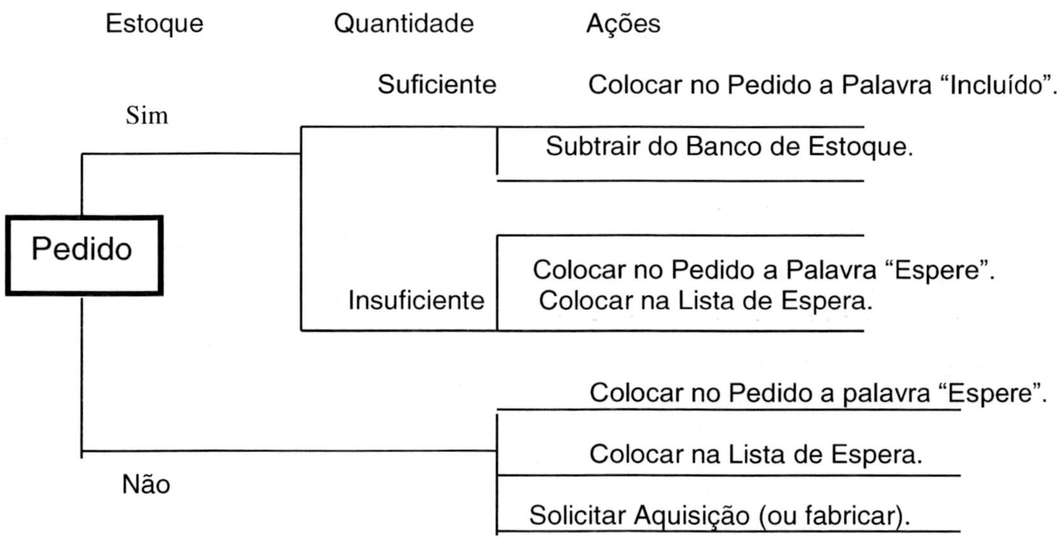

Figura 6.3: Árvore de Decisão para Controle de Pedidos.

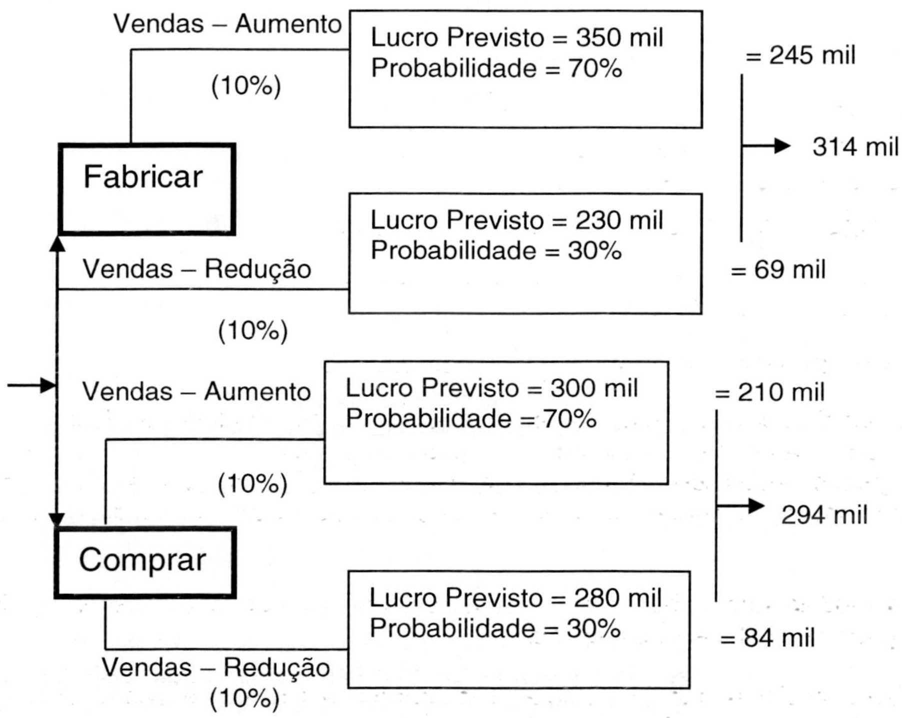

Figura 6.4: Árvore de Decisão para Fabricar ou Comprar.

Resposta: A decisão é fabricar.

6.10 Sistema de Suporte à Decisão

Pode-se definir sistema de suporte à decisão como um sistema interativo baseado em computador que usa dados e modelos para resolver problemas. Estes sistemas, na verdade, ligam os recursos intelectuais das pessoas às capacidades tecnológicas dos computadores, na qualidade da decisão.

As definições de um sistema de suporte à decisão se identificam a um sistema cuja intenção é dar suporte à tomada de decisão em situações não estruturadas e semiestruturadas, decisões que não podem ser especificadas por um algoritmo.

A abordagem orientada para a decisão traz importantes questões, tais como:

- Qual é o melhor ponto de articulação entre sistemas de informação e tomada de decisão?
- Quando termina o sistema de informações e começa a tomada de decisão?
- Qual é a natureza da hipótese que será incorporada ao sistema de informações?
- Qual a influência na tomada de decisão?
- Quais as hipóteses de solução são congruentes com as necessidades da decisão?

Os primeiros conceitos de sistemas de suporte à decisão apareceram no início da década de 1970 e são devidos a Keen e Scott-Morton.

Um sistema de suporte à decisão (DSS) possui certas características, como: incorpora dados e modelos; ajuda o julgamento gerencial; é voltado para a eficiência; responde rápido à mudança ambiental; tenta várias estratégias diferentes para diferentes configurações, com rapidez e objetividade; aumenta os níveis de conhecimento e percepção do gerente; ajuda o gerente a exercer suas funções administrativas; melhora o controle, reduzindo custos; melhora a qualidade da análise.

Os primeiros aplicativos a serem utilizados nos sistemas de apoio à decisão foram para: Controle de Estoque, Folha de Pagamento, Estudo de Custos, Relatórios, Alavancagem Financeira, Planejamento e Controle da Produção, Ordens de Compra, Carteira de Pedidos.

A vantagem de um sistema de suporte à decisão pode ser útil em economias instáveis, mercado altamente competitivo e empresas com negócios diversificados. Uma outra forte razão para a utilização de DSS é o usuário final que pode levar anos construindo seu sistema de informação.

Usuários finais não são programadores e requerem fáceis ferramentas de trabalho. Dois elementos são fundamentais que sejam abordados, como:

Linguagem do Sistema – Além de dar suporte ao processamento de dados de rotina, a linguagem é uma ferramenta poderosa para os sistemas de apoio à decisão e para os sistemas de informações gerenciais, além de possibilitar a criação de protótipos e a implantação de modelos.

Em termos gerais, a linguagem que precisa do menor número de acionamentos de teclado ou movimentos do mouse, para fazer com que aplicação seja implementada, é a linguagem de nível mais alto e a mais produtiva.

Uma boa linguagem de sistema possui os atributos adicionais de possibilitar implementações mais rápidas, ser de fácil entendimento e aplicação, interagir otimamente com o usuário, empregar sistemas de gerenciamento de banco de dados, aplicar códigos de procedimento com um número bem menor de instruções, dar ênfase aos códigos não processuais, estar voltado para aplicações online, reforçar o código estruturado, apresentar fácil depuração dos dados.

Fluxo de Decisões no Sistema – O objetivo da análise do fluxo de decisões no sistema é identificar as decisões administrativas necessárias para se dirigir uma empresa e as relações entre elas. A melhor maneira de começar a análise do fluxo de decisões é desenvolver uma descrição precisa e detalhada de como o sistema realmente opera. Assim, é necessário:

- Determinar de quais pessoas são as necessidades e os desejos que a empresa tenta atender.
- Determinar como essas necessidades ou desejos são comunicados à organização.
- Determinar como a informação necessária é registrada e transmitida a outros na organização.
- Determinar como a informação pode ser traduzida para um código condensado, aumentado e consolidado.

- Determinar qual a informação pode ser usada, para se chegar a uma decisão ou para se dar instruções.
- Determinar que toda transmissão de informação que não produz uma decisão pode ser ignorada.

6.11 Componentes do DSS

Um sistema de suporte à decisão (DSS) é composto dos seguintes subsistemas, que são, na realidade, os componentes (softwares) do DSS: Sistema Gerenciador de Dados; Sistema Gerenciador de Modelos; Sistema Gerenciador de Diálogo com o Usuário.

A seguir, modelos que retratam esses subsistemas:

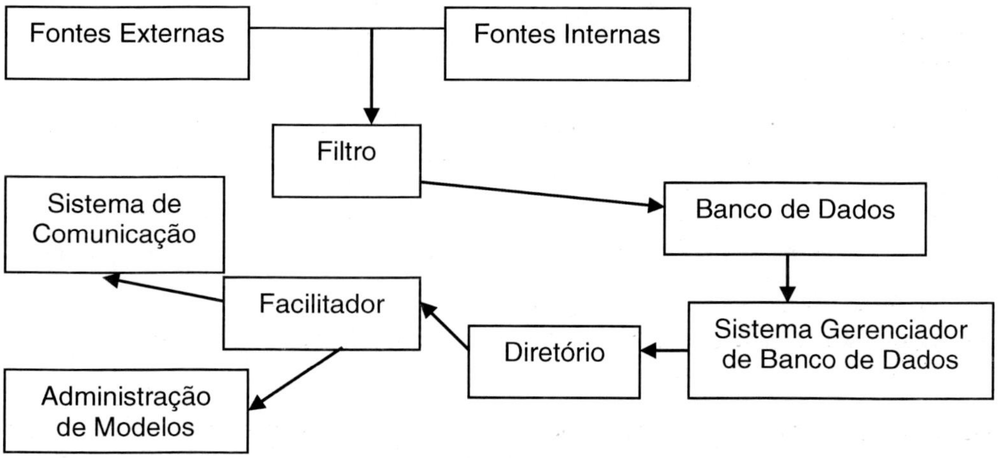

Figura 6.5: Modelo de Sistema Gerenciador de Dados.

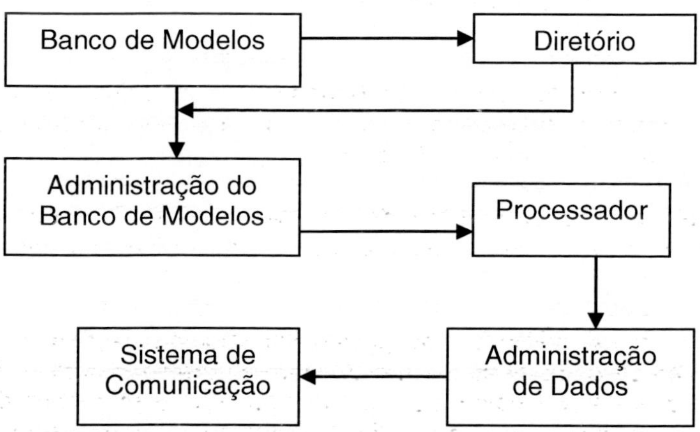

Figura 6.6: Modelo de Sistema Gerenciador de Modelos.

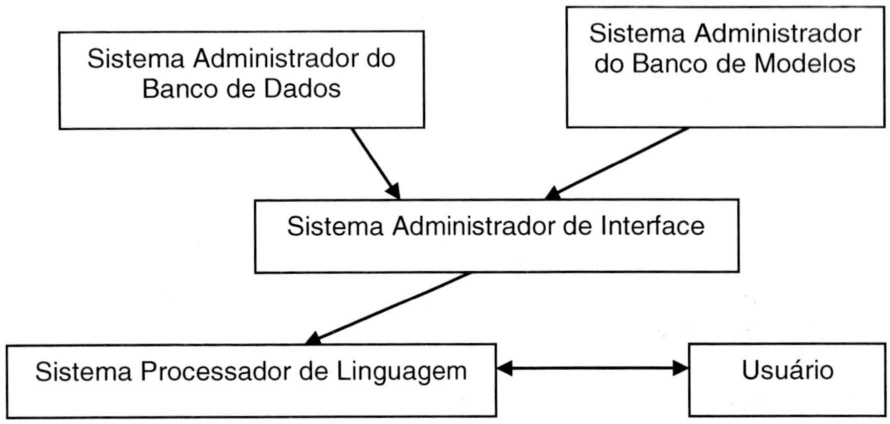

Figura 6.7: Modelo de Sistema Gerenciador de Diálogo com o Usuário.

6.12 Classificação do DSS

Os sistemas de suporte à decisão podem ser classificados, segundo suas características e seus elementos, em:

Sistema para Arquivo de Gaveta:

- Tipo de Operação – Acesso imediato ao dado.
- Tipo de Tarefa – Operacional.
- Usuário – Não gerencial.
- Utilização – Simples indagações.
- Tempo de Ocupação – Irregular.

Sistema para Análise de Dados:

- Tipo de Operação – Análise de arquivo de dados.
- Tipo de Tarefa – Operacional, análise.
- Usuário – Pessoal de staff ou gerente de linha.
- Utilização – Manipulação e movimentação de dados.
- Tempo de Ocupação – Irregular ou periódico.

Sistema para Análise de Informações:

- Tipo de Operação – Permite acessar uma série de dados de base e pequenos modelos.
- Tipo de Tarefa – Análise, planejamento.
- Usuário – Analista.
- Utilização – Programação, relatórios, desenvolvimento de modelos.
- Tempo de Ocupação – Irregular.

Sistema de Contabilidade:

- Tipo de Operação – Relações, fórmulas, cálculos.
- Tipo de Tarefa – Planejamento, orçamento.
- Usuário – Gerente.
- Utilização – Estimativas.
- Tempo de Ocupação – Periódico.

Sistema de Simulação:

- Tipo de Operação – Ações particulares.
- Tipo de Tarefa – Planejamento, orçamento.
- Usuário – Analista.
- Utilização – Estimativas, incertezas, riscos.
- Tempo de Ocupação – Periódico ou irregular.

Sistema de Otimização:

- Tipo de Operação – Cálculo da solução ótima.
- Tipo de Tarefa – Planejamento, alocação de recursos.
- Usuário – Gerente.
- Utilização – Objetivos, resultados melhores, otimização de recursos.
- Tempo de Ocupação – Irregular.

Sistema de Sugestão:

- Tipo de Operação – Modelos de decisão.
- Tipo de Tarefa – Operacional.
- Usuário – Pessoal de linha.
- Utilização – Situação estruturada.
- Tempo de Ocupação – Diário.

6.13 Grupo DSS

Um grupo não é simplesmente o somatório de indivíduos. Cada um, com as suas propriedades e traços diferentes, é um elemento que influencia o grupo e que por este se deixa influenciar. Essas interações dão ao grupo um caráter ativo e dinâmico. A convivência grupal cria sentimentos, laços de simpatia e amizade, que dão ao grupo certa força interna, formando uma verdadeira trama de tensões.

Grupo e suporte não são a mesma coisa que grupo DSS. No grupo de suporte, as decisões são tomadas individualmente e depois interrelacionadas. No grupo DSS a decisão é construída pelo grupo. Um Grupo DSS tem como base de operação o computador, para o estudo de problemas não estruturados.

Os componentes do DSS incluem: hardware, software, pessoas, rotinas, procedimentos, políticas.
Como características importantes de um grupo DSS podemos sumarizar o seguinte:

- O grupo é formado de pessoas, especialmente, designadas para o sistema.
- O grupo tem um objetivo predeterminado e atua como uma força tarefa.
- O grupo é fácil de reconhecer e fácil de operar.
- O grupo contém mecanismos que desencorajam atitudes de comportamento negativo.

6.14 Construção do DSS

A construção de um sistema de suporte à decisão dependerá basicamente dos recursos (disponíveis ou adquiridos), dos usuários (nível de percepção) e do conhecimento da equipe que desenvolverá o sistema. Uma abordagem de construção sugerida por Spraque e Carlson é analisada de maneira Top-Down (de cima para baixo) e possui quatro níveis:

Nível 1 – Principais objetivos.
Nível 2 – Capacidades Instaladas (Banco de Dados, Banco de Modelos, Sistema de Comunicação).
Nível 3 – Capacidades Específicas (Dados, Modelos, Interfaces).
Nível 4 – Características de utilização e construção.

A construção do DSS é um processo complicado. Ele envolve decisões técnicas, seleção de hardware, comportamento, interfaces homem-máquina e análise do impacto que provoca sobre indivíduos e grupos. O DSS é construído de várias maneiras. Alguns são construídos seguindo a abordagem do ciclo de vida de desenvolvimento do sistema. A maioria, entretanto, é construída através da abordagem de prototipação.

O método de construir um DSS dependerá da sua finalidade, dos meios (recursos) do usuário final e da equipe de desenvolvimento do DSS. O planejamento e organização do DSS incluem os seguintes elementos: formação do grupo de trabalho, um plano de ação, planejamento das atividades gerais e específicas, simulações, operações, memória de ajuda, mecanismos de controle, flexibilidade.

A implementação incremental é uma abordagem mais disciplinada para a construção do DSS, porque é efetivada módulo a módulo, um por um ou em pequenos grupos. Este tipo de implementação tem as seguintes vantagens:

- Importante feedback é fornecido ao usuário, exatamente, quando o mesmo é mais necessário, mais útil e mais significativo.
- O usuário pode usar várias versões de estrutura de sistema que permitam uma transição suave do antigo sistema para o novo sistema.
- O projeto tem maiores possibilidades de não ser cortado mesmo estando atrasado.
- As principais interfaces do sistema são testadas em primeiro lugar e com maior frequência.
- Distribuição mais uniforme dos recursos em teste.
- Os resultados aparecem mais rapidamente, o que eleva a moral dos implementadores.
- Se o tempo é curto, a codificação e o teste podem começar antes que o projeto esteja terminado.
- A gerência tem uma ideia melhorada da taxa de progresso pela quantidade de módulos em funcionamento, em vez da métrica de códigos.

Cabe observar as diferenças entre DSS e SIG, para que o leitor guarde as características próprias de cada um:

Sistema de Informações Gerenciais (SIG):

- O maior uso tem sido nas tarefas estruturadas, onde as operações e procedimentos são padronizados, existem regras de decisão e os fluxos de informação podem ser predefinidos.
- O melhor resultado tem sido empregado, eficientemente, na redução de custos, giro de estoque, realocação de pessoas.
- A relevância maior no processo de tomada de decisão é o apoio que dá através de relatórios e acesso a dados.

Sistema de Suporte à Decisão (DSS):

- O maior uso tem sido para problemas não totalmente estruturados e na análise onde o julgamento do gerente é essencial.
- O resultado é o aumento da abrangência e capacidade de gerenciamento, conseguindo maior eficácia.
- A relevância está na criação de uma ferramenta de suporte sobre seu próprio controle, num processo automático de decisão e de objetivos definidos.

6.15 Sistemas Especializados

Quando uma organização tem uma decisão complexa para tomar ou um problema a resolver, ela recorre a especialistas, para a solução. Estes especialistas têm conhecimentos específicos e experiências em determinadas áreas da ciência e da tecnologia. Eles são informados sobre as alternativas, as chaves de sucesso e o custo que o negócio pode incorrer.

Empresas contratam especialistas para determinados assuntos, como aquisição de computadores, fusões e aquisições e estratégias de propaganda e publicidade. Quanto mais não estruturada a situação, mais gastos na solução do problema. Sistemas especializados são uma tentativa de imitar organismos vivos. Um exemplo patente disso é avião imitando ave.

Tipicamente, um sistema especializado é um pacote de tomada de decisão e/ou resolução de problemas, por meio de um computador, com um programa (software) que pode enriquecer o nível de performance, se comparado ao conhecimento humano.

Sistemas especializados são um braço da Inteligência Artificial Aplicada, desde aplicações em diagnósticos médicos, exploração mineral, configurações de computadores e até complexas aplicações em administrações de negócios. A ideia básica que norteia a criação de um sistema especializado deve ser a simplicidade.

Os sistemas especializados são também utilizados em planos corporativos, controle fiscal, avaliação de desempenho, análise de desvios, por exemplo. Maiores esforços são, agora, direcionados para todos os campos do conhecimento, onde os especialistas humanos têm limitados recursos de execução.

A ideia básica é que sistema especializado (SE) armazena o conhecimento humano, para ser utilizado, quando necessário. A vantagem é que o computador pode fazer inferências, buscando soluções com grande velocidade. Assim, pode ser utilizado por não especialistas para consultas.

Sistemas especializados são programas de consulta computadorizados para solucionar problemas específicos. Eles são de grande interesse, porque ajudam em diversas especialidades, onde mesmo os especialistas têm dificuldades, a encontrar e reter tanta informação relevante e útil. Também podem aprender com experiências, mudar o foco para adaptar um problema a uma solução conhecida, transferir conhecimento de um domínio para outro, em muitos níveis. Então, sistemas especializados são ferramentas de solução, com regras de manuseio, modelos matemáticos e simulações detalhadas.

A partir da década de 1960, sistemas especializados deram aos homens superpoderes para solucionar antigos problemas, que exigiam muitos cálculos e muito tempo de trabalho. Em 1980, a General Electric decidiu construir um sistema especializado, para solucionar problemas de exaustivo trabalho humano. Os construtores levaram vários meses na transferência de seus conhecimentos para o computador. A programação do computador foi projetada para um período de três anos.

Demoradamente, foram introduzidas informações (dados) e muitas regras de decisão, no computador. Tal sistema foi baseado em flexibilidade de configuração e processos de interação com humanos (interfaces), seguindo rígidos procedimentos, expressos em diagramas de fluxos de dados e árvores de decisão. Sua manipulação pode ser numérica e/ou simbólica.

O objetivo do sistema especializado é transferir dados armazenados em um computador para outro computador, dando acesso, também às pessoas interessadas, conhecidas como usuários do sistema. Este processo envolve dois tipos de conhecimento: conhecimento adquirido de especialistas e conhecimento representado no computador, este conhecimento é denominado Base de Dados. Tal conhecimento leva a observar que existem dois elementos de destaque: Fatos (colhidos do ambiente) e Procedimentos (regras de solução do problema em estudo).

Os sistemas especializados são divididos em dois ambientes:

- Ambiente de Desenvolvimento – Construído pelos programadores e analistas de sistemas, contendo Bancos de Dados.
- Ambiente de Consulta – Usado pelos usuários não especialistas, que precisam de conhecimentos para solucionar seus problemas e tomar decisões.

A área que separa um problema semiestruturado de um não estruturado é de difícil identificação. Sistemas especializados são frequentemente utilizados por executivos da alta administração para a solução de problemas complexos.

6.16 Aplicativo

Aplicativo é aquele programa voltado para um objetivo previamente definido. Os aplicativos mais comuns são: processadores de textos, editoração de textos, gerenciadores de banco de dados, planilhas de cálculo, gerenciamento de modelos simulatórios (estatística e probabilidade), edição de gráficos, multimídia (programa que congrega dados, imagens, sons, letras de música).

Já é possível, atualmente, atender a quase todas as necessidades do usuário de informática. Assim, se torna viável responder aos diversos problemas da empresa com ferramentas cada vez mais adequadas.

Os aplicativos são os processos pelos quais as informações são coletadas, processadas e distribuídas, com vista à ação administrativa. Eles podem ser informatizados e executados, mentalmente, por um usuário. Mas, o problema real não é selecionar ou conhecer aplicativos, ainda que essa escolha seja complicada devido à mudança rápida da tecnologia e sim sua rápida obsolescência.

Os principais obstáculos à aplicação de sistemas de informação provêm de duas fontes:

Em primeiro lugar, quando se seleciona uma fórmula competitiva, torna-se difícil estabelecer o vínculo com os grupos de informação. Assim, o usuário, muitas vezes, não tem consciência das informações que utiliza. O estabelecimento desse vínculo exige conhecimento aplicado de tecnologia da informação.

Em segundo lugar, os sistemas de informação são investimentos, que exigem conhecimento específico e treinamento de pessoas, porque as decisões sobre a sua utilização exigem maior nível de percepção do usuário. Tal investimento tem caráter estratégico, não só pelo custo de sua implantação, como também pela competitividade.

Os primeiros aplicativos mais notáveis foram:

- Word – É um programa da Microsoft capaz de gerar e alterar tantos arquivos/textos quanto arquivos/documentos, inserindo objetivos (figuras) no trabalho criado. Hoje, é o processador de texto mais utilizado.
- Excel – É um programa da Microsoft capaz de criar planilhas de cálculo, trabalhar com fórmulas e desenvolver gráficos.
- Access – É um programa da Microsoft cuja finalidade é o gerenciamento de um banco de dados. Este programa visa permitir a otimização dos processos referentes ao armazenamento e recuperação de dados.
- PowerPoint – É um programa da Microsoft de apresentações que oferece um conjunto de pranchas (slides) para serem preenchidas com recursos gráficos e texto. Essas estruturas possuem espaços reservados para título, texto, gráfico, tabela, podendo ser alterados conforme a necessidade do usuário.
- Print-Artist – É um programa da Microsoft para ajudar o usuário a escolher dentre uma série de modelos de desenho, aquele de sua preferência, podendo alterar letras, cores, tamanhos.
- Outlook Express – É um programa da Microsoft que dá suporte ao correio eletrônico (e-mail).
- Internet Explorer – É um programa da Microsoft (navegador) que põe o usuário em contato com a Internet.
- Winzip – É um programa da Microsoft que compacta e descompacta arquivos.
- Corel Draw – É um programa que facilita o desenvolvimento de páginas na Internet.
- CAD – É um programa derivado da holografia para ajudar a desenhar novos produtos, modificar situações já existentes ou simular novas condições.
- CAM – É um programa utilizado para ajudar a planejar e projetar programas de desenvolvimento e produção.

6.17 Pacote

Com o avanço da Informática surgiram os chamados "pacotes" que nada mais são do que programas desenvolvidos para determinada aplicação que possibilitam grande economia de tempo, desde que sejam aplicáveis ao problema que o usuário pretende resolver. As vantagens da utilização de pacotes consistem no custo de aquisição, normalmente, mais baixo do que o custo de desenvolvimento, no prazo menor de implantação e na segurança de usar alguma coisa já testada.

A maior dificuldade na utilização de pacotes reside na integração do pacote aos demais sistemas existentes na empresa, já que possui seus próprios arquivos e algumas vezes não permite interligações (interfaces) com outros sistemas.

O uso de pacotes torna-se recomendável nos casos de: aplicações influenciadas por exigências legais ou fiscais que sofram frequentes alterações; aplicações altamente complexas em termos de processamento de dados ou que requeiram o uso de tecnologia não amplamente dominada pela empresa; exigências de implantação no curto prazo.

Especialmente nos casos de aplicações mais amplas e complexas, como planejamento e controle da produção, orçamento, custo, por exemplo, é preciso considerar que o pacote, por si só, não é a solução integral do problema. Além de uma seleção cuidadosa do pacote a ser utilizado, é necessário garantir os benefícios, objetivados por meio de conceitos adequados, políticas bem definidas, planejamento da implantação e solução dos problemas de interfaces do pacote com outras aplicações.

Em contraposição aos pacotes, existe a preocupação de se conceber um software próprio para a empresa que focalize, mais próximo possível, o problema a ser resolvido, as informações a serem geradas, de que maneira e com que frequência. É evidente que, em um primeiro momento, esta segunda opção demanda mais recursos diversos.

As vantagens, imediatamente, oferecidas pelos pacotes são tidas em pouco tempo como desvantagens e limitações à geração de informações adequadas. É preciso observar que, após a aquisição do pacote, a empresa está na mão do vendedor. Por menos provável que possa parecer, a empresa fica sem respaldo técnico sobre o produto comparado. Isso não acontece quando ela desenvolve o seu próprio software.

A compra de pacotes possui muitas desvantagens, como: documentação faltante, manutenção cara, impossibilidade de alterações e ajustes lógicos. Também tolhe as etapas de desenvolvimento e crescimento da empresa que deve desenvolver seus softwares de acordo com suas necessidades, de forma incremental.

Pacotes, por mais poderosos que sejam, precisam de ações complementares para enquadramento às necessidades da empresa.

Existem pacotes, especialmente, desenvolvidos para gerenciar e controlar as vendas (frente de caixa), atendendo desde o pequeno ao grande estabelecimento, até redes de franquia e cadeia de lojas. Eles oferecem benefícios, para a geração de relatórios de faturamento, de produtos, de atendimento, de vendas por vendedor, de fechamento de caixa e as melhores e mais atualizadas práticas de gestão de negócios.

Um pacote pode responder por determinadas operações, possibilitando agilidade, diminuindo perdas, otimizando recursos e aumentando a rentabilidade.

As principais operações dos pacotes são, entre muitas, as seguintes:

- Realização da venda por meio de uma interface amigável.
- Controle de caixa e bancos.
- Integração dos pagamentos com administradoras de cartão.
- Sangria e troco.
- Contas a pagar.
- Contas a receber.

- Fluxo de caixa.
- Movimento bancário.
- Relatórios.
- Cadastramento e banco de dados.
- Controle de vendas por vendedor e por equipe.
- Controle fiscal.
- Carteira de pedidos.
- Controle de estoque e de armazenamento.
- Impressão de boletos.
- Fichas técnicas de produtos.
- Pontos de venda.

Capítulo 7

PROCESSAMENTO de DADOS

"O administrador é uma pessoa capaz de fazer julgamentos críticos quando os dados disponíveis são conjunturais e presumidos."

Harry Maynard

Objetivos do Capítulo

- Mostrar a necessidade do conhecimento de processamento de dados na administração de sistemas.
- Mostrar os principais tipos do processamento de dados.
- Mostrar a importância da telemática nos dias de hoje.
- Mostrar que a conectividade, entre computadores, mudou a comunicação entre pessoas.

7.1 Processamento de Dados

O processamento de dados compreende os passos necessários para transformar os dados brutos coletados em dados trabalhados que permitirão a realização de análises e interpretações. Seus principais elementos são:

- Verificação – A verificação é geralmente feita em dois estágios: no campo e no escritório. No campo, é efetuada para detectar erros, omissões e irrelevâncias mais evidentes. No escritório, envolve um trabalho bem mais detalhista e intenso, exigindo a presença de pessoas com conhecimentos especializados.
- Codificação – A codificação é o procedimento técnico pelo qual os dados são categorizados. Através da codificação, os dados brutos são transformados em símbolos, necessariamente numéricos, para serem contados e tabulados.
- Digitação – A digitação utilizada para a tabulação eletrônica, consiste em transcrever os dados codificados para arquivos de computador.
- Tabulação – A tabulação é a colocação dos dados, sob a forma de tabela, para facilitar sua leitura e interpretação

No processamento de dados, é comum a necessidade de se agrupar diversos conjuntos de informações, a fim de facilitar e dar maior velocidade às operações efetuadas sobre esses dados. Combinando diversas operações selecionadas, conforme a natureza e o valor de cada dado, é possível construir todos os tipos de informação que se deseja. Para a instalação de um sistema de processamento de dados, deve-se observar:

- O sistema não deverá utilizar uma máquina sem se constatar a necessidade dela.
- O sistema deverá ser suficientemente flexível, a fim de se obter o máximo de utilização de cada parte do equipamento.
- O sistema deverá ser tão automático quanto possível.
- O sistema deverá usar as máquinas para tomar tantas decisões quantas forem possíveis.
- O sistema deve ser criado para ajudar o ser humano.

O emprego dos recursos oferecidos pela tecnologia de processamento de dados coloca as seguintes possibilidades de melhoria de desempenho das empresas, tanto no nível das suas operações quanto no nível de gestão:

- Volumes enormes de dados podem ser trabalhados com velocidade e confiabilidade.

- Pontos distantes podem ser interligados em segundos.
- Integração de sistemas de complexas organizações pode ser possível.
- Modelos de simulação podem atender às inúmeras indagações da gerência da empresa.
- Sistemas de informação gerencial cada vez mais podem apoiar-se no que se chama pacote.
- Controle de processos industriais por equipamentos de computação pode ser conectado aos equipamentos centrais e alimentar diretamente o sistema de informações da empresa.

Os maiores problemas em processamento de dados são: o imediatismo das respostas aos problemas que surgem e a velocidade de obsolescência dos equipamentos. Por isto, se faz necessário que a empresa trabalhe com um banco de dados que seja sempre atualizado, em termos de conteúdo e de tecnologia.

7.2 Tipos de Processamento de Dados

A seguir, os principais tipos de processamento de dados:

A – Processamento Eletrônico de Dados – Processar eletronicamente dados é transcrever, copiar, arquivar, recuperar, localizar, calcular e transferir dados num sistema de informação com base no computador. Acontece que os recursos da tecnologia oferecem as seguintes alternativas de processamento:

Processamento Sequencial (Lote, Batch) – Baseia-se no processamento cíclico dos dados de entrada, em lotes. Essas aplicações são representadas pela automação de trabalhos rotineiros e orientam-se para a manutenção de arquivos e informações de natureza histórica. Como a maior parte do volume de manuseio de dados e informações numa empresa corresponde a esse tipo de aplicações em lote, é provável que esses sistemas sejam aqueles que de fato oferecem as maiores possibilidades de redução ou, pelo menos, de minimização, ao longo do tempo, dos custos de manuseio de informações.

Processamento em Tempo Real (Online) – Tais aplicações valem-se da capacidade de acesso direto e instantâneo oferecida por uma determinada rede, o que possibilita diálogo entre usuários. Quase todas as aplicações atuais em tempo real não são nada mais do que versões on-line de sistemas anteriores. Assim sendo, a maior parte está orientada para uma aplicação específica, com pouca integração entre subsistemas.

Sistemas de reservas de passagens, controle do andamento da produção, investigações de crédito para usuários, controle de contas correntes são exemplos de aplicações em tempo real. Em geral, são três as características desses sistemas:

- Os dados são mantidos em dispositivos de acesso direto.
- Os dados são constantemente atualizados.
- Os dados são acessados por terminais locais e remotos.

B – Teleprocessamento – O teleprocessamento é um sistema de processamento de dados com comunicação. Existem diferentes possibilidades de utilização deste sistema, tais como:

- Tempo compartilhado com vários usuários.
- Dados recebidos são acumulados para processamento posterior.
- Atualização constante dos dados consultados.
- A carga de processamento é distribuída entre vários equipamentos, interligados por uma rede de comunicação.

Os conceitos e técnicas inerentes ao teleprocessamento, quando usados de forma integrada e eficaz, trazem impactos, dos quais destacamos:

- Aproximar usuários finais aos sistemas de dados.
- Tornar muito mais flexível o uso e a manutenção dos sistemas e dos dados.

- Tornar disponível um potencial informativo, com velocidade e flexibilidade, aos tomadores de decisão.

7.3 Telemática

No passado, as telecomunicações e os seus gerentes, numa empresa, eram vistas como um centro de custo a mais, cuja missão era a redução das despesas com telefone. Hoje, os investimentos em equipamentos e serviços de telecomunicações são encarados como atividades importantes para o sucesso da empresa.

A digitalização das telecomunicações colocou à disposição das empresas equipamentos computadorizados, forçando a integração entre telecomunicação e informática que passou a ser chamada de telemática, que acelerou a globalização, a economia de rede e a economia global.

A telemática transformará os negócios, porque afetará pessoas, processos produtivos, consumidores e parceiros. Sua essência está na conectividade dos sistemas do conhecimento, da educação, da agricultura, da indústria, do comércio e do governo. A capacidade de gerar impactos profundos na estruturação social e econômica e de permitir a criação de novas riquezas, a partir da inovação, é fruto do uso pioneiro de novas tecnologias.

Novas tecnologias de comunicação permitem que compradores e fornecedores adotem um sistema de compras computadorizado, cujos pedidos *Just in Time,* online, tenham custos de transação bastante baixos, acirrando a competição. A integração computador e telecomunicação pode ser vista, segundo a cronologia mostrada no Quadro 7.1, relativa ao Século XX.

Década	Computador	Tecnologia	Comunicação
1940	Nascimento	Válvula	Transmissão Multiplex, Comutação Telefônica
1950	Específico	Transistor	Rede Nacional DDD
1960	Múltiplo	Circuito Integrado	Transmissão PCM, Comutação Eletrônica, Satélite, Fibra Ótica
1970	Processamento Centralizado	Sistema de Larga Escala	Comunicação Visual, Comunicação de Dados, Novos Terminais
1980	Processamento Distribuído	CHIP	Rede Integrada
1990	Ambientes Múltiplos	CD	Telemática

Quadro 7.1: Evolução da Tecnologia do Computador.

Os dados serão processados e comunicados através de determinados equipamentos, como: telefone fixo, telefone celular (rádio) e computador. O problema não é ter todos os equipamentos de comunicação, mas como bem utilizá-los. Assim, cada aparelho adquirido deve ser estudado, através do seu manual que aborda, em geral, os seguintes aspectos: Aplicações; Recomendações de Manuseio; Instruções de Segurança; Apresentação; Vantagens; Funções; Instruções de Instalação; Instruções de Uso (operações); Acessórios e Componentes; Especificações; Desenhos e Esquemas; Explosões de Montagem; Limpeza e Manutenção; Sugestões ao Usuário; Guias para Solucionar Problemas; Termo de Garantia.

Há alguns anos, telefone celular vem se tornando um termo impreciso para definir grande parte desses equipamentos que também fazem ligações telefônicas. Em 2008, essa denominação praticamente ficou fora de uso. Os novos aparelhos que chegaram ao mercado, poderiam ser mais bem definidos como computadores de bolso, ou ressuscitar a terminologia antiga, antes da Era do Celular. Hoje, se fala em plataforma móvel de acesso.

O celular que carrego no bolso tem um monte de funções de um computador grande, além da possibilidade de conexão à internet. Mas não chega a ser um computador, embora receba e mande e-mails, navegue no seu pequeno nicho de internet. É um monitor de jornal que atualiza, constantemente, as notícias. Não é o fim do computador, como o conhecemos, hoje. Ele vai continuar a existir como base de uma sociedade informatizada e globalizada. Um grande passo para a democratização da informação.

Uma pesquisa indicou que os consumidores de baixa renda são os que mais compram iphones. Dois são os motivos: primeiro, é o preço; segundo, é uma mudança de hábito, em que o usuário prefere um iphone com acesso a internet do que um computador. Mais alguns anos para o futuro, teremos outras novidades tecnológicas, que marcarão o caminho do consumo eletrônico.

7.4 Hardware

A estrutura do computador se divide em dois grandes blocos: Hardware (parte física) e Software (parte lógica). O Hardware é composto de:

Unidade Central de Processamento (UCP) – A unidade central de processamento é responsável pelas funções aritméticas, lógicas e de controle de processo. Esta unidade pode ser vista como a parte mais importante do hardware, pois abriga o processador central da máquina, que comanda todas as funções, controla todos os seus componentes, permite acesso de outros equipamentos. Ela é composta dos seguintes elementos: unidade de controle, unidade de aritmética e lógica, registrador de dados, registrador de instruções, condutor de dados.

Cabe ainda esclarecer que o registrador de dados tem o dever de armazenar temporariamente os operandos referentes à instrução que está sendo realizada pela UCP.

O registrador de instruções armazena temporariamente a instrução que está sendo realizada pela UCP. O condutor de dados é formado por um conjunto de elementos e a quantidade desses elementos está relacionada ao tamanho do processador.

Memória – A memória representa o dispositivo capaz de armazenar dados, instruções e informações de maneira a permitir o processamento acelerado dos mesmos. RAM e ROM são os dois tipos de memória contidos no microprocessador do computador. A diferença entre elas é que a memória ROM trabalha com informações fixas e permanentes e a memória RAM lida com informações temporárias, que tanto podem ser guardadas ou apagadas, quando o computador for desligado.

Pode-se dizer que a ROM trabalha para o sistema e não para o usuário, enquanto que o usuário trabalha com a RAM que pode fazer dezenas de alterações e operações, sendo todas temporárias, sem uma cronologia de comando.

Na memória fica registrada a rotina a ser cumprida (programa) e os dados que estão sendo manipulados na execução da tarefa. Mas, se o processador é relativamente rápido, o sistema operacional está bem ajustado e, ainda assim, a máquina engasga, o nome do problema deve ser falta de memória. Na verdade, esse quadro tende a se manifestar até mesmo com chips poderosos.

Quando a memória vai de 64 para 128 MB, os ganhos de performance podem chegar a 40%. De 64 para 192 MB, as melhorias são em torno de 45%. Para 256 MB é de 47% aproximadamente. Acima disso, o ganho de performance tende a ser menor. Esta constatação foi conseguida, primeiramente, analisando-se um Pentium III, rodando o Windows 2000.

É muito importante ressaltar que tudo o que passa em um computador está contido na memória RAM. Por exemplo, quando se está efetuando um trabalho em uma planilha, o que acontece é o seguinte:

- Quando se liga o computador, carrega-se o sistema operacional em sua memória RAM.
- Quando se chama o programa de cálculo (planilha), está-se trabalhando na memória RAM.
- Quando trabalhamos a planilha, nos encontramos na memória RAM.

A memória ROM é utilizada para leitura por parte do processador, não sendo passível de alteração.

Periféricos – Periféricos são elementos acessórios ao fluxo de processamento de dados. Não são dispensáveis, devido as suas funções e são classificados como periféricos de entrada, periféricos de saída e periféricos de entrada e saída.

Os periféricos de entrada são:

- Teclado – Permite a entrada de comandos, códigos, caracteres, seleção de menus.
- Mouse – O movimento do mouse se reproduz no deslocamento do cursor na tela. O mouse ainda possui botões com finalidades próprias. Existe um mouse estacionário para espaços limitados.
- Scanner – Permite a digitalização (colocada na tela do monitor) de uma imagem pré-impressa. É possível se usar uma caneta ótica com as mesmas funções.
- Leitora de Código de Barras – Scanner para leitura de um código a fim de projetar na tela especificações de um produto.
- CD – Dispositivo para leitura ou gravação de dados, sons e imagens.
- Microfone – Leitora de voz do usuário (interface de entrada).

Os periféricos de saída são:

- Monitor – Apoiado na interface visual.
- Impressora – Perpetua no papel o relatório desenvolvido.
- Ploter – Traça gráficos, plantas, desenhos.
- Alto-falante – Saída de áudio.

Os periféricos de entrada/saída são:

- Monitores de vídeo sensíveis ao toque.
- Modem – Realiza a tarefa de conversão do sinal digital em analógico (modulação), e vice-versa. Utilizado para acoplar o computador a rede Web.
- Unidades de: discos, fitas, pendrive, CD, DVD.

7.5 Microcomputador

Bem antes dos microcomputadores surgiu o vídeo game. Por volta de 1960, já existiam dois ou três programas que faziam as bolinhas pular na tela. Dos joguinhos eletrônicos para o microcomputador foi um pulo. Com a crescente e rápida evolução das partes componentes do equipamento, bem como seu barateamento, aconteceu uma explosão de materiais a dar suporte à tecnologia da informação.

Como na informática, a corrida contra o tempo e uma intensa preocupação com a obsolescência, faz com que os computadores fiquem com seus períodos de vida útil diminuído. Não somente por questões de custo, mas também com gastos com instalações, cada vez mais sofisticadas e caras, é que se adia a ida para uma nova tecnologia.

Em 1968, foi previsto que um simples "chip" de silício passaria a ter milhões de elementos de computação, que seriam empregados em centenas de milhares de aparelhos usados no dia a dia, de máquinas de escrever a automóveis. A dificuldade principal não residia na simples criação física dos chips, mas no seu desenho.

Carver Mead, formado em física do estado sólido e o primeiro a criar um transistor de arseniato de gálio com sucesso comercial, decidiu então aprender teoria da computação com o objetivo de desenhar chips dotados de milhões de transistores. Os resultados de seu esforço começaram a aparecer na última metade da década de 1970, época em que seus alunos passaram a ganhar influência junto aos principais fabricantes de chips no país.

No Vale do Silício, no final da década de 1970, os consumidores de chips, a começar pela IBM, sabiam quais eram os modelos certos a criar, mas não sabiam como desenhar os mesmos ou então duvidavam de que pudessem ser fabricados. Contrariamente, as empresas de semicondutores não tinham a menor ideia de que tipos de chips especiais deveriam ser criados. Conformaram-se então em produzir modelos para múltiplos fins, com boas fatias do mercado. Então a INTEL, em meados da década de 1980, inventou o microprocessador, utilizando chips semicondutores. Fato que trouxe um enorme avanço para a tecnologia da informação.

Pelo fato de ter um produto único, que mudava rapidamente, a INTEL podia cobrar preços altos. Quando seus projetos foram copiados por outras empresas e aquela geração de microprocessadores se tornou uma mercadoria de baixa lucratividade, ela já havia mudado para microprocessadores mais poderosos. No final dos anos 1990, todo computador pessoal tinha a frase "Intel Inside" escrita em seu exterior.

Os computadores estão se tornando menores, mais poderosos e consomem menos energia; são muito mais baratos, o que facilita a transferência de suas capacidades e de sua interconectividade para os dispositivos que utilizamos no cotidiano. As interfaces do usuário, dentre elas a capacidade de reconhecimento da linguagem e da escrita, são, cada vez mais, eficazes e de fácil utilização.

O enorme salto dado pelo desenho do chip levou os executivos das empresas de semicondutores a aprender a lidar com os novos conceitos de arquitetura de computadores. Os microcomputadores são tão poderosos quanto os computadores de grande porte. Eles são muito mais baratos, permitindo tratar de forma prática o problema da obsolescência. Com a crescente e rápida evolução das partes componentes do computador, verifica-se um incremento muito grande na tecnologia dessas máquinas. Atualmente, as pessoas não mais se admiram quando um software fica ultrapassado em menos de um ano.

A evolução dos microcomputadores aconteceu em função do tamanho dos componentes, o que o ajudou a serem cada vez menores. A seguir, vamos considerar alguns microcomputadores:

Desktop – Computador de mesa.

Laptop – Computador de colo. A dificuldade encontrada em tais computadores era a conectividade à internet. Dificuldade que está diminuindo dia a dia. Hoje, já é possível ficar online em muitos locais do Brasil e do mundo.

Notebook – Este microcomputador foi lançado, em 1981, pela Osborne Computers. Na realidade é um laptop com mais capacidade de memória e velocidade de processamento. Diminuindo ainda de tamanho encontram-se os handbook, palmtop e outros, cujas dimensões os tornam passíveis de ser utilizados sobre a palma da mão. São muito potentes para o tamanho com que são construídos. Mas, esbarramos em dois problemas quanto à miniaturização, que são o meio de entrada e a eletricidade.

A seguir, os elementos que foram decisivos no aparecimento do microcomputador:

Chip – Uma placa minúscula de silício com milhões de funções. O chip dos computadores é uma das mais incríveis obras da tecnologia. O chip também é modular. Ele tem partes que funcionam como um Sistema Lego, isto é, é possível ampliar as funções, encaixando outras partes no corpo principal. Isto permite que tenha versões baseadas na potência de dois (dois, quatro, oito...), sob o aspecto quantitativo.

Tecnologia Digital – Tecnologia do sistema binário, em meio denso, para lidar com dados.

Meio Denso – A tecnologia de controle de discos de alta densidade permitiu aumentar a capacidade de memória. O meio denso vai substituir o papel da mesma forma que o papiro substituiu os tabletes de barro, onde foram escritos os primeiros "livros" da civilização.

Velocidade – A velocidade de operação do microprocessador aumentou muito.

Custo – O custo de fabricação é cada vez menor. O custo operacional também baixou, pois não se precisam de prédios, sistemas de climatização e grande quantidade de fios.

Conectividade – Permite conexão de diversos computadores de características diferentes (redes de computadores).

Miniaturização – Os microprocessadores começaram sobre mesa, passaram para o colo (laptop) e, agora, para a mão.

Disseminação – A facilidade do uso dos microcomputadores, por muitos, permitiu programas para solucionar problemas rotineiros. A informação e o conhecimento passaram ao domínio público.

Em 1971, surgiu o microprocessador Intel 4.004, primeiro computador pessoal da História.

7.6 Software

A justificativa da existência do software é permitir a operacionalização do hardware. O software está baseado em programas, para cada situação previamente determinada. Por trás do software estão as chamadas linguagens de programação, que nada mais são do que regras que permitem a otimização do relacionamento entre software e hardware, como também com os usuários.

Em geral, chama-se software a linguagem de programação que é um conjunto de regras, permitindo a integração computador-homem. Às vezes, se emprega o termo software em sentido amplo, incluindo os programas necessários para as aplicações específicas da empresa, outras vezes, os termos software e programação são usados separadamente.

As mais importantes características dos softwares são: responder com documentos de altíssima qualidade visual; utilizar comandos simples e objetivos; acessar dados com velocidade cada vez maior; facilitar a interface dos periféricos; produzir programas cada vez mais inteligentes; proporcionar confiabilidade e segurança na sua utilização.

Os softwares são divididos em categorias, tais como:

Software Básico – É aquele programa que realiza o elo de ligação entre a máquina e o software. O software básico possui forte vínculo com o hardware. Os elementos do software básico incluem: montadores e compiladores; gerenciadores de relatórios; sistemas operacionais para controle; gerenciadores de bibliotecas de programas.

Os softwares básicos mais conhecidos são os produtos da Microsoft. O Windows no início foi um aplicativo (apenas um ambiente gráfico) que precisava do MS-DOS para funcionar. A partir da sua versão 1995 ele passou a funcionar como sistema operacional e ambiente gráfico.

Software de Suporte – É aquele programa capaz de administrar problemas de: configuração, memória, rede, segurança, controle, senha, utilitário. O programa utilitário executa uma operação do tipo rotina, tal como: carregar um programa na memória, classificar dados, duplicar um disco, descarregar caracteres da memória. Os softwares de suporte são os gerenciadores dos ambientes gráficos que facilitam a interface homem-máquina.

Software Aplicativo – Programa para um objetivo definido.

Softwares são ofertados online desde os primórdios da Internet pública. Com a banda larga foi possível transportar enorme número de bits necessários para sofisticados programas comerciais, pessoais, educacionais ou de entretenimento. Nos anos que vêm por aí, à medida que mais pessoas ganharem acesso às linhas de alta velocidade e de baixo custo, a Internet vai se tornar a principal maneira pela qual o software será distribuído, atualizado, mantido e até mesmo administrado.

7.7 Programação de Máquina

A programação de máquina pode ser conceituada como a análise de uma tarefa, a elaboração do fluxograma correspondente ao serviço a ser executado, a codificação deste fluxograma em instruções e a depuração destas instruções, a fim de que façam executar o serviço que se deseja. Normalmente, as atividades de análise de sistemas devem ser executadas e completadas antes que as atividades de programação sejam iniciadas, embora estas atividades possam avançar em paralelo umas em relação às outras.

A programação é uma fase muito importante do processamento eletrônico de dados, envolvendo:

- Analista de Sistema – Estuda o serviço a ser programado, determinando as partes componentes.
- Programador – Elabora o fluxograma do sistema.
- Codificador – Traduzirá o fluxograma em códigos de máquina.
- Revisor – Leva ao programador sugestões.
- Operador – Executa o programa.

Já se inventou um número quase ilimitado de linguagens simbólicas. A maioria delas possui significado especial para os seus inventores e poucas pessoas. Os suportes de programação tornaram-se muito disseminados e importantes, e isto se deve ao fato de que os fabricantes estão dando ao usuário mais facilidades. Os programas de computador são escritos em linguagem de programação, como:

- Linguagens de máquinas.
- Linguagens de montagens.
- Linguagens de comandos.
- Linguagens de interfaces (computador aceita comando a partir do teclado).
- Linguagens de suportes (rotinas, compilações, bibliotecas, banco de dados).

É importante lembrar que a complexidade de um programa não cresce linearmente com o tamanho do programa, pois um programa de 100 instruções será sempre maior do que o dobro de 50 instruções.

As diversas linguagens de programação representam maneiras diferenciadas de atingir um mesmo objetivo. As inúmeras variações entre elas podem significar desde a simples perda da capacidade de se extrair todo potencial possível do hardware até o consumo excessivo de recursos lógicos e físicos, para a obtenção de um benefício equivalente, obtido de forma mais eficiente por meio de outra linguagem. Como a linguagem de programação trabalha com Bit e Byte, a seguir, alguns esclarecimentos desses dois conceitos.

Bit é uma palavra formada pelas duas primeiras letras de binary e pela última letra de digit. Quem inventou a palavra foi um engenheiro belga Claude Shannon, em sua obra *Teoria Matemática da Comunicação,* de 1948.
Nela ele descrevia bit como sendo a menor unidade de informação. O bit é a base de toda a linguagem usada pelos computadores, o sistema binário, de base dois, graficamente representado por duas alternativas possíveis, ou seja, os algarismos 0 e 1.

É como se dentro da máquina houvesse um sistema de tráfego que deixa passar o dado se o potencial elétrico for positivo (um) ou não deixa passar se o potencial for negativo (zero). São bilhões de dados repetindo essas operações em um infinitésimo de segundo, sem congestionamento.

O byte é um conjunto de bits, usualmente oito bits. Mas existem computadores em que o byte é de 16, 32, 64 bits. O fato de um equipamento ser de 64 bits torna-o mais veloz que uma máquina de 32 bits. Um byte é uma informação inteira. O número 14 é expresso da seguinte forma: 00011110. Embora o sistema leia zeros e uns ele entende 14. O byte, normalmente, representa uma posição no computador, sendo utilizada como unidade padrão de medida das mais variadas capacidades de tratamento da informação.

7.8 Virus

Esteja ciente de que qualquer arquivo obtido da internet pode conter um vírus de computador. Para manter seu computador protegido, certifique-se de rodar um programa antivírus, a fim de verificar quaisquer arquivos baixados antes de fazer algo com os mesmos.

Muitos programas de proteção contra vírus oferecem atualizações programadas que também podem ser baixadas. Verifique seu próprio programa para obter mais detalhes.

Os vírus eram, no passado, regionais, isto é, locais. Com a Internet um vírus criado na Malásia pode infectar sistemas no mundo inteiro em apenas poucas horas. Um vírus pode parar uma fábrica, causando enormes prejuízos. Um vírus que ficou famoso foi o Cavalo de Tróia que burlava as vacinas (programas antivírus) disfarçando-se de Internet Explorer. Ele cria uma janela invisível semelhante às que o Internet Explorer usa para esconder tarefas internas e é reconhecido como parte do browser. Por essa janela um hacker pode capturar a digitação de senhas e copiar arquivos.

O Windows se mantém firme na liderança dos sistemas operacionais mais atacados. Detém 42,4% das preferências dos hackers. Um detalhe curioso é que a maioria das invasões (46%) é feita por pura diversão. Mas como combater esta praga? Apenas como exemplo, tomemos o ano de 2004, um ano complicado em matéria de virus. Em janeiro e fevereiro, foram detectados três novos vírus de computador de alcance mundial. Dois deles, o Mydoom e o Netsky, já entraram para a lista das piores contaminações da história. Uma nova característica das mais recentes pragas virtuais torna o cenário ainda mais sombrio. Os vírus agora vêm em família.

A primeira aparição costuma ser batizada com a letra A, como em Bagle – A, e cada novo filhote é automaticamente designado pela próxima letra do alfabeto. Na primeira semana de março de 2004, as companhias de antivírus já haviam identificado o Mydoom – H, o Netsky – G e Bagle – J. Como se essa contaminação em massa não fosse suficiente, os programadores de vírus se aliarem aos distribuidores de spam, as mensagens comerciais não solicitadas, que já respondem por metade do tráfego global e e-mails.

Antes de tudo é preciso detectar o vírus. Para isso é necessário fazer uma varredura em todos os arquivos da máquina infectada e saber qual deles traz a praga. Esse trabalho é como identificar uma pessoa no meio de uma multidão. Você tem de definir as características procuradas e fazer um filtro a fim de reconhecer qual deles é o vírus. Isso é o mais difícil.

Uma vacina tem de ser suficientemente genérica para estar em 100% dos arquivos infectados. Também deve ser específica para não detectar outro arquivo como vírus. Pode parecer estranho, mas é preciso descobrir a personalidade do vírus, saber da sua procedência, que grupo o assina e o que ele faz. As informações sobre virus estão todas criptografadas em códigos. Quem consegue descobrir onde estão essas informações é um bom engenheiro de vírus.

Como é grande o número de transações via internet, cresce a preocupação com a ética e a responsabilidade. As empresas desenvolvem ferramentas para ampliar a proteção dos consumidores virtuais contra a ação de hackers e vírus devastadores. O termo hacker veio do inglês hack que significa picadinho, isto é, o hacker é um estripador virtual.

Spam, e-mail indesejável, surge na tela sem permissão do usuário. Como se fosse um carimbo de autenticação no pé da página do site, a certificação digital é vista como uma boa forma de aumentar a confiabilidade da página acessada. Todos os sites sérios têm certificado digital. Para aumentar ainda mais a segurança, os dados do cartão de crédito do consumidor são retirados do sistema, assim que a negociação termina.

A capacidade multimídia da internet trouxe maior vulnerabilidade à propriedade intelectual e à falta de sigilo nas redes globais. Além disso, à medida que os serviços, via rede, aumentam, a segurança das transações que envolve dinheiro é seriamente ameaçada pelo crime organizado e pelos hackers independentes. Os e-mails são as portas de entrada dos hackers. Assim, nunca passe e-mails com arquivos anexos que possam ser executáveis.

Uma boa dica para não cair nas mãos de ladrões virtuais é verificar se a página tem um símbolo de segurança (cadeado). Este símbolo indica que toda a informação que trafega entre a máquina do usuário e o servidor está criptografado, um meio de embaralhar as informações digitadas. Foram desenvolvidas ferramentas complementares a certificação, a assinatura digital, um tipo de autenticação para e-mail, que aumenta a confiabilidade da mensagem.

Capítulo 8

ANÁLISE de SISTEMA

"Como é que o indivíduo, especialmente aquele que está empregando conhecimento no trabalho, pode se tornar eficaz, e como é que pode permanecer eficaz durante longos anos, em períodos de mudança, com o passar dos anos de trabalho e dos anos de sua vida, sem se tornar um prisioneiro do passado".

Peter Drucker

Objetivos do Capítulo

- Mostrar as vantagens da análise de sistema como ferramenta na solução de problemas.
- Mostrar a análise de sistema como um processo que demanda uma metodologia.
- Mostrar que as características do analista de sistema, bem como o seu conhecimento, têm influência na construção do sistema que resolverá o problema.

8.1 Análise

Análise é a busca da melhor solução (resposta) para uma questão colocada em estudo ou dúvida. Ela permite dividir aquilo que se deseja conhecer em tantas partes, quanto possível, de modo a trazer conhecimento de cada uma delas, e, com isso, chegar ao detalhamento do todo. O estudo de um processo (sistema, projeto, solução, atividade), em todos os seus detalhes, recebe o nome de análise.

Os principais objetivos da análise procuram apontar: alternativas de decisão; sugestões de solução; falhas estruturais; objetivos, propósitos e metas mal definidos; desperdícios; controles insuficientes; carga de trabalho mal distribuída; inadequabilidade de meios e recursos; rotinas ineficientes; estratégias mal formuladas; falta de conhecimento adequado.

Quando fazemos uma análise, corremos o risco de encontrar uma série de erros, verdadeiras armadilhas à espera do incauto capaz de nelas tropeçar, como por exemplo: pressa excessiva, excesso de alternativas, metas utópicas, documentação insuficiente, informações irrelevantes, recursos inadequados, falta de coordenação e de liderança, canais de comunicação confusos, cronogramas apertados.

A análise deve ser feita, sempre, de acordo com um objetivo. De modo geral, podemos dizer que a análise fornece as seguintes informações: condições ambientais; métodos, processos, tarefas, operações e movimentos que compõem um trabalho; capacidades, aptidões e conhecimentos que a tarefa exige, para a sua consecução, bem como os equipamentos e materiais utilizados.

A utilização de um determinado método dependerá dos recursos disponíveis.

Aprender a decompor problemas, identificar variáveis fundamentais, estabelecer relações de causa e feito na busca de novos caminhos, objetivos, prioridades e alternativas são a base da análise.

8.2 Analista

O analista é aquele que estuda o serviço a ser realizado, determinando as partes componentes, a metodologia de trabalho e a tecnologia de suporte. Não porque tal trabalho seja acentuadamente complexo ou difícil de descrever, mas, simplesmente, porque a maioria dos analistas não possui uma ideia suficientemente clara da estrutura de suas tarefas. Ele procura identificar, definir, especificar, determinar e verificar as fontes de informação para atender as diversas atividades administrativas da organização.

Embora cada analista, provavelmente, empregue métodos ligeiramente diferentes, a fim de relacionar as redes de informação, o melhor a fazer é partir das informações principais da empresa e, daí, proceder ao trabalho, descendo até os subsistemas de apoio. Ao agrupar e integrar os fluxos de informação, o analista deve continuar a subdividir as redes até que todos os polos de decisão tenham sido considerados e comunicados entre si.

O profissional de análise deve combinar o que é, atualmente, possível nessa tecnologia galopante e o que vale a pena ser feito para a empresa, em relação à maneira como é administrada. Fazer esta combinação de maneira aceitável a todos os grupos e de modo a aguentar o teste de tempo é a parte mais difícil do esforço.

Se a combinação for bem-feita, então, não importará quão difícil seja o projeto. Isto significa que o analista não tem o direito de esperar dos usuários uma explanação lúcida dos requisitos necessários. Ele precisa ajudá-los a determinar suas necessidades.

As características necessárias para um analista podem ser naturais ou, em sua maioria, adquiridas ao longo da vida acadêmica ou profissional. Como principais, podemos citar: imaginação, capacidade crítica, capacidade de ouvir, capacidade analítica, vontade para falar e escrever, inovação, criatividade, mediação, liderança, negociação, persistência, clareza de raciocínio, visão sistêmica, visão estratégica, visão holística, espírito de equipe, humildade, satisfação profissional, capacidade de comunicação.

O analista deve atuar como um assistente de solução.

O objetivo do analista será buscar as causas das variações, quando expressivas. Uma queda na margem bruta, por exemplo, pode ser decorrente de um crescimento nos custos maior que o crescimento do preço de venda, ou simplesmente, uma mudança nos critérios contábeis da empresa, que passou a computar como custo de produção itens que antes considerava como despesas operacionais.

Os principais obstáculos à análise que o analista encontrará são, por exemplo: grau de profundidade do estudo, tempo de duração, custo da atividade, expectativa de resultado positivo, canais de comunicação confusos, sistemas operacionais deficientes, recursos e ferramentas inadequadas, metodologia empregada complicada, comportamento difícil do analista, má distribuição do trabalho, pressa excessiva, muitas alternativas de escolha, informações e dados irrelevantes, metas utópicas, documentação insuficiente, falta de objetividade, coordenação sem liderança, cronogramas apertados.

8.3 Análise de Sistema

Apesar de todos os anos decorridos, não se perdeu ainda o hábito de rotular de análise de sistema um trabalho, cujo principal produto é um estudo que definirá, com alto grau de probabilidade, se o sistema é técnica e economicamente viável. Também o estudo de uma atividade em todos os seus detalhes e processos recebe o nome de análise de sistema. Assim, a análise de sistema leva, quase sempre, a especificação de um novo sistema.

A análise de sistema objetiva diagnosticar as formas de encurtar o caminho entre os fluxos, diminuir as demoras ou esperas, evitar os congestionamentos, gargalos e aproveitar bem a energia dispensada, estabelecendo uma interação proveitosa entre os mesmos. Hoje, a análise de sistemas é, indubitavelmente, o melhor método de controlar os recursos de uma empresa, como foi a pesquisa operacional no passado.

A pesquisa operacional ainda é usada para objetivos específicos, porque levanta as alternativas e equaciona a melhor solução, usualmente maximizando ou minimizando alguns fatores (ou variáveis). Também hierarquiza as alternativas e utiliza a sistemática das ciências exatas, dando destaque à matemática aplicada, à programação linear, ao estudo das redes, à teoria das filas e à teoria dos jogos.

A análise de sistema busca uma solução global, equacionando diversas combinações para a melhor eficiência, eficácia e efetividade, isto é, investiga problemas, procurando defini-los, analisá-los e solucioná-los. Esta análise procura equacionar um universo mais complexo, cheio de variáveis que, muitas vezes, não podem ser identificadas e, outras vezes, mesmo depois de caracterizadas, não podem ser quantificadas.

Nesta situação é preciso diminuir os métodos quantitativos e desenvolver outros métodos de trabalho, e de gerenciamento dos recursos disponíveis.

A análise de sistema ajuda o gerente a visualizar a empresa como um sistema, desenvolver maior interação entre as partes, ver a organização com um microscópio e um telescópio, usar a probabilidade como ferramenta de decisão, ter uma visão multidisciplinar, entender que um evento pode ser causado por numerosos fatores que são interrelacionados e interdependentes.

Segundo Van Court Hare, "a análise de sistemas já pode ser realizada através da identificação dos relacionamentos que resultam quando diversos elementos se combinam. O investigador deve estar apto a seguir e pesquisar a cadeia do fluxo de trabalho, de material e de informação, ou seja, os elos de conexão que mantêm o sistema integrado".

A essência da análise de sistemas está em ver o problema como um todo, num determinado contexto, investigar, sistematicamente, os objetivos dos sistemas e o critério para sua efetividade, bem como avaliar em termos de custos. A relação custo/preço/qualidade/lucro pode ser melhorada quando se atua nas variáveis do sistema.

Não é simplesmente a dificuldade técnica do trabalho, embora muitos projetos exijam que o analista seja um profundo conhecedor da tecnologia atual. Nem são apenas as dificuldades políticas que surgem, especialmente em projetos maiores em que o nosso sistema atenderá a muitos grupos, cujos interesses são, às vezes, conflitantes.

Nem tampouco são os problemas de comunicação que surgem em situações em que pessoas com experiências diferentes, com diferentes pontos de vista e vocabulário diverso tenham de trabalhar juntas. É a combinação destas dificuldades que torna a análise de sistema tão difícil e exigente.

É a clareza dos objetivos que permite o correto dimensionamento dos componentes e do processo de análise do sistema.

8.4 Elementos da Análise de Sistema

A seguir, alguns outros elementos da análise de sistema:

Motivação da Análise de Sistema – A motivação da análise de sistema pode acontecer devido à criação de um novo procedimento, reformulação de procedimento já existente ou reformulação da organização da empresa. Pode-se estudar o sistema a partir do conjunto ou a partir de cada componente.

A existência ou não de um sistema semelhante como ponto de partida, a disponibilidade de equipamentos de última geração em processamento de dados, o tempo e as exigências da administração, afetarão as escolhas.

Para permitir o estudo perfeito dos detalhes de execução de cada tarefa ou processo, existem determinadas palavras ou expressões chaves, de grande valia para o analista, que são sobejamente conhecidas pelas interrogações: Quê? Onde? Qual? Quem? Quando? Como? Por quê? Quanto? Para quê?

Premissas da Análise de Sistema – Na leitura de autores sobre análise de sistema são comuns algumas premissas, tais como:

- O trabalho é razoavelmente direto e bastante preciso.
- As relações entre especialistas não são muito complicadas.
- Os usuários são heterogêneos e antagônicos.
- As relações interpessoais que envolvem usuários são complicadas.
- As relações entre usuário e analista são cheias de conflitos.
- O melhor critério para considerar a fase de análise pronta é quando o tempo disponível se esgota.

- Nos sistemas mais complexos, existem tantos compromissos envolvidos que é quase impossível se ficar satisfeito com o resultado.
- O trabalho de análise de sistema sempre admite risco.

8.5 Fases da Análise de Sistema

A metodização do estudo e da criação de um sistema para solucionar um problema pode ser feita a partir da definição clara e precisa dos diversos passos e das diversas providências que devem ser tomadas, no espaço de tempo, que vai desde o reconhecimento da necessidade de criação do sistema, até a sua entrada em funcionamento.

A sequência nos conduz a uma ideia de etapas estanques, que é, na verdade, um conceito inteiramente falso. Ocorre que o sistema evolui mesmo durante o período de criação, alterando suas definições iniciais, devido às descobertas feitas durante a análise e construção do projeto do sistema já concluído, tendo em vista às descobertas feitas durante a implantação.

Na verdade, cada passo tem a capacidade intrínseca de fazer com que os anteriores sejam reformulados à luz de novos fatos e/ou conceitos surgidos.

As fases de uma metodologia de análise de sistema podem ser:

Solicitação do Usuário – O usuário justifica o motivo do novo sistema, a fim de melhorar seu processo decisório.

Definição do Problema – Definir claramente o motivo que torna imperiosa a criação de um novo sistema.

Determinação dos Objetivos – Definir exatamente o propósito ou a finalidade do sistema a ser desenvolvido. Os objetivos justificam o trabalho a ser iniciado.

Abrangência da Análise – Especificar qual o nível de detalhamento que será feito o estudo preliminar.

Selecionar o Ambiente – Definir qual o ambiente em que o estudo será conduzido.

Determinação de Prazos – Deve-se estabelecer um cronograma de trabalho.

Recursos Necessários – Fazer uma listagem dos recursos necessários, das fontes de aquisição e da alocação de tais recursos é importante para um orçamento preliminar de despesas.

Coleta de Dados – Coletar ou levantar dados é registrar todos os detalhes do sistema que atualmente está sendo usado, respondendo basicamente às perguntas: O que é feito? Por que é feito? Quando é feito? Onde é feito? Quem o faz? Quais os elementos de entrada? Quais os recursos necessários? Quais os elementos de saída?

Análise do Sistema Atual – Essa análise é simplesmente o estudo crítico (aspectos relevantes) dos diversos procedimentos envolvidos no sistema, a fim de que se possa encontrar as falhas porventura existentes, ou sugerir métodos e processos alternativos para a execução do mesmo serviço com alguma vantagem. Na grande maioria dos casos, a análise representa a busca sistemática da causa ou do motivo de uma deficiência apontada pela prática.

Especificação Funcional – Modela a situação desejada, propondo soluções precisas, claras, concisas e uma coleção de gráficos, ilustrações, diagramas e documentos, visando sanar as deficiências do sistema existente e/ou melhorar sua qualidade.

Solução – É a fase criativa por excelência. Cada atividade é estudada e analisada completamente. Seus objetivos são revistos, e sempre que possível um ou mais sistemas alternativos são projetados. Cada alternativa é estudada e comparada com as outras, e essa comparação dará origem a simplificações em todas elas. Sua otimização permitirá, então, uma comparação final e a definição da solução que deve ser adotada.

Teste e Avaliação – Cada atividade é posta a prova, bem como o conjunto de todas elas, de modo a que se possa ter pelo menos uma certeza relativa de que o sistema projetado é capaz de funcionar perfeitamente. Faz-se uma avaliação completa do impacto que será gerado pela implantação desse novo sistema na empresa, bem como uma comparação entre o que se pretende fazer e o que está atualmente em uso, a fim de que a administração possa realmente comparar os dois sistemas e determinar a vantagem ou não da implantação dos novos procedimentos.

Documentação – Esta é a fase em que se preparam os relatórios e manuais referentes aos estudos que até agora foram feitos. Resume-se em dar um formato lógico, simples e preciso ao conjunto de dados e soluções coletadas ou encontradas nas fases anteriores, eliminando as informações desnecessárias, apreciando e tecendo considerações em torno das informações mais relevantes, de modo a permitir que os usuários possam apreciar ou colocar em uso as observações e recomendações aí contidas.

Implantação – Fase onde se treina o usuário. Uma fase de implantação bem completada pode dar início a uma operação perfeita e ao entrosamento nos serviços e nos procedimentos da empresa. É fatal que, durante a implantação, surjam problemas não previstos, cujas soluções exijam uma reformulação de alguns pontos do sistema projetado. Não se deve encarar tal fato como indicativo de um projeto mal construído.

Manutenção – Produz alterações para adaptar o sistema às novas necessidades do usuário. Todo sistema em sua fase de operação, está sujeito, portanto, a manutenção e ao aperfeiçoamento. Por sua vez, o aperfeiçoamento requer também novo levantamento de dados, que, no entanto, poderá ser feito com base na documentação preparada quando da implantação, uma redefinição dos objetivos e assim por diante, de modo que desta última etapa voltamos à primeira.

Os resultados da análise variam muito, mas, em geral, são os seguintes:

- Nova estrutura organizacional (Redefinições de atribuições)
- Novos fluxogramas (Redução de trajetos percorridos).
- Eliminação de áreas de trabalho e de funções organizacionais.
- Aperfeiçoamento de políticas, modelos, procedimentos, métodos e formulários.
- Menor custo operacional.
- Maior produtividade.
- Melhor qualidade de atendimento.
- Produtos mais bem elaborados.

8.6 Especificações Técnicas

Especificações definem as tarefas que devem ser conduzidas num programa de qualidade. As tolerâncias de fabricação estabelecidas nas especificações devem ser determinadas, levando-se em conta o custo da precisão a ser adotada e o valor desta precisão. Este equilíbrio entre o custo e o valor é fácil de ser obtido, devido as seguintes premissas:

- Há uma dificuldade muito grande para estabelecer tolerâncias.
- Não são disponíveis, em um grande número de casos, os valores relativos aos custos e ao valor de determinadas tolerâncias.
- As estruturas organizacionais, normalmente, não permitem uma cooperação efetiva dos vários departamentos para um padrão de tolerância.
- O custo da precisão exigida pode ser estimado pelo seu efeito nos custos de: equipamentos necessários, instrumentos e mão de obra adicional para a fabricação do produto.
- O valor da precisão pode ser estimado pelo seu efeito na melhoria do desempenho do produto.

- As tolerâncias, quando estabelecidas de forma indevida, causam custos excessivos de fabricação ou falta de qualidade necessária ao produto para atender à sua adequação ao uso.

A melhor solução é especificar as tolerâncias de forma realística, exatamente de acordo com as necessidades para o perfeito desempenho do material, evitando-se esperar uma melhoria da qualidade de fabricação apenas por exigir tolerâncias apertadas e desnecessárias, que, na maioria das vezes, não são conseguidas, sendo o material aceito e utilizado por não ter sido estabelecido um devido controle para a fabricação.

É necessário estabelecer um nível de inspeção eficiente. Tal procedimento, além de ser mais econômico, é o mais seguro, tanto para o usuário como para o produtor.

O padrão de qualidade é estabelecido, normalmente, com base nos resultados obtidos pela pesquisa de mercado, com relação ao projeto, forma, material, durabilidade, custo e demais características do produto. A fim de atender ao uso que lhe é destinado, o padrão de qualidade é definido pelas especificações do projeto. Estas podem incluir: materiais, componentes, ingredientes, processos de fabricação, ensaios (critérios de rejeição), uso do produto (métodos e limites), características do produto, desenhos, amostras.

Os organismos de padronização da qualidade mais importantes do mundo ocidental são:

- International System Organization (ISO) – Um organismo internacional.
- American Standards Association (ASA) – Um organismo americano.
- Associação Brasileira de Normas Técnicas (ABNT) – Um organismo brasileiro.

Em análise de sistema, consideramos que as especificações técnicas definem tarefas e tolerâncias que devem conduzir os programas de qualidade. Este custo pode ser estimado pelo seu efeito nos custos de equipamentos necessários, instrumentos e mão de obra adicional para a fabricação do produto.

O valor da precisão pode ser estimado pelo seu efeito na melhoria do desempenho do produto.

As especificações técnicas apresentam as seguintes características:

- São monolíticas, isto é, devem ser lidas do início ao fim.
- São redundantes, dando uma mesma informação em diversos locais dentro do documento, mas sem o benefício de uma referência cruzada.
- São difíceis de se modificar e manter, pois uma simples mudança pode acarretar modificações em diversas partes.
- São totalmente físicas ao invés de lógicas, pois descrevem os requisitos do usuário em termos de hardware físico ou do tipo de estrutura física de arquivo que será usado para implementar o sistema.
- São um alvo útil para o desenvolvimento contínuo do sistema.
- São narrativas longas e cansativas, havendo a possibilidade real do usuário não gastar todo o seu tempo disponível na leitura completa da documentação, quanto mais fazer uma crítica.

8.7 Padronização

Padrão é uma unidade de medida (ou modelo) adotada e aceita comumente como critério para avaliação de desempenho. Os padrões representam o desempenho desejado e estão sempre relacionados com o resultado que se deseja alcançar. Com a Administração Científica, a padronização passou a ser uma preocupação constante na obtenção da eficiência.

A padronização é, portanto, a aplicação de padrões com a finalidade de uma uniformização e redução de custo. Ela conduz à simplificação dos processos, à medida que a uniformidade reduz a variabilidade e o desvio.

A padronização (normalização) ajuda a resolver problemas quanto à quantidade, qualidade e composição do produto; facilita, ou mesmo permite, a produção em massa, pela repetição de operações com os mesmos materiais e mesmas ferramentas; proporciona economia de materiais, equipamentos, energia e espaço; permite o intercâmbio de peças e órgãos de máquinas de um lugar para outro; diminui a variedade de coisas que têm a mesma utilidade ou finalidade; facilita o treinamento; facilita a otimização do tempo.

Por se estar acostumado, muitas vezes não se percebe a quantidade enorme de coisas padronizadas que estão à disposição. Quando se queima uma lâmpada em casa, é suficiente ir a uma loja que vende lâmpadas, de qualquer marca, com a potência que desejamos, sem nenhum embaraço. Os pinos dos cabos elétricos de qualquer aparelho casam em todas as tomadas de nossa casa, e, quando se vai para outra casa, não é preciso levar as mesmas. Quando quebra uma peça do automóvel ou de qualquer máquina ou aparelho, o procedimento é semelhante.

Em linhas gerais, o processo de padronização se realiza através das seguintes fases:

Estabelecimento de Padrões – Nesta fase são estabelecidos padrões (resultados desejados) de desempenho como base de comparação com os resultados obtidos. Os padrões podem ser expressos em tempo, dinheiro, qualidade, custo, quantidade, índice, indicador. Podem ser tangíveis, intangíveis, vagos, específicos, explícitos e implícitos.

Simplificação – Esta fase consiste em reduzir a variedade ou diversidade, tanto de bens quanto de materiais ou serviços e, também, para processos, tarefas e movimentos, embora haja uma inexplicável pressão esmagadora para que tudo se complique.

Especificação – Esta fase consiste em fazer uma descrição detalhada das características e propriedades de bens e serviços. Muitas vezes, a especificação depende de ensaios em laboratórios.

Adoção do Padrão – Esta fase consiste em adotar um padrão, podendo implicar em substituições de equipamentos e treinamento de recursos humanos.

A marca do verdadeiro profissional é, em qualquer campo, a riqueza de seu vocabulário de padrões, desenvolvido no curso dos anos de sua educação formal e, especialmente, no curso dos anos de sua experiência (prática). O médico, o artista e o mecânico dispõem de vocabulários próprios.

8.8 Analista de Sistema

Os analistas de sistemas têm hoje uma função muito importante enquanto construtores e mantenedores das milhares de fábricas de informações que apóiam, nas mais diversas empresas, o dia a dia dos diversos setores operacionais e gerenciais. São o principal elo de ligação entre a área usuária e o esforço de implementação.

O analista deve comunicar os requisitos aos implementadores e retornar aos usuários com os detalhes de como estes requisitos estão sendo realizados. Ele pode participar da determinação do que é feito e, frequentemente, é o analista quem fornece a ideia de como unir aplicações e tecnologias atuais.

O analista de sistema interessa-se por qualquer atividade importante de tomada de decisão e pela pessoa que a toma. Deseja estudar e analisar cada atividade importante, em função do seu nível de percepção, seguindo, naturalmente, uma metodologia. Ele é um observador treinado que faz análises projetadas dos fluxos de informação associados aos processos decisórios em toda a organização empresarial para fins de comparação e de avaliação dos fluxos existentes com os pretendidos.

Um bom analista de sistema deve se questionar sobre:

- O que é que está sendo observado?

- Com que finalidade determinado item está sendo observado?
- Quais são as teorias que dão apoio às observações realizadas?

As características necessárias para um analista podem ser naturais ou, em sua maioria, adquiridas ao longo da vida acadêmica ou profissional. Como principais podemos citar: imaginação, capacidade crítica, capacidade analítica, vontade para falar e escrever, inovação, criatividade, mediação, liderança, negociação, persistência, clareza de raciocínio, visão sistêmica, visão estratégica, visão holística, espírito de equipe, humildade, satisfação profissional, capacidade de comunicação, fluência de conceitos.

O analista poderá atuar como um agente de mudanças, se tiver apenas algumas das características citadas. Cabe ao analista de sistemas:

- Estudar o serviço a ser programado, determinando as suas partes componentes.
- Preparar manuais e livros de instrução que facilitem a vida dos funcionários.
- Colocar em execução o que foi planejado.
- Orientar a participação da introdução de novos sistemas na organização.
- Manter constante vigilância sobre a operacionalidade dos sistemas, de modo a poder sempre que necessário revê-los, melhorá-los e atualizá-los.

8.9 Papel do Analista de Sistema

Embora já se tenha abordado o conflito entre analista e usuário, é bom lembrar que, na realidade, o termo usuário refere-se a pelo menos três tipos distintos:

- Operador do sistema.
- O responsável pelos procedimentos que estão sendo automatizados.
- O dono do sistema.

Como o analista de sistema é um membro essencial de qualquer projeto de sistema, espera-se que o mesmo desempenhe vários papéis, tais como:

- Estabelecer a ligação entre o usuário e o administrador do banco de dados.
- Ajudar o usuário a planejar a sua necessidade, bem como escrevê-la de forma compreensível.
- Trazer à luz os detalhes do sistema.
- Separar os sintomas do problema em si, mostrando ao usuário suas verdadeiras causas.
- Ser o mediador entre usuários, gerentes, programadores, codificadores, revisores, operadores.
- Atuar como um verdadeiro líder.

Isso significa que, como analista de sistema, você precisa mais do que desenhar fluxogramas e outros diagramas. Precisa ter habilidades com as pessoas para entrevistar usuários, mediar desentendimentos e sobreviver às inevitáveis batalhas políticas que ocorrem na empresa. Também precisa conhecer os recursos tecnológicos do usuário.

Em resumo, é bem provável que o papel do analista de sistema inclua as seguintes tarefas: participação ativa no projeto, seleção das ferramentas e métodos para desenvolvimento do sistema, planejamento, estimativa e controle do projeto, testes de aceitação.

Os problemas do analista são entrelaçados, dificultando o seu trabalho. Dentre os principais problemas, podemos destacar:

- O analista acha difícil aprender o bastante sobre a organização, para conseguir determinar os requisitos do sistema, apenas em contato com os usuários.
- O analista não tem de esperar dos usuários uma explanação de suas necessidades e objetivos.
- O analista pode ficar sobrecarregado de detalhes técnicos e de detalhes do negócio em si.
- O analista pode ter dificuldades em manter o sistema, devido à documentação inadequada.

- O analista tem dificuldades de cumprir o cronograma, devido aos retrabalhos, especificações mal formuladas, redefinições de dados, interrupções, mudanças de rumo, por exemplo.

Assim, se o analista tiver dificuldades, deve utilizar todos os meios ao seu alcance para enveredar pelos novos caminhos que se lhe oferecem. Caso não o consiga, resta-lhe, tão somente, seguir no rumo preestabelecido, convencendo a si e a seus subordinados que a direção da empresa pode ter, e normalmente tem, conhecimento de outros fatores de grande importância, que houve por bem não declinar.

8.10 Tipos de Analistas de Sistema

É crença comum que os analistas de sistemas trabalhem sempre para organizações que visem o processamento eletrônico de dados. Nada mais falso. Esses elementos buscam, por definição, a criação de novos métodos de trabalho ou a melhoria e a racionalização dos métodos já existentes na empresa.

Dentro desse raciocínio, é fácil concluir que o processamento eletrônico não é um fim, mas um meio.

Existem especialistas que se dedicam a definir o processamento das informações em termos de empresa, em termos de computação e em termos de programação. A palavra analista, como marketing, estratégia e política, pode ser associada a qualquer coisa.

A seguir, são colocados aqueles analistas de sistema que atravessarão o caminho de qualquer administrador:

Analista de Dados – Define quais os dados que circulam entre os diversos órgãos e em que instante ocorre esse trânsito.

Analista de Especificações – Cria manuais e normas de operação para as pessoas envolvidas em um processo.

Analista de Projeto – Concebe, desenvolve, executa e implanta o projeto, criando documentação própria.

Analista de Mercado – Lê o cenário e procura prever tendências de consumo e comercialização.

Analista de Processamento – Agrupa os dados que entram e que saem do computador, definindo cada etapa do processamento, de modo a permitir aos programadores o cumprimento de suas tarefas.

Analista de Informações – Encarregado de prestar informações aos usuários, chefia o centro de informações da empresa.

Analista de Negócio – Incentiva a participação ativa dos clientes, o que é uma forma de transmitir o conhecimento dos negócios e colher feedback, visando a performance.

Analista de Risco – Determina as medidas necessárias para que o risco seja minimizado a ponto de ser tolerável e quanto vale pagar. É o ponto de partida para estruturar todo o programa de segurança.

Analista de Valor – Desenvolve uma abordagem voltada à redução do custo, por meio do estudo cuidadoso de quais componentes podem ser reprojetados, padronizados ou fabricados por métodos de produção mais baratos.

Analista do Fluxo de Informações – Precisa conhecer o suprimento de informações. Tal suprimento proporciona aprendizagem de novos dados a respeito de si mesmo, dos outros, dos processos grupais ou da dinâmica organizacional. Este suprimento requer que haja um fluxo adequado de informações através de: reuniões, circulares, relatórios, memorandos, cartas, e-mails, banco de dados, intranet, internet.

Analista de Pontos Fortes e Pontos Fracos – Determina quais são as vantagens e desvantagens estruturais que favorecem ou desfavorecem as oportunidades e ameaças do ambiente, com relação ao desenvolvimento do planejamento estratégico da organização.

8.11 Terminologia

Os dados são apresentados seguindo convenções, em função de uma terminologia própria. Terminologia é o conjunto de vocábulos, sinais e símbolos de um campo de conhecimento, arte ou ciência. A terminologia (nomenclatura) assume papel de destaque, tendo em vista a manutenção do diálogo e o entendimento uniforme entre todos os participantes de um projeto.

Diferente do idioma, a terminologia deve evitar ao máximo os sinônimos, pois, adotando esse princípio, tornará, entre outros benefícios, mais fácil a memorização e a associação com o conceito embutido.

Portanto, é preciso esclarecer que, embora não faça parte específica da engenharia da informação, a terminologia assume papel importante dentro do seu contexto, já que é uma forma básica e essencial para se manter o diálogo e o entendimento uniforme entre todos os participantes do projeto, desde os técnicos de processamento de dados até os dirigentes e usuários envolvidos.

A utilização de metodologias e técnicas da engenharia da informação não elimina a necessidade de manter, permanentemente, a documentação atualizada, condição fundamental para pleno conhecimento, análise racional e fácil manutenção do sistema.

Como a terminologia em análise de sistema é muito grande, é preciso que o analista esteja afinado com conceitos, tais como:

Ação – Ato que ocorre dentro de uma operação, transformação ou criação.

Atividade – Conjunto de operações relacionadas.

Norma – Regulamentação para executar uma ação.

Operação – Conjunto de ações relacionadas capaz de efetuar alguma transformação em elementos fornecidos, ou de dar lugar à criação de alguma coisa.

Procedimento – Conjunto de rotinas padronizadas para permitir a perfeita e ordenada execução de uma operação.

Rotina – Conjunto de normas ou métodos pelo qual uma operação deve ser executada.

O que se tem observado, em função do imediatismo dos dirigentes ligados à área da Informática, é o menosprezo à propagação das alterações e a atualização imediata da documentação pertinente, optando-se pelas manutenções periódicas, consequência da implantação de sistemas imprecisamente definidos.

8.12 Aspectos da Análise de Sistema

A análise de sistema é, sob vários aspectos, a parte mais difícil do desenvolvimento de um sistema de solução para um problema. Não é, simplesmente, a dificuldade técnica do trabalho, embora muitos projetos exijam que o analista seja um profundo conhecedor da tecnologia atual.

Não são as dificuldades políticas, nem tampouco os problemas de comunicação que surgem em situações em que pessoas com experiências, pontos de vista e vocabulários diferentes tenham de trabalhar juntas. É a combinação dessas dificuldades que torna este estudo tão difícil e exigente.

Não importa quão difícil seja o desenvolvimento e a programação, pois o sistema servirá às necessidades de solução. Se não o for, não importará o quão excelente seja a implementação, o sistema não será aquilo que a organização necessita e os custos ultrapassarão os benefícios. O analista acha difícil aprender o bastante sobre a empresa para conseguir determinar os requisitos do sistema através dos usuários.

Muitas vezes construímos um sistema tecnicamente perfeito, mas que não atende aos objetivos.

Pode acontecer que o analista fique sobrecarregado de detalhes, não somente sobre os negócios da empresa, como também de detalhes técnicos inerentes ao novo sistema. Grande parte do tempo na fase de análise do projeto é utilizada na aquisição de informação detalhada sobre: situação do momento, procedimentos relativos a escritório, documentos de entrada, relatórios produzidos, políticas em vigor e inúmeros fatos que são produzidos por algo tão complexo quanto os negócios de uma empresa.

Se o documento de especificação puder ser escrito de forma a fazer sentido para os usuários, poderá não ser muito útil para os projetistas e programadores. Muitas vezes, uma quantidade considerável de reanálise aumenta o trabalho do analista, mesmo que este tenha experiência técnica, saiba escrever a especificação com a intenção de facilitar a programação. Porém, é possível que ele limite a liberdade de ação do programador, no sentido de implementar o sistema da melhor maneira possível.

O projeto físico dos arquivos, programas e métodos de entrada/saída deve ser realizado por alguém que possua conhecimento técnico atualizado, baseado no entendimento de todos os requisitos lógicos do sistema.

Começar a especificar o projeto físico antes que o modelo lógico do sistema tenha sido construído é ser afoito, resultando um projeto de baixa qualidade.

8.13 Linguagem Estruturada

A linguagem estruturada é um subconjunto da linguagem normal com algumas restrições, quanto ao tipo de sentenças, que podem ser utilizadas, bem como a maneira em que essas sentenças são reunidas. Uma sentença em linguagem estruturada pode consistir em uma equação algébrica, por exemplo.

Português estruturado é uma ferramenta de especificação que dá uma versão resumida da língua portuguesa, embutida em construções básicas de programação estruturada. Seu vocabulário compreende:

- Verbos no imperativo.
- Adjetivos e advérbios são desprezados.
- Termos do dicionário de dados.
- Palavras reservadas para destaques.

É bom frisar que português estruturado não é um diálogo. O analista deve conciliar rigidez, precisão com fácil entendimento do usuário. Não deve ser muito exigente com relação a sua forma exata, especialmente se ela puder inibir o usuário com sua austeridade e rigor.

As linguagens estruturadas classificam-se em:

Português Estruturado – O português estruturado utiliza uma notação, através do emprego de quatro estruturas lógicas de especificação de processo:

- Sequência (ação).
- Repetição.
- Condicional (decisão).
- Acesso a dados.

As instruções em linguagens estruturadas são as seguintes:

- Instruções Sequenciais – Denotam ação dentro de uma sequência de comandos não repetitivos, tais como: multiplicar, calcular, adicionar.
- Instruções de Decisão – Denotam alternativas a serem seguidas, tais como: se, então, logo, onde, então, senão.
- Instruções de Repetição – Denotam comandos repetitivos por campo, linha, página, por exemplo. Um exemplo muito comum acontece quando elaboramos uma fatura, onde os campos dos valores parciais e totais precisam ser calculados.
- Instruções de Acesso a Dados – Denotam comandos para se efetuar uma transformação, pois acessamos contadores simples, contadores acumulados.

Como regra geral, deve-se limitar o uso das palavras chaves na especificação de processos. Sugerimos a utilização das seguintes palavras: enviar, ler, receber, gravar, copiar, imprimir, emitir, mover, somar.

Português Compacto – O português compacto é uma outra ferramenta de especificação de processo, muito semelhante à do português estruturado. Ele nos permite construir uma lógica identificada, através de uma numeração hierárquica das especificações. A seguir, um exemplo:

1. Ler pedido.
2. Verificar se Compra (C) > R$ 50,00
    2.1. C > R$ 50,00, então:
        2.1.1. Verificar se o pagamento é a vista e o cliente não for utilizar cartão de crédito.
            2.1.1.1 Aplicar desconto de 10%.
3. Emitir nota fiscal (cupão fiscal).

8.14 Ferramentas de Análise

Embora já tenhamos abordado o conceito de ferramenta, vale acrescentar que a ferramenta ajuda a diminuir a complexidade de como tudo se apresenta aos olhos do ser humano e, principalmente, de uma empresa, tendo em vista o alto grau de incerteza em todos os mercados.

Não existe ferramenta analítica que possibilite saber o que o usuário pensa, mas não diz. Não temos como mostrar um modelo concreto e claro. Uma representação gráfica já ajuda muito.

Embora sejam muitas as ferramentas de análise, tais como: matrizes (simulações) e planilhas (cálculos); diagramas, gráficos e modelos (construção); formulários e questionários (pesquisa). É difícil para o usuário imaginar que o novo sistema lhe fornecerá uma solução até que esteja realmente em funcionamento. Se não conseguimos construir um modelo e achamos que a língua portuguesa seja vaga e prolixa, então, que tal apresentar uma ilustração?

Em geral, a ilustração mais utilizada para um sistema tem sido o fluxograma.

Embora um fluxograma possa valer mil palavras, o analista fica preso a um compromisso. O uso de símbolos padronizados significa, inevitavelmente, que o analista deve se comprometer a uma implementação física do novo sistema. Se analista e projetista são a mesma pessoa, devemos reconhecer que o desenho do fluxograma é um ato de projeto e não de análise.

Há grande tentação para esboçarmos um projeto físico do novo sistema antes de termos compreendido inteiramente todos os requisitos lógicos. Devemos utilizar as ferramentas de análise para preparar uma especificação funcional que:

- Seja bem entendida e tenha total acordo dos usuários do sistema.
- Determine os requisitos lógicos do sistema, sem ditar uma implementação física.
- Expresse preferências com vantagens e desvantagens.

8.15 Análise do Cenário

A análise do cenário objetiva produzir futuros desejados, isto é, caracterizar situações futuras que não têm, necessariamente, ligação com situações presentes e passadas. Como o ambiente normalmente apresenta várias hipóteses, é comum a necessidade da construção de cenários para momentos diferentes no futuro.

Além das técnicas, o executivo deve considerar os tipos de cenários, o que pode ser encarado sob alguns aspectos. Um dos aspectos seria a maneira como o cenário representa o fator considerado, de forma abrangente ou de forma específica. Isto é, este pode ser macro ou microcenário.

A seguir, algumas das técnicas de delineamento de cenários:

Técnica de Delphi – Constituída de um grupo de especialistas, cujas áreas estejam relacionadas com o tipo de situação que se quer projetar.

Técnica do Painel de Especialistas – Neste caso, reúne-se um grupo de especialistas que interagem sem segredos, sendo estimulada a comunicação pessoal. A premissa que serve de base é: "Várias pessoas podem chegar a projeções melhores que as elaboradas por uma só pessoa".

Técnica da Analogia Histórica – Neste caso, pode ser efetuada, por exemplo, uma análise comparativa de produtos semelhantes.

Técnica do Brainstorming – Esta é a mais antiga e mais conhecida técnica para estimular a criatividade. É a partir dela que se desenvolveram outras, como a lista de atributos e análise morfológica. Tais variações tiveram sempre o intuito de estruturar e sistematizar melhor o método para torná-lo mais eficiente, eficaz e efetivo.

Técnica de Valores Contextuais – Usada para descrever uma situação de descrições verbais de várias tecnologias numa base coordenada em ordem cronológica. Tal técnica é fundamentada na interação e interdisciplinaridade de diferentes áreas do conhecimento.

Técnica Morfológica – É provavelmente a mais sistemática técnica para previsão de novos produtos e/ou novos processos. Consiste, essencialmente, numa lista de verificação bidimensional, conhecida como matriz morfológica.

Técnica de Lacuna Estratégica – Esta técnica tem sido amplamente usada em algumas áreas da administração, tais como marketing, para determinar onde existem áreas de insatisfação, como preço e qualidade, por exemplo. Ela busca descobrir nichos de mercado.

Técnica de Indução – A técnica de indução tenta mostrar um quadro futuro do ambiente, a partir de determinadas premissas. A validade do cenário criado a partir desta técnica depende da credibilidade que se tem nela.

8.16 Análise Estruturada

A capacidade de processamento aumentou, consideravelmente, nos últimos anos. Atualmente, o enfoque de desenvolvimento de sistemas, deslocou-se do como implementar para qual a melhor maneira de implementar. Hoje, os recursos computacionais não mais impõem restrições como antigamente, o que nos permite escolher o melhor modo de solucionar os problemas.

A origem da análise estruturada nos é dada por Martin e Filkelstein como um passo além da análise transacional e da análise de transformação, que são valiosas para identificar as hierarquias de módulos em potencial de um projeto.

Edward Yourdon e Tom DeMarco desenvolveram a análise estruturada, a fim de oferecer um método para a concentração no fluxo de dados e não no fluxo de controle, defendido pelos métodos mais tradicionais.

O objetivo da análise estruturada é produzir uma especificação estruturada, que é um tipo de documento dos requisitos funcionais. As especificações estruturadas diferem dos documentos tradicionais de requisitos funcionais, porque estes se baseiam em textos, ao passo que as especificações estruturadas se baseiam em gráficos. O papel da análise estruturada é o de fornecer uma técnica de modelagem da realidade, onde se possa estabelecer especificações precisas.

Com o passar dos anos, a metodologia da análise estruturada desdobrou-se em três técnicas complementares: Diagrama do Fluxo de Dados (DFD) para Projetos; Diagrama de Relacionamento de Entidades para Dados; Diagrama de Transição de Estados para Controle. Em geral, a especificação estruturada conterá todos esses três componentes, embora aplicativos diferentes acentuem mais um deles que os outros.

Segundo Yourdon, os principais problemas para a implantação da análise estruturada são:

- Medo de que possa não funcionar.
- O tempo gasto na análise pode ser maior do que o projetado.
- Necessidade de se justificar a análise do sistema atual.
- Relutância em reconhecer as técnicas como algo diferente.
- Desejo de congelar as especificações.
- Dificuldade de atualizar modelos gráficos.
- Medo de que os usuários não vejam os modelos de análise.
- Preocupação de que as técnicas de modelagem não se apliquem a sistemas de tempo real.
- Mudança de comportamento dos usuários que relutam em aceitar a análise.
- Mito da especificação perfeita.

Alguns aspectos da análise estruturada modificaram-se gradualmente, durante os últimos anos. As principais áreas de mudanças incluem: terminologia, subdivisão de eventos, modelo físico, ferramentas de modelagem, modelagem de processo, modelagem de dados.

Como ninguém pode ter a pretensão de conhecer o futuro, avanços recentes sugerem várias tendências, tais como:

- Maior disseminação do interesse pela análise de sistemas.
- Proliferação de ferramentas automatizadas.
- Facilidades no uso de modelos voltados aos problemas de manutenção e performances contínuas.
- Maior interação entre a análise estruturada e a inteligência artificial.
- Novas gerações de equipamentos.

8.17 Análise dos Requisitos de Resposta

Os aspectos de previsibilidade, acesso imediato e atualização de dados são os que mais afetam o custo e a utilidade do sistema. Mas, mesmo que o analista tenha especificado os índices (remissivos) apropriados a um arquivo ou a um banco de dados, pode ser difícil prever, em detalhes, a forma precisa em que o usuário desejará respostas para seus pedidos de informação.

O analista de sistema precisa fazer todo o possível para prever os tipos de acesso que os usuários irão precisar e quanto destes é importante para buscar soluções de seus problemas. Se esses acessos à informação não forem imediatos, a empresa não deixará de funcionar, apenas não será tão bem conduzida.

Se o analista não for capaz de prever os acessos imediatos que o usuário deseja, as necessidades de informação ainda poderão ser atendidas, mas não tão rapidamente e a um custo maior. Antes de tentarmos analisar as prioridades que os usuários dão às consultas ou perguntas, é bom examinarmos os vários tipos de consultas, logicamente diferentes, que podem ser feitas:

- Dada certa entidade, qual é o valor de certo atributo (menor decomposição de uma informação)?
- Dado o valor de certo atributo, que entidades são especificadas?
- Dado certo valor, que atributos da entidade combinam com esse valor?
- Dada certa entidade, quais são os valores de todos os atributos?
- Dados todos os valores de um atributo, que entidades são especificadas?
- Dados todos os atributos de todas as entidades, que valores combinam?

Atributo é a menor decomposição de uma informação dentro de uma classe de dados, apresentando um significado próprio.

Muitos dos acessos imediatos aos bancos de dados de um sistema se relacionam com o processamento de transações rotineiras, tais como:

- Recuperação do endereço do cliente para uso no preenchimento do pedido.
- Recuperação do histórico de pagamento do cliente para verificação de crédito.
- Recuperação do nível de estoque de um produto para processamento do pedido de compra.

8.18 Análise de Transformação

Análise tida mais como uma estratégia para projetar sistemas balanceados que facilitam ver o físico a partir do virtual, e vice-versa. Nesta análise, o gerente precisa ter a certeza de que o sistema caminha para os resultados esperados e sua ferramenta básica é o diagrama do fluxo de dados. Quando você realizar uma análise de transformação, lembre-se de que ela é uma estratégia. De tempos em tempos, deverá certificar-se de que o sistema caminha para os resultados esperados.

Algum dia a análise de transformação poderá tornar-se um algoritmo. Mas, se assim for, o diagrama de estrutura desaparecerá e o diagrama do fluxo de dados será implantado diretamente por uma máquina que pode obedecer muito melhor a um algoritmo do que a um sistema humano. A análise de transformação é composta pelas seguintes etapas:

a) Desenhar um Diagrama do Fluxo de Dados para o problema.
b) Encontrar as funções centrais do Diagrama do Fluxo de Dados.
c) Converter o Diagrama do Fluxo de Dados em Diagrama de Estrutura.
d) Revisar o Diagrama de Estrutura.
e) Assegurar a funcionalidade do Diagrama de Estrutura.

Diagrama de estrutura é um diagrama que exibe uma hierarquização de módulos por meio da passagem do fluxo de dados

8.19 Análise de Transação

A análise de transação (projeto centrado em transações) é extremamente valiosa na derivação de um gráfico de estrutura para um sistema que processa transformações. Uma transação, de forma geral, é um estímulo para um sistema que possui um conjunto de atividades a serem realizadas internamente. É um item único ou, frequentemente, uma coleção de dados de entrada às quais podemos atribuir uma tipologia, sendo que cada tipo de transação é processado por um conjunto específico de atividades em um sistema.

A análise de transação tem duas funções principais:

- Dividir um DFD de grande porte e alto grau de complexidade em outros menores, um para cada transação que o sistema processa.
- Ser usada para combinar os diagramas de estrutura individuais de transações separadas em um diagrama de estrutura maior e mais flexível em relação às mudanças dos usuários.

Antes do desenvolvimento da análise de transação, o projeto de sistema era, conceitualmente, adhocrático (do Latim ad hoc = para isso ou para este fim) e casual. Os sistemas resultantes eram tipicamente inflexíveis, propensos a erros e de difícil entendimento, isso porque cada tipo de transação normalmente precisa ser processado de maneira diferente, já que o processamento de vários tipos de transação era, frequentemente, muito semelhante.

É comum se ler que a análise de transação está baseada no seguinte princípio: “Deve haver um módulo separado responsável pelo processamento de cada tipo de transação”.

8.20 Análise Essencial

Em 1984, McMenamin e Palmer lançam a conceituação da Análise Essencial de Sistemas, onde a preocupação básica deve ser o sistema implantado, evitando-se, sempre que possível, a modelagem do sistema atual do usuário. A análise essencial indica o modelo que deve satisfazer as necessidades do analista, mencionando o mínimo possível de recursos para a implementação do sistema, produto ou projeto, por exemplo.

O modelo essencial é composto pelos modelos ambiental e comportamental, onde o primeiro define a fronteira entre o sistema e o resto do mundo (o ambiente em que reside o sistema) e o segundo descreve o comportamento do interior do sistema necessário para interagir com o ambiente, tendo sucesso. O modelo ambiental é composto por: declaração de objetivos (finalidade do sistema), diagrama de contexto e lista de eventos relevantes.

O Diagrama de Contexto (DC) é um caso especial do Diagrama de Fluxo de dados (DFD), no qual um único processo representa o sistema inteiro. No diagrama de contexto, os eventos são quase sempre anunciados pela chegada de um fluxo de dados vindo de uma das entidades externas.

A abordagem clássica é eminentemente Top-Dow, pois presume que se tenha o diagrama de contexto em função do diagrama de fluxo de dados. Mas, a abordagem da análise essencial, dada por McMenamin, não é puramente Top-Dow e também não é Botton-up. Ela é de certa forma, uma abordagem Middle-up, porque depois que o DFD inicial está pronto, pode ser necessário a criação de outros níveis de fluxo.

O modelo comportamental envolve, fundamentalmente, o desenho da primeira versão de um DFD, com um processo para a resposta do sistema a cada evento que tenha sido identificado na lista de eventos. Uma questão importante é que, a partir dos eventos, se processa a construção do DFD preliminar e a comunicação dos diversos processos dá-se através dos bancos de dados.

Portanto, processo não fala diretamente com processo, isto porque as bolhas (descrições de ações) do DFD preliminar representam respostas a um evento e os eventos que ocorrem no ambiente externo são, de um modo geral, assíncronos. Ao se completar o desenvolvimento do modelo essencial de um sistema de informações, ele conterá uma descrição completa do que o sistema deve fazer para satisfazer o usuário, pois descreve:

- A ação essencial, ou lógica, das funções que devem ser executadas.
- O conteúdo essencial dos dados armazenados pelo sistema e que se movimentam através dele.
- O comportamento essencial que o sistema deve exibir para lidar com os sinais e as interrupções do ambiente externo.

No mundo real, entretanto, é difícil o sistema onde o usuário não inclua informações adicionais, o que, naturalmente, envolve problemas de implementação, sendo o mais evidente a fronteira de automação, isto é, as partes do modelo essencial que serão implementadas em computador e que partes serão executadas, manualmente, pelo usuário.

8.21 Análise de Gestão

O trabalho de gestão é atípico. Para caracterizá-lo, escreveram-se muitos livros e artigos, sem que se resolvessem totalmente as controvérsias sobre sua natureza. Embora os conceitos de gerência, gerente e gestão já tenham sido abordados, é bom observar que uma boa análise de gestão deverá trazer o estudo dos indicadores de gestão, tais como: econômicos, financeiros, de performance, de mão de obra, de vendas, de produção e de tempo, por exemplo.

Porém, no contexto desse livro, abordaremos dois documentos, que são muito importantes na avaliação do desempenho da gestão empresarial, como o Balanço Patrimonial e o Demonstrativo de Resultado. Assim, a análise de gestão é um método onde se avalia de forma holística o desempenho da empresa, utilizando análise horizontal e análise vertical ao mesmo tempo, para os itens que compõem o Balanço Patrimonial e o Demonstrativo de Resultado, que de certa forma se completam e até se sobrepõem.

No balanço patrimonial usa-se com maior frequência a análise vertical, para possibilitar o conhecimento da estrutura dos recursos aplicados no ativo (bens e direitos), bem como as fontes de recursos do passivo (obrigações com terceiros e patrimônio líquido).

No demonstrativo de resultado cabem análises vertical e horizontal, esta última especialmente para comparar o crescimento (principalmente das vendas) apresentado pela empresa, em face: do crescimento do segmento econômico em que a empresa atua, dos principais concorrentes e da inflação ou da variação das outras moedas.

A seguir, de forma simples, são mostradas algumas contas de um resultado empresarial, para três anos consecutivos e suas avaliações horizontal e vertical.

Contas	Ano I			Ano II			Ano III		
	Valor	AV %	AH %	Valor	AV %	AH %	Valor	AV %	A H %
Receita com Vendas	8.025	100	100	33.974	100	423	76.815	100	957
Custo Mercadoria Vendida	5.366	67	100	24.311	72	453	56.085	73	1.045
Lucro Bruto	2.659	33	100	9.663	28	363	20.730	27	779
Despesas Operacionais	1.917	24	100	7.702	23	401	16.690	22	870
Despesas Financeiras.	349	4	100	2.706	8	776	10.484	14	3.007
Resultado Operacional	393	5	100	(745)	2	189	(6.442)	8	1.635
Receita Não Operacional	16	0,2	100	58	0,1	362	42	0,1	269
Resultado Final	409	5	100	(687)	(2)	196	(6.400)	8,3	(1564)

Quadro 8.1: Análise de Gestão.

Uma outra maneira de análise de gestão é mostrada no exemplo que se segue:

Contas	Valor Ano I	AV (%)	AH (%)	Valor Ano II	AV (%)	AH (%)
1 Vendas (2 + 3)	39.450	100	100	21.000	100	53
2 – Vendas à Vista	7.550	19,1	100	14.910	71	197
3 – Vendas a Prazo	31.900	80,9	100	6.090	29	19
4 – Custos Variáveis (5 +...+9)	22.331	56,6	100	12.390	59	55
5 – Custo de Matéria-Prima	16.800	42,6	100	10.080	48	60
6 – Tributação	2.524	6,4	100	1.260	6	50
7 – Comissões	1.183	3,0	100	1.050	5	89
8 – Fretes	1.000	2,5	100	32	0,2	3,2

9 – Embalagens	824	2,1	100	10	-	1,2
10 – Margem de Contribuição (1 - 4)	17.118	43,4	100	8.610	41	50
11 – Custos Fixos (12 +...+ 24)	16.201	41,0	100	7.298	35	45
12 – Retiradas dos Sócios	3.120	7,9	100	240	1,1	8
13 – Salários	4.650	11,8	100	1.898	9	40
14 – Encargos Sociais	2.883	7,3	100	1.695	8,1	59
15 – Despesas Financeiras	510	1,3	100	45	0,2	9
16 – Honorários	250	0,6	100	150	0,7	60
17 – Despesas com Aluguel	800	2,0	100	360	1,7	45
18 – Água e Esgoto	120	0,3	100	105	0,5	87
19 – Telefones	200	0,5	100	140	0,7	70
20 – Força e Luz	100	0,2	100	100	0,5	100
21 – Propaganda	550	1,4	100	240	1,1	44
22 – Manutenção	245	0,6	100	120	0,6	49
23 – Tributação	2.688	6,8	100	1.455	6,9	54
24 – Outros Custos Fixos	85	0,2	100	660	3,1	776
25 – Lucro Operacional (10 - 11)	917	2,3	100	1.312	6,2	143

Quadro 8.2: Apuração do Resultado.

Onde:
AH = Análise Horizontal
AV = Análise Vertical
Faturamento de Equilíbrio = (Custos Fixos / Margem de Contribuição) x Vendas =
= (16.201 / 17.118) 39.450 = 0,95 x 39.450 = 37.336

Para consolidar a análise de gestão, é mostrada, a seguir, uma outra forma de apresentar a comparação entre as análises vertical e horizontal:

Balanço Patrimonial

Contas	Valor Ano I	AV (%)	Valor Ano II	AV (%)	Valor Ano I	AH (%)	Valor Ano II	AH (%)
Caixa	50	1	150	2	50	100	150	300
Aplicações	100	2	250	3	100	100	250	250
Contas a Receber	500	10	850	11	500	100	850	170
Estoque	350	7	800	10	350	100	800	228
Ativo Circulante	1.000	20	2.050	25	1.000	100	2.050	205
Realizável L.P.	300	6	450	6	300	100	450	150
Investimentos	500	10	1.000	12	500	100	1.000	200
Imobilizado	3.000	60	4.000	50	3.000	100	4.000	133
Diferido	200	4	500	6	200	100	500	250
Permanente	3.700	74	5.500	69	3.700	100	5.500	149
Ativo Total	**5.000**	**100**	**8.000**	**100**	**5.000**	**100**	**8.000**	**160**
Fornecedores	500	10	650	8	500	100	650	130
Empréstimos	100	32	1.000	12	100	100	1.000	1000
Impostos	50	1	75	1	50	100	75	150
Encargos Sociais	50	1	75	1	50	100	75	150
Contas a Pagar	50	1	100	1	50	100	100	200
Passivo Circulante	750	15	1.900	24	750	100	1.900	253
Exigível L. Prazo	2.000	40	3.100	39	2.000	100	3.100	155
Capital Social	1.900	38	2.250	28	1.900	100	3.250	118
Capital a Integralizar	-	-	(250)	-	1.900	100	2.000	105

Reservas de Capital	50	1	750	9	50	100	750	1500
Reservas de Lucro	50	1	-	-	50	100	-	-
Lucros Acumulados	250	5	250	3	250	100	250	100
Patrimônio Líquido	2.250	45	3.000	38	2.250	100	3.000	133
Passivo Total	**5.000**	**100**	**8.000**	**100**	**5.000**	**100**	**8.000**	**160**

Quadro 8.3: Análise de Gestão de Balanços Patrimoniais.

Demonstrativo de Resultado

Contas	Valor Ano I	AV (%)	Valor Ano II	AV (%)	Valor Ano I	AH (%)	Valor Ano II	AH (%)
Receita Bruta	6.000	120	9.000	125	6.000	100	9.000	150
Receita com Vendas	4.000	80	6.000	83	4.000	100	6.000	150
Receita com Serviços	2.000	40	3.000	42	2.000	100	3.000	150
Deduções	1.000	20	1.800	25	1.000	100	1.800	180
Impostos	900	18	1.600	22	900	100	1.600	178
Cancelamentos	50	1	100	1	50	100	100	200
Descontos	50	1	100	1	50	100	100	200
Receita Líquida	**5.000**	**100**	**7.200**	**100**	**5.000**	**100**	**7.200**	**144**
Custo de Produção	3.250	65	5.500	76	3.250	100	5.500	169
Custo s/ Produtos	2.500	50	4.000	55	2.500	100	4.000	160
Custos s/ Serviços	750	15	1.500	21	750	100	1.500	200
Resultado Bruto	1.750	35	1.700	23	1.750	100	1.700	97
Despesas Operacionais	1.500	30	2.700	37	1.500	100	2.700	180
Despesas c/ Vendas	250	5	400	5	250	100	400	160
Despesas Administrativas	250	5	800	11	250	100	800	320
Honorários	100	2	200	3	100	100	200	200
Encargos Financeiros	900	18	1.300	18	900	100	1.300	144
Resultado Líquido	250	5	(1000)	-	250	100	(1000)	-
Resultado Não Operacional	60	1	700	10	60	100	700	1160
Resultado Antes C.M.	310	6	(300)	-	310	100	(300)	-
Resultado Correção Monet.	290	6	750	10	290	100	750	258
Resultado Antes Provisão IR	600	12	450	6	600	100	450	75
Provisão p/ I. Renda	350	7	200	3	350	100	200	57
Resultado do Exercício	250	5	250	3	250	100	250	100

Quadro 8.4: Análise de Gestão de Demonstrativos de Resultados.

No demonstrativo de resultado, a conta Receita Líquida foi tomada como base de referência na analise vertical e não, como sempre acontece, a Receita Bruta.

8.22 Análise Patrimonial

Uma empresa possui bens e direitos, geralmente, designados por patrimônio, que são colocados em operação com a finalidade de obter uma renda. Por patrimônio entende-se o montante do valor total desses bens e direitos possuídos pela empresa, isto é, o conjunto de valores culturais, técnicos e naturais, devidamente reconhecidos. Através da listagem desses bens e direitos, atribuindo-se a cada um o seu respectivo valor e somando-se essas quantias, chega-se ao valor total do patrimônio.

A análise patrimonial envolve a atribuição de valor a cada um dos itens que formam o patrimônio. Esta análise é uma tarefa complexa. Quanto vale, por exemplo, o prédio onde está instalada a empresa? Quanto vale as máquinas, equipamentos e instalações? As respostas serão corretas até que se efetuem transações reais da venda desses bens. Esta avaliação dependerá do mercado.

Qualquer metodologia de avaliação de bens nos leva a estimar prováveis valores, mas sempre discutíveis e, portanto, subjetivos. Esses processos de avaliação se apóiam em comparações com os parâmetros do mercado.

O patrimônio líquido representa o registro do valor que os proprietários de uma empresa têm aplicado no negócio. Para ilustrar, vamos admitir que você e um sócio decidiram abrir uma empresa. Mas, para iniciar as atividades, a empresa necessitará de um capital inicial de 20.000,00. No momento em que a empresa recebe o dinheiro, a posse deste representa um ativo. Mas, por outro lado, a empresa deve registrar que seus proprietários aplicaram esta quantia, que representa o patrimônio líquido da organização.

Neste ponto, uma dúvida muito comum costuma surgir: Por que o patrimônio passa a ser chamado de ativo e o valor que os proprietários aplicaram é denominado patrimônio líquido? Suponhamos que você decide comprar um veículo de $ 100.000,00, em que parte foi paga à vista (40.000,00) e parte foi financiada (60.000,00).

Valor total do patrimônio (ativo) 100.000,00
Valor da obrigação assumida na compra (passivo exigível) 60.000,00
Valor do patrimônio líquido 40.000,00

Quando alguém olha um balanço patrimonial, fica encantado ao constatar que Ativo e Passivo batem com a precisão de centavos, embora contenham números tão diferentes associados a designações distintas. A equação do patrimônio líquido (PL) é:

PL = B + D - O

Onde:
PL = Patrimônio Líquido
B = Bens (caixa + estoques + máquinas + imóveis)
D = Direitos (duplicatas descontadas + contas a receber + aplicações)
O = Obrigações (impostos + dívidas + salários a pagar + fornecedores + outros créditos)
B + D = Ativo
PL + O = Passivo
Ativo = Passivo

A equação patrimonial é dada pela fórmula: A - P = C + (R - D)

Onde:
A = Ativo Circulante
P = Passivo Circulante
C = Capital Próprio
R = Receitas
D = Despesas.
R - D = Rédito
|R - D| = Valor absoluto do rédito
Valor Absoluto = Valor sempre considerado positivo.
Ativo Circulante = Conjunto de bens, direitos e valores a receber.
Passivo Circulante = Somatório de títulos a pagar, duplicatas a pagar, contas a pagar, fornecedores a pagar, comissões a pagar, despesas gerais a pagar, hipotecas, penhor mercantil, salários administrativos, impostos a pagar, participações de empresas e dividendos a pagar.
Capital Próprio = Patrimônio Líquido (capital + reservas)

Assim, podemos ter os seguintes resultados para a equação patrimonial:

- Se o rédito é positivo, então a empresa teve lucro.
- Se o rédito for nulo, então a empresa não teve lucro nem prejuízo.
- Se o rédito for negativo, então a empresa teve prejuízo.

- Se o rédito for negativo e tiver um valor absoluto maior que o capital próprio, então a empresa teve prejuízo e seu passivo está a descoberto, isto é, a organização não tem condições próprias para continuar.

Exemplo:
Capital Próprio = 1.000,00
Receitas = 500,00
Despesas = 2.000,00

A - P = 1.000 + (500 - 2.000) = 1.000 - 1.500 = - 500

|R - D| = |500 - 2.000| = 1.500

Análise:

Como a empresa apresentou prejuízo (500,00) e o valor absoluto do rédito (1.500,00) é maior do que o capital próprio (1.000,00), ela se encontra em estado falimentar.

A seguir, um exemplo simples do cálculo do patrimônio líquido e das principais contas:

1	Caixa e Bancos	550,00	0,4%
2	Contas a Receber	32.550,00	24,1%
	Contas Vencidas	1.800,00	1,3%
	Contas a Vencer	30.750,00	22,8%
3	Estoque	27.850,00	20,6%
	Matéria-Prima	22.700,00	16,8%
	Produto Acabado	5.150,00	3,8%
4	Imobilizado	74.230,00	54,9%
	Máquinas.	32.350,00	23,9%
	Móveis e Utensílios	5.300,00	3,9%
	Instalações	36.580,00	27,1%
5	**Ativo Total**	**135.180,00**	**100,0%**
6	Fornecedores	16.780,00	40,7%
	Contas Vencidas	0,00	0%
	Contas a Vencer	16.780,00	40,7%
7	Impostos	4.350,00	10,6%
8	Empréstimos	12.750,00	31,0%
9	Salários	1.850,00	4,5%
10	Outras Obrigações	5.455,00	13,2%
11	**Passivo Total**	**41.185,00**	**100,0%**
12	**Patrimônio Líquido** (5 - 11)	**93.995,00**	

Quadro 8.5: Patrimônio Líquido.

Capítulo 9

PROJETO de SISTEMA

"Quem quer que faça crescer duas folhas de capim onde antes crescia apenas uma, merece mais louvores da humanidade do que qualquer filósofo especulativo ou criador de sistemas metafísicos".

Jonathan Swift

Objetivos do Capitulo

- Mostrar ao empreendedor como os projetos de sistema são elaborados.
- Mostrar os principais elementos do projeto de sistema.
- Mostrar a importância da análise de valor do projeto.
- Mostrar como a gerência do projeto de sistema trabalha.

9.1 Projeto

Projeto é uma organização de recursos, sistemática, transitória e racionalmente ordenada, que compreende uma sequência de atividades dirigidas à geração de um produto singular, em um tempo dado, permitindo estimar os custos e os benefícios de tal geração. Um projeto pode servir de base para a avaliação de um outro que tenha os mesmos objetivos.

O termo projeto está, hoje, tão generalizado que passou a ter uma infinidade de significados. É utilizado como sinônimo de aspiração e de intenção. Quando aspiramos algo, por exemplo, quando pretendemos conseguir um bom emprego ou quando queremos aprender um idioma dizemos que temos um projeto. Outros usos da palavra são vagos ou genéricos. Referimo-nos ao nosso projeto de vida e chamamos de projeto a um documento que contenha um inventário de intenções.

Projeto é concebido como a ideia que se forma em executar ou realizar algo no futuro, seguindo determinado esquema. Ele é a ponte entre a análise de um problema e a resolução do mesmo. Assim, pode ser um documento analítico (desenho, esboço) de um empreendimento, relacionando recursos de forma que programas e planos possam ser efetivados com êxito.

Como documento que traduz um processo de planejamento, o projeto deve apresentar exequibilidade técnica, viabilidade econômica, conveniência social e aceitação política. Diferentemente das funções, que são mais ou menos permanentes, os projetos são sempre temporários, sendo montados em torno de uma ação específica de inovação.

O conceito de projeto também pode ser, segundo Prado, "um esforço único não repetitivo, de duração determinada e formalmente organizada que congrega e aplica recursos visando o cumprimento de objetivos preestabelecidos". A denominação de único e não repetitivo significa que o produto (bem, serviço ou ideia), gerado pelo projeto, possui alguma diferença em relação a todos os demais produtos.

Um projeto não é um agregado de partes. Ele pode conter programas e planos, e vice-versa, mas não são sinônimos.

A seguir, serão feitas algumas considerações sobre projeto:

Finalidade – Todo projeto necessita de uma finalidade, de alguma ideia sobre os porquês de sua concepção e do que ele deseja realizar, suas metas, seus objetivos e a espécie de ambiente que quer criar para as pessoas das quais depende, para a consecução de seus fins, tendo que levar em conta os recursos que dispõe e quais os necessários para dar consecução ao seu propósito.

Necessidade – A necessidade do projeto aparece quando: os recursos passam a ser inadministrados; o resultado é insatisfatório e não confiável; o sistema operacional se torna de difícil manutenção; a ação administrativa carece de eficiência, eficácia e efetividade; os desvios estão acima da média histórica; o empresário precisa mudar de comportamento, tendo em vista a competição; o investidor precisa mudar a posição de seus ativos; o empreendedor busca uma inovação ou um nicho de mercado.

Projetista – O projetista é uma pessoa que desenvolve, coordena e implanta um projeto. Em muitos casos, o analista e o projetista são a mesma pessoa. Mesmo que sejam pessoas diferentes, é importante, para ambos que permaneçam em contato todo o tempo de duração do projeto.

As maiores qualidades do projetista são:

- Comandar os participantes do projeto, mantendo os pés no chão o tempo todo.
- Coletar e cruzar dados, sobre os modelos existentes no mercado, produzindo informações.
- Criar um controle de despesas para saber quanto gastou (investiu) no projeto.
- Aventurar-se num projeto sobre o qual tenha conhecimento e recursos para sua implementação.
- Fazer planos, relatórios, diagramas, gráficos, modelos, tabelas, fichas, planilhas.

Escopo: O escopo do projeto é, na realidade, uma descrição/declaração daquilo que vai e que não vai ser feito. Geralmente, quando usamos o termo escopo referimo-nos ao resultado (produto) a ser obtido. Costuma-se, inclusive utilizar o termo "escopo do projeto" no que se refere ao trabalho de gerenciamento a ser realizado. O escopo do projeto não deve ser confundido com escopo do produto.

Abordagem: Os aspectos a abordar em um projeto são muitos, podendo ser: econômicos, tecnológicos, sociais, financeiros, administrativos, jurídicos e sistêmicos.

Administração: Administrar um projeto significa aplicar as funções administrativas ao mesmo. Administrar o trabalho de pessoas de diversas áreas, para o cumprimento de prazos, orçamento e especificações técnicas, pode ser mais trabalhoso, complexo e estressante do que o esperado. Além de conseguir que as tarefas previstas sejam realizadas conforme planejado, atacando sempre os desvios e retardos, há que se fazer um constante exercício de antecipação de futuras possibilidades de falha, para minimizar os desvios. Se o projetista aparentar muita confiança de sucesso, parecerá um tolo.

Objeto de Estudo: Muitos são os objetos de estudo, mas o maior deles é certamente como coletar, avaliar, ordenar e armazenar os dados, que permitirão a construção do projeto, cuja essência está no desenvolvimento e atualização de Bancos de Dados. O objeto de estudo pode ser conceituado como tudo aquilo que um indivíduo pode ter, sob seu conhecimento específico. A seguir, para um entendimento mais apurado sobre o que seja objeto de estudo, são mostrados diversos objetos de estudo.

Assunto	Objeto de Estudo	Assunto	Objeto de Estudo
Administração	Organização da Empresa	Contrato de Locação	Imóvel
Racionalização	Desperdício	Tempo	Uso e Utilização
Análise	Viabilidade	Planejamento	Tangibilidade
Gestão	Recursos	Trabalho	Rendimento
Posto de Trabalho	Tempos e Movimentos	Delegação	Comando

Quadro 9.1: Objeto de Estudo.

Anteprojeto – O anteprojeto é um esboço preliminar do projeto, como o protótipo é para o produto. Deve ser simples, conciso, objetivo e de orçamento reduzido. O anteprojeto não deve ser confundido com sinopse.

Subprojeto – O subprojeto refere-se a uma parte do projeto, visto que é comum dividir um projeto em partes menores (método cartesiano), que sejam facilmente gerenciáveis.

9.2 Questionamento

Na elaboração de um projeto, é preciso responder a determinadas dúvidas. Assim, antes de se pensar no desenvolvimento de um projeto de sistema, vale fazer o seguinte questionamento:

Quanto ao Mercado	Qual o tamanho do mercado? O mercado é segmentado? Quais são os principais concorrentes? Quais são os fornecedores? Quais são os principais produtos vendidos? É um mercado novo? É um mercado maduro? É um mercado saturado? Como estão se saindo as empresas do setor? Quais são os canais de distribuição? Que métodos de comunicação com o público são usados? Quais as restrições fiscais? Quais as restrições legais? Quais são os produtos concorrentes? Que preços são praticados? Quais os canais de comunicação? Quais os canais de distribuição? Qual o perfil socioeconômico do consumidor? Qual o poder de compra? Qual a faixa etária?
Quanto à Abrangência	O projeto é local, regional, nacional ou internacional? Qual problema o projeto pretende resolver ou equacionar? Quais as relações sistêmicas do projeto? Quais os impactos sofridos e provocados pelo projeto?
Quanto aos Recursos	Quem poderá financiar o projeto? Qual o volume de recursos demandados pelo projeto? Quando e como utilizar um software para modelar as ferramentas de pesquisa? Como alocar os recursos humanos do projeto? Como recrutar, selecionar e contratar pessoas? Qual o tipo e qual o montante do investimento necessário ao projeto? Qual a disponibilidade de recursos?
Quanto à Gestão	Quais os indicadores básicos do projeto? Quais os meios de verificação? Qual o volume de produtos a ser gerado pelo projeto? O projeto compreende quais atividades? Qual o conteúdo das atividades que compõem o projeto? Qual a ordem de realização das atividades do projeto? Qual a duração das atividades? Quanto tempo é necessário para alcançar o produto do projeto? Quais valores condicionam o projeto? Que forças políticas atuam sobre o projeto? Como elaborar um organograma para o projeto? Como criar condições para a administração dos recursos humanos? Como planejar a alocação de bens tangíveis? Como calcular os estoques do projeto? Como as informações do projeto são geradas, armazenadas e distribuídas? Qual o padrão de qualidade do projeto? Quais os dispêndios para o projeto? Como se distribuem os custos do projeto? Qual a relação Custo/Benefício? Qual o orçamento (recursos e aplicações; fontes e usos) do projeto? Como orientar o processo de tomada de decisão para prevenir riscos? Quais os riscos do projeto? Como apresentar o projeto? Como financiar o projeto?
Quanto ao Arranjo Físico	Quais são os espaços necessários à movimentação de materiais e pessoas? Quais as dimensões dos materiais, máquinas e equipamentos utilizados? O arranjo físico usará técnicas próprias ou empíricas? Haverá necessidade de desenhos, plantas, gabaritos, miniaturas ou maquetes?
Quanto à Internet	Como a disponibilidade de mecanismos de busca e apresentação de dados na Internet afetará a maneira de os usuários buscarem informações? Quais são os motivos de se buscar informações na Internet e não num canal convencional? Como os consumidores navegam na Internet? A Internet facilita a customização em massa em algumas categorias de produtos? A influência da Internet pode catalizar uma competição intensa em alguns casos? A internet facilita a segmentação dos consumidores? Até que ponto os fornecedores deveriam ser integrados verticalmente na Internet? Quais as vantagens e desvantagens de se vender diretamente aos consumidores? A Internet tem a possibilidade de criar corretores de informações? Como a Internet afetará a estrutura e o desempenho dos produtos nos mercados? Como a Internet afetará a privacidade dos consumidores e usuários? Como estabelecer regulamentos para proteger os consumidores contra fraudes?
	O que o projeto irá gerar? Quais os benefícios do projeto? Em quanto tempo o

Quanto à Resposta	projeto estará concluído? Qual problema o projeto pretende resolver ou equacionar? Qual o bem, serviço ou ideia, a ser gerado pelo projeto? Como será gerado o produto a que o projeto se refere? Quais forças socioeconômicas afetam e são afetadas pelo projeto? Quais os impactos sofridos e provocados pelo projeto?

Quadro 9.2: Questionamento do Projeto.

9.3 Projeto de Sistema

Para a criação de qualquer sistema, tem-se que partir de um ou mais conceitos básicos, que nortearão todo o trabalho criativo a ser desenvolvido. Daí, a necessidade de considerar o sistema como um projeto, definir seus pontos principais e só então tratar de estudar cada um de per si. Conhecido o processo a ser adotado no desenvolvimento do sistema, surge a necessidade de se deixar estabelecidas as linhas mestras para o mesmo, consubstanciadas na filosofia do projeto.

Existem muitas filosofias possíveis, que aparecerão, ou não, conforme o problema que se esteja tratando. Entre as mais comuns e mais importantes, citaremos:

- Antecipação da Conversão – Significa que os dados a serem processados devem ser codificados e convertidos para linguagem de máquina tão cedo quanto possível.
- Prazo de Reação – Sempre que o sistema deva responder imediatamente a qualquer solicitação externa.
- Separação entre Processamento e Controle – Não é boa política deixar o controle do processamento nas mãos de quem faz o processamento.
- Administração por Exceção – Consiste em trazer à presença dos administradores somente informações relativas a fugas e desvios de procedimentos normais, isto é, fazer alterações em situações anteriormente estabelecidas.
- Descentralização – Quando a organização abrange diversos serviços diferentes ou opera em vários locais, aparecem as alternativas de se instalar um centro de processamento em cada local ou para cada serviço, ou de se criar num deles um órgão para processar os dados de toda a empresa.
- Aproveitamento do Sistema Existente – É comum encontrar sistemas deficientes em operação, mas que têm em si partes, perfeitamente, aproveitáveis.
- Escolha de Veículos de Informação – Quando se pretende utilizar processamento automático de dados, é necessário escolher quais os veículos de informações serão adotados.
- Número Mínimo de Relatórios – Sempre que possível, as informações a serem fornecidas aos clientes devem estar condensadas num pequeno número de impressos, facilitando, assim, o manuseio e a consulta.
- Fluxo de Informações Simples e Contínuo – Este é um dos princípios básicos da simplificação dos procedimentos, e está aqui incluído por ser parte obrigatória da filosofia de qualquer projeto.

Durante a definição dos projetos de sistema de informação é importante verificar as diferenças organizacionais e similaridades funcionais, sempre orientadas de forma Data Driven (dirigido para os dados), sem perder os objetivos maiores e a missão da empresa. Uma visão corporativa das necessidades de sistema deve ser desenvolvida de tal maneira que as prioridades fiquem estabelecidas através de uma escala de valores.

Como a priorização dos projetos baseia-se nos Fatores Críticos de Sucesso do Negócio, a designação de pesos ocorre da seguinte forma:

Peso	Descrição	Significado
5	Essencial	Vida ou morte
4	Crítico	Necessário para atingir objetivos
3	Importante	Necessário para continuar

2	Necessário	Necessário para maior performance
1	Valioso	Gostaria de ter

Quadro 9.3: Fatores Críticos de Sucesso.

9.4 Elementos do Projeto

Embora alguns elementos do projeto tenham sido anteriormente abordados, vale acrescentar:

Objetivo do Projeto – Os objetivos são importantes, porque fornecem às pessoas elementos necessários e suficientes para que exerçam seus respectivos papéis; permitem o trabalho em equipe e eliminam as tendências egocêntricas de alguns; servem como referências para avaliar decisões, estratégias, táticas, planos, soluções e políticas; orientam o questionamento da pesquisa; estimulam o empenho das pessoas para resultados positivos; ajudam à utilização e otimização de recursos próprios.

O objetivo mais importante do projeto é, obviamente, atender as funções requisitadas pelo usuário/consumidor. Se, por exemplo, o modelo lógico de emissão de cheques de pagamento não emitir os referidos cheques, ou não os produzir corretamente, então o projeto será um fracasso. Assim, o objetivo está muito relacionado ao produto que estará disponível, quando o projeto for concluído. Sem objetivo o projeto fica à deriva, pois, parodiando Sêneca, quando não se sabe para onde ir, qualquer caminho serve.

Mesmo em projetos que possuem metas claramente definidas existe o risco de desvio. Isto, geralmente, ocorre quando o proprietário do projeto decide aproveitar a equipe para executar tarefas que possuem alguma relação com o projeto. No entanto, as consequências desta iniciativa podem ser danosas tanto no atingimento da verdadeira meta como no moral da equipe.

Ideia Inicial do Projeto – Todo e qualquer projeto é desenvolvido partindo-se de uma ideia inicial. Tanto que as ideias são consideradas soluções plausíveis para atender uma ou mais necessidades, desde que sejam confrontadas com a realidade.

O empreendedor deverá ponderar sobre alguns fatores decisivos para o futuro de seu negócio, como: a sazonalidade, a situação econômica da sociedade, o controle governamental, a própria disponibilidade financeira, o custo do investimento e a lucratividade, por exemplo. Eleita a ideia mais adequada, o futuro empreendedor (empresário) deve transformar a mesma num conceito de negócio. As ideias são inúteis quando não usadas. A prova de seu valor está em sua implantação.

Para que uma ideia seja considerada é preciso analisar a posição ou cargo da pessoa que a originou, sua complexidade, a natureza do negócio e a reação de quem a ideia é submetida. A ideia empreendedora básica pode ser uma mera imitação de algo que funciona bem, em outro país ou em outro setor da economia. A ideia tem de ter uma validade econômica. Se puder ser aplicada imediatamente na prática, deve produzir resultados positivos.

Estabelecer um compromisso com o imediato não é prático, pois nenhuma ideia é infalível e nem deve ser. A ideia sobre a qual vamos construir um empreendimento é por natureza incerta, porque a ninguém é dado o direito de prever o futuro. Portanto, a probabilidade de sucesso existe, como a de fracasso também. Se não for nem incerta e nem arriscada, simplesmente não é singular, tendo toda a chance de fracassar.

Prazos do Projeto – Prazo é um período de tempo determinado, isto é, espaço de tempo durante o qual deve realizar-se algum evento, processo, atividade, pagamento, tarefa, alguma coisa. A ideia de prazo é fundamental, porque o investimento não é resgatado nos meses subsequentes ao desembolso, dependendo do mercado em que se vai atuar.

A primeira condição para disciplinar o trabalho é estabelecer com antecedência prazos certos para cada tarefa, através de cronogramas, mesmo que tenham de ser reformulados, posteriormente, e exigir prazos dos subordinados.

A utilização de estimativas se faz necessária, quando o projeto é sobre um problema em que nosso conhecimento é pouco preciso, devido a um embasamento de relativa qualidade. Então, que valores precisam ser estimados em um projeto? Como exemplo, pode-se citar:

- Orçamentos sem conhecimento do mercado de recursos.
- Desconhecimento total dos recursos necessários em qualidade e quantidade.
- Prazos aproximados para cada etapa do projeto.
- Rateios não precisos dos custos fixos.
- Riscos de desvios, devido a erros de planejamento.

Todo e qualquer projeto trabalha sua concepção e desenvolvimento com prazos considerados de valor médio, apurados no mercado a que se propõe. Os prazos médios mais importantes são: Recebimento de duplicatas; Pagamento a fornecedores; Vendas de produtos; Compra de matérias-primas, insumos e materiais diversos; Fabricação de produtos; Atendimento a serviços de terceirização.

Problema a Resolver do Projeto – A definição do projeto leva a definição do problema a resolver, que se constitui num passo muito difícil do projeto, porque aquele que define bem um problema, já tem metade da solução. O problema é uma questão proposta para que se lhe dê uma solução. O importante é, em primeiro lugar, individualizar, entre várias questões, o problema central a ser enfrentado.

Os problemas são gerados em todos os níveis da organização. Eles são muitos a exigir soluções, tais como: Onde localizar fábricas? Como desenvolver programas, políticas e planos? Qual o melhor canal de distribuição? Qual política de preços adotar? Qual nível de estoque manter? Como aumentar as vendas? Como enxugar custos? Qual a melhor campanha de divulgação do produto, da marca e da imagem?

A definição clara e precisa do problema representa um investimento em tempo e, às vezes, em recursos, cuja utilidade é frequentemente subestimada, com desastrosas implicações. O objetivo básico da definição do problema é obter uma ideia preliminar, geral e sistêmica da questão, da mudança, do impasse, do conflito, da desmotivação.

As perguntas básicas são: Quê? Quem? Como? Quando? Quanto? Por quê?

A formulação do problema indica exatamente qual a dificuldade que se pretende resolver. Formular o problema consiste em dizer de maneira explícita, clara, compreensível e operacional qual a dificuldade com a qual nos defrontamos e que pretendemos resolver, limitando o seu campo e apresentando suas características.

É importante observar que os limites do problema são fundamentais para a própria resolução do mesmo, tendo em vista que o administrador poderá estar dando respostas incongruentes ao verdadeiro tamanho do problema.

Motivo do Projeto – Os motivos para o desenvolvimento de um projeto são muitos e variados. Tais motivos são embasados ou se originam do: ambiente, demanda e potencial de mercado, produto, governo, consumidor, estratégia, política, estrutura, inovação, preço, comunicação, distribuição, estrutura, indicadores de gestão, recursos financeiros, tecnologia, informações, contratos, funções organizacionais, funções administrativas, comportamento, mudança, incentivos, nichos de mercado, maximização do lucro, concorrência, prescrições legais, pressões políticas e econômicas e padronização, por exemplo.

Patrocínio do Projeto – Os possíveis financiadores e/ou patrocinadores do projeto estarão interessados em saber: a consistência das propostas, as necessidades de negociação, o nível de risco, a viabilidade do projeto, a confiabilidade dos dados, as informações relevantes, os recursos financeiros, os recursos materiais, os recursos físicos, os recursos humanos, os recursos administrativos, os recursos mercadológicos, os recursos de informação, os recursos de comunicação, o cronograma, as autorizações, os contratos, os orçamentos, os custos, os concorrentes, a regulamentação governamental, a documentação, os gráficos e muitos outros aspectos, em função do próprio projeto.

Etapas do Projeto – A análise do sequenciamento das várias etapas de um determinado projeto, onde são observados: o caminho crítico (tempo mais curto de execução), a determinação do custo, as datas dos eventos e as janelas de oportunidades são de grande importância para se evitar esforço inútil e perda de dinheiro. É muito difícil, para o projetista, aceitar que todo um trabalho foi realizado inutilmente, isto é, não causou nenhuma eficácia, embora tenha sido realizado com uma eficiência notável.

Desenvolvimento do Projeto – Um projeto reúne informações de naturezas diversas, objetivando dotar o empreendedor potencial de toda a gama de variáveis, internas e externas, que possibilite a tomada de decisão. Quando do desenvolvimento de um projeto deve-se elaborar um documento no qual são abordados, através de itens ou parágrafos, aquilo que se considera importante, como informações iniciais, para a consecução do projeto.

Grupo de Trabalho do Projeto – É possível, até mesmo preferível, projetar o trabalho não como um conjunto de tarefas individuais, mas como uma tarefa dividida entre o grupo. Somente por meio do grupo teremos: sinergia, integração e interatividade. Por sua vez, durante os trabalhos, existe toda uma série de riscos de erros, verdadeiras armadilhas à espera do incauto capaz de nelas tropeçar, como por exemplo: pressa excessiva, excesso de alternativas, metas utópicas, documentação insuficiente, informações irrelevantes, recursos inadequados, falta de coordenação, falta de liderança, falta de conhecimento, canais de comunicação confusos, cronogramas apertados.

Força-Tarefa do Projeto – Cada projeto tem sua célula de trabalho (força-tarefa) que executa suas operações como unidades de linha, recebendo apoio funcional das várias especializações da organização. A força-tarefa é um grupo heterogêneo e provisório, constituído de especialistas de áreas diferentes para executar uma tarefa complexa, difícil e transitória. Segundo Ansoff, "a estrutura matricial só deve ser implantada quando a organização necessitar de padrões complexos de respostas".

Colaboradores do Projeto – Colaboradores são pessoas (grupo, equipe, time) por quem o projeto será construído. A primeira preocupação que se deve ter no desenvolvimento de um projeto é com relação às necessidades dos usuários, isto é, aqueles que utilizarão os produtos geridos pelo projeto. Todas as declarações dos colaboradores e usuários são, evidentemente, da maior importância, porém não constituem a única orientação que o gerente do projeto deve utilizar para determinar a demanda real a ser atendida, visto que são parciais, subjetivas e pouco precisas.

É ponto pacífico que o colaborador, por viver diariamente a sua área de negócio, conhece profundamente os processos desenvolvidos, a periodicidade de execução das tarefas, os meandros de suas rotinas e as necessidades de informação para gerir as atividades, o que o identifica como o perfeito aliado para juntar esforços no desenvolvimento de projetos voltados para seus interesses.

Portanto, para que se atinja um nível ótimo no projeto, é importante que o colaborador não esteja simplesmente envolvido nos trabalhos, mas sim comprometido e interessado no desenvolvimento e atendimento das reais necessidades.

Valor Estimado do Projeto – Como administrador você provavelmente será solicitado a produzir várias estimativas em relação a seu projeto. Na realidade, você pode ser o único responsável pela produção das estimativas em alguns casos. Então que fatores precisam ser estimados em um projeto? Isso depende do projeto, porém os principais são: recursos, prazos, estruturas, orçamentos, resultados, preços, consumidores e usuários. Algumas considerações devem ser levadas em conta, tais como:

- A diferença entre estimar e negociar.
- A grande variação das habilidades técnicas.
- O perigo de estimar seu próprio trabalho.
- A falta de um banco de dados de estimativas.
- A insistência da direção por prematuras estimativas detalhadas.
- A dificuldade, a nível industrial, de medir a unidade de custo do trabalho.

Existem quatro importantes diretrizes a serem lembradas ao fazermos estimativas do volume de trabalho a ser feito em um projeto:

- Faça as unidades de estimativas tão pequenas quanto possíveis.
- Faça as unidades de trabalho tão independentes quanto possíveis.
- Leve em consideração o fator comunicação.
- Faça a distinção entre serviço novo e serviço aproveitado.

Linguagem do Projeto – A linguagem do projeto são especificações formais que seguem uma nomenclatura (termos específicos, peculiaridades) bastante rígida, contendo procedimentos interativos. O objetivo da linguagem do projeto é oferecer o formalismo e a precisão para o bom entendimento entre as pessoas que formam a equipe do projeto.

Avaliação do Projeto – Quando se examina os aspectos que indicam o sucesso de determinado projeto, pode-se considerar alguns itens, tais como:

Qualidade dos Resultados – O projeto deve atender bem aos objetivos propostos.

Tempo de Atendimento – O projeto deve responder com rapidez a solicitação do usuário.

Custo Real – Quando o projeto se realiza é preciso avaliar o custo com exatidão e comparar com o previsto, para observar discrepâncias e detectar os motivos de tais ocorrências.

Indicadores de Gestão – Os indicadores de gestão permitem comparar dois ou mais elementos, de modo a se obter uma indicação significativa da situação e, ao menos, uma representação sintética da mesma. Os indicadores de gestão podem ser classificados, por exemplo, em: econômicos, financeiros, de performance, de mão de obra, de venda, de produção e de tempo.

Carteira de Projetos – A carteira de projetos é na realidade um mecanismo de controle do andamento dos diversos projetos da empresa, independente do método utilizado. Os principais objetivos desse controle são: congruência com o planejamento estratégico, prazo de execução, maximização dos recursos, progresso do projeto, pendências (exigências, interrupções), índice de confiança na equipe e garantia de qualidade do projeto, por exemplo.

9.5 Apresentação do Projeto

A apresentação do projeto é o ato de alguém, ou uma organização, mostrar o motivo para que o projeto foi idealizado e desenvolvido, sempre ressaltando seus benefícios. Quando do desenvolvimento de um projeto deve-se elaborar um documento no qual são abordados, através de itens ou parágrafos, aquilo que se considera importante como informações iniciais para a consecução do projeto.

É preciso influenciar, motivar e obter o resultado desejado pelo que apresenta, mas também é vital ser um bom ouvinte. É comum tomar em consideração as seguintes premissas:

- Precisa ser curta, mas dizer muito.
- Deve ser atraente para o público-alvo.
- Faça uma apresentação em que haja a participação dos interessados.
- Não exagere na tecnologia visual, pois os participantes acabarão se concentrando naquilo que é projetado, tirando o foco daquilo que quer apresentar.
- Não empregue palavras difíceis que normalmente você não usaria, porque as pessoas não o ouvirão mais.
- A apresentação do projeto deve ser consolidada por uma documentação pertinente e relevante.

Um projeto reúne informações de naturezas diversas, objetivando dotar o potencial empreendedor de toda a gama de variáveis, internas e externas, que possibilite a tomada de decisão.

A seguir, são listadas as principais partes do projeto: Folha de Rosto; Registro no Escritório de Direitos Autorais; Apresentação do Projeto; Sumário; Introdução; Concepção; Finalidade; Fundamentação; Pesquisa Preliminar; Dados e Conceitos; Análise Preliminar; Desenvolvimento; Planejamento e Controle; Operacionalização; Produtos; Implementação; Conclusão; Documentação Final; Comunicação; Avaliação; Anexos; Bibliografia; Índice Remissivo.

A seguir, os principais itens de abordagem do projeto:

- Relativos à Finalidade: definição do projeto, considerações, objetivos gerais e complementares, título do projeto, metas, público-alvo, mercado alvo, nível do projeto.
- Relativos à Fundamentação: justificativa, relevância, interesse, viabilidade, definições, nomenclatura, limitações, políticas.
- Relativos à Operacionalidade: organização, estrutura, pesquisa, editoração, controle de despesas, arquivos, produção, orçamento, volume de recursos necessários.
- Relativos à Avaliação: controles, revisão, acompanhamento, qualidade, padronização, amostras.
- Anexos: planilhas, planos, cronogramas, fluxogramas, questionários, formulários.

O autor do projeto utilizará estes itens de abordagem em função do tamanho do projeto. Poderá até utilizar outros itens não descritos. É comum que a apresentação preliminar do projeto ser feita sob a forma de uma sinopse.

9.6 Análise de Valor do Projeto

O valor do produto é dado, principalmente, pelo uso, custo, novidade e preço. Esta análise se originou na General Electric, em 1948, sendo uma abordagem para a redução do custo, por meio do estudo cuidadoso de quais componentes podem ser reprojetados, padronizados ou fabricados por métodos de produção mais baratos.

A análise de valor do projeto pode ser definida como o exame crítico das funções do projeto, com o objetivo de dotar o projeto de condições de sobrevivência. O valor do projeto é dado, principalmente, pela finalidade, uso, novidade e custo. Como de cada dez produtos lançados, anualmente, no mercado sete desaparecem em menos de cinco anos, é bom fazer uma análise de valor de um projeto de produto. Para tal é necessário dividir o projeto em etapas que podem começar com o objetivo e terminar com um relatório recomendando ou não o projeto. O caminho a ser percorrido na análise de valor do projeto de um produto terá como fatores:

- Análise da Demanda – Análise que implica em se conhecer a evolução do consumo, a concorrência, os preços praticados, a elasticidade da demanda do produto.
- Análise da Oferta – Análise voltada a conhecer as capacidades nominal e efetiva do mercado, grau de utilização, prática de comércio.
- Análise da Relação Custo/Benefício – Análise que viabiliza o projeto em termos de lucro.
- Análise do Ponto de Equilíbrio – Análise que estuda as variáveis que permitem assegurar se é possível concorrer no mercado. O ponto de equilíbrio é dado pela fórmula:

$$QE = CF / (Cv - Pv)$$

Onde:
QE = Quantidade de equilíbrio.
CF = Custo fixo total.
Cv = Custo variável unitário do produto.
Pv = Preço de venda do produto a ser aceito pelo mercado.
Cv - Pv = Margem de Contribuição.

- Análise da Qualidade – Análise voltada para a conformação do produto, evidenciada pelo desenho, especificações, tolerâncias, confiabilidade e padrões.
- Análise da Capacidade Instalada – Análise que determina qual a capacidade em máquinas, equipamentos e instalações deve ter o projeto para que o produto atenda as exigências: do mercado, do projetista, da qualidade e das especificações.
- Análise Colateral – Análise que dimensiona quais os efeitos que o produto terá sobre os demais da empresa e da concorrência.
- Análise da Embalagem – Análise que estudará a cor, o rótulo, o formato, o código de barras e tudo o mais que formará o produto com um visual agradável, ajudando a imagem da marca e da empresa.
- Análise da Variedade – Análise que estuda a variedade do produto que pode atrapalhar a qualidade e produtividade.
- Análise da Segmentação – Análise que examina para qual público-alvo o produto é destinado.
- Análise do Risco – A análise do risco objetiva saber o que se quer resguardar e qual a melhor forma de fazer isso, buscando informações vitais para dimensionar, mesmo de maneira probabilística, os possíveis resultados de cada curso alternativo. Somente com esta análise pode-se criar a atmosfera de redução de risco e incerteza. Portanto, reprimir a incerteza é evitar conhecer que tipos de fatores externos incidem e que, possivelmente, continuarão a influenciar a organização. Decidir no escuro é um ato de grande risco, mesmo que o ambiente nos forneça certo grau de certeza.

9.7 Ciclo de Vida do Projeto

Quando se conceituou projeto, foi dito que ele é temporário, derivando daí a ideia de ciclo de vida. Assim, como os seres humanos, os produtos e as organizações possuem um ciclo de vida, pois não são eternos. Também um projeto terá seu ciclo de vida, que será maior ou menor, em função da sua complexidade. Este ciclo é constituído de diversas etapas que vão da concepção até a finalização.

Ao final de cada etapa é gerado um conhecimento que permite, ou não, que o projeto seja continuado. Quanto mais avançamos no projeto mais entendemos o produto que está sendo construído.

Qual é, então, o propósito de se ter um ciclo de vida de projetos? Existem três objetivos principais: para definir as atividades a serem executadas; para introduzir consistência entre muitos projetos da mesma organização; para introduzir pontos de verificação no controle gerencial de decisões. O que caracteriza o ciclo de vida de um projeto? Duas características: a dificuldade de implementação e/ou implantação e a progressão linear e sequencial entre uma fase e a subsequente.

A seguir, são colocadas as fases do projeto, bem como os eventos e palavras chaves que as caracterizam:

Fase de Concepção: ideia inicial, conceituação, definições, finalidade, necessidades do usuário, levantamento de dados, estudo de viabilidade, orçamento provisório, cronograma inicial, proposta inicial, formação da equipe, projeto preliminar (sinopse, anteprojeto) e declaração de viabilidade.

Fase de Desenvolvimento: início da configuração, análise e reestudo da fase anterior, especificações, aprimoramento da documentação existente, designação de atividades e tarefas, estrutura organizacional da equipe, exigências de desempenho, especificações funcional e qualitativa, apropriação tecnológica, terminologia, diagrama do fluxo de dados, especificações dos processos, nomenclatura, reconfiguração, desenhos, protótipos, programa e plano.

Fase de Execução: análise de risco, aceitação pela equipe e pelo usuário/proprietário/consumidor, interação equipe-usuário, conclusão da documentação, implementação, instalação ou conversão do sistema antigo por um novo, teste de aceitação, monitoramento, treinamento do usuário, inserção do produto no mercado, implantação e revisões.

Fase de Conclusão: manual de procedimentos, entrega do produto final, relatório dos testes, manual de manutenção e conservação, entrega dos arquivos e documentos básicos, acompanhamento e desmonte da equipe.

A Figura, a seguir, mostra o ciclo de vida do projeto.

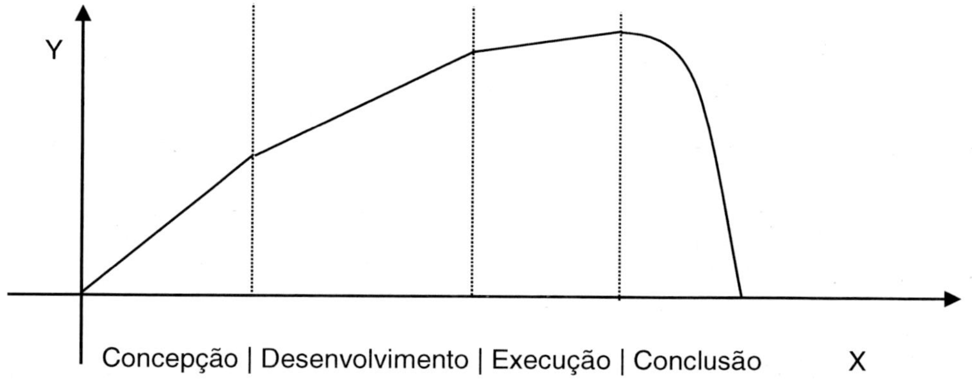

Figura 9.1: Ciclo de Vida do Projeto.

O eixo Y pode representar: custo, número de pessoas envolvidas, nível de tecnologia, por exemplo.

O eixo X representará o período de tempo das fases do projeto.

O problema crucial do analista de projeto é determinar em qual estágio de vida se encontra o projeto em que está trabalhando. Esta questão é muito difícil de ser respondida, tendo em vista as mutações ambientais.

9.8 Metodologia de Projeto

Muitas são as metodologias de projeto, mas a metodologia mais utilizada é a metodologia estruturada, pois permite uma abordagem disciplinada de projetos em computador; permite que a forma do problema guie a forma da solução; permite lidar com a complexidade, através da segmentação; utiliza ferramentas, especificamente gráficas, de fácil compreensão; oferece um conjunto de estratégias; oferece critérios para avaliar a qualidade de um dado; produz sistemas fáceis de entender, confiáveis, passíveis de longa vida, facilmente desenvolvidos, eficientes e que funcionam.

A decisão administrativa, que é crucial para a aceitação do projeto estruturado, é baseada na escolha de um bom projeto piloto.

A metodologia estruturada para a construção de projeto preconiza que o mesmo deve ser administrado por meio de ações gerenciais que são executadas com base na experiência do gerente do projeto e de sua equipe, e em um conjunto de documentos que são confeccionados a partir de conceitos básicos, tendo como preocupação a: conceituação, objetividade, clareza, concisão e reflexão.

Uma metodologia que vem ganhando terreno é a Metodologia Sigma, aplicada como suporte da Qualidade Total. Ela é baseada na medida estatística Desvio Padrão, cujo símbolo é a letra grega sigma (δ).

A seguir, estão sendo apresentadas as fases da metodologia de projeto:

a) Apresente a ideia inicial e reconheça a necessidade do projeto.
b) Identifique o problema a resolver.
c) Estude a viabilidade do projeto e mostre a sua finalidade.
d) Dimensione os recursos necessários.
e) Faça uma pesquisa de mercado e uma análise da situação.

f) Estruture o projeto e redija um plano.
g) Conheça a expectativa da direção da empresa.
h) Conheça o produto a ser desenvolvido e seu ambiente.
i) Defina a provável equipe.
j) Conheça as vantagens, importâncias e benefícios do projeto.
k) Faça considerações iniciais sobre as melhores estratégias.
l) Defina o escopo do projeto, a data de início e de término.
m) Defina as metas e estabeleça critérios de aceitação.
n) Monte a estratégia de execução, estabelecendo as fases do cronograma.
o) Defina responsabilidades de execução e elabore lista de atividades, suas durações e precedências.
p) Levante as necessidades de cada atividade e seus custos.
q) Identifique os riscos (baixo, médio, alto), estabelecendo contramedidas.
r) Defina as normas de acompanhamento da execução do projeto.
s) Defina as normas de controle de modificações.
t) Faça o plano de treinamento com inclusão de datas.
u) Analise e escolha as ferramentas gerenciais sugeridas e adequadas.
v) Determine os fatores críticos de sucesso.
w) Anote sugestões e críticas, revisando o plano do projeto.
x) Consolide os planos num documento único.
y) Consiga aprovação e comprometimento, implante o projeto.
z) Faça divulgação e testes, avaliando resultados.

9.9 Problemas com Projeto

Problema pode ser considerado como uma situação que exige busca e resposta. Esta resposta pode alterar um processo, uma decisão, uma situação, um objetivo, uma estratégia, uma política, um procedimento, um plano ou um projeto, por exemplo.

Conceito Geral de Problema – Um problema (questão) é algo (situação, dificuldade, necessidade) não resolvido que pode causar discussão, constrangimento, conflito, hesitação, perplexidade, por difícil de explicar ou de solucionar, em qualquer campo do conhecimento, e que merece um estudo aprofundado.

Chiavenato admite que "um problema acontece quando encontramos uma discrepância entre o que é e o que deveria ser". Hampton afirma que "a mola que aciona o processo decisório é a consciência de que existe um problema".

Os gregos descobriram que os problemas nunca são resolvidos e sim transferidos para outros. Assim, por exemplo, a redução de custos de uma empresa fez com que a mesma dispensasse mão de obra, isto é, ela transferiu o seu problema para os funcionários demitidos.

Os principais problemas com projeto são:

Problemas Técnicos – Problemas técnicos aparecem sempre que a solução que se criou para a atividade exige elementos de tal modo avançados que a tecnologia atual não pode fornecer. Neste caso, as providências cabíveis variam em função do interesse e das disponibilidades do usuário, que pode resolver investir na pesquisa necessária para o desenvolvimento do projeto, pode resolver modificar a solução para utilizar elementos no nível atual de tecnologia ou pode simplesmente abandonar como inviável a solução proposta.

Problemas Financeiros – Problemas financeiros são encontrados quando os elementos necessários ao atendimento de determinadas soluções demandam um vultoso investimento, que o cliente pode, ou não, estar em condições de fazer. Mais uma vez, deparamo-nos com as alternativas de investir, alterar ou abandonar as soluções.

Problemas de Tempo – Problemas de tempo existem quando se vislumbra possibilidade de lançar mão dos elementos necessários. Porém, por um motivo ou por outro, tais elementos só poderão ser conseguidos após um determinado tempo que o cliente julga aceitável. As alternativas que aparecem são as que já conhecemos como decorrência dos problemas técnicos e financeiros.

Problemas de Integração – A primeira ideia é reunir e estudar em conjunto a melhor solução apontada para cada atividade e, daí, tentar obter um sistema integrado. Tal sistema seria, obviamente, aquele que obtivesse resultados otimizados. Quando não se conseguir obter uma integração satisfatória de diversas soluções, a providência a tomar é voltar às atividades secundárias e tentar desenvolver novas soluções.

Problemas das Alternativas de Solução – Após a integração faz-se um estudo comparativo das soluções alternativas consensadas, para obter uma solução adequada. A determinação das principais características dos sistemas, quer para a escolha entre soluções alternativas, quer para o conhecimento do sistema escolhido, envolverá sempre os pontos: Segurança operacional; Versatilidade; Custo de implantação; Custo operacional; Prazo de implantação; Novos sistemas; Compilação de dados; Simulação; Julgamento pessoal; Testes em protótipos; Testes de sistemas; Ajustes.

9.10 Classificação dos Projetos

Os projetos têm uma abrangência e uma finalidade tão grandes que fica difícil uma classificação (tipologia) dos mesmos, pois se fala projeto, como se significasse um objetivo. Assim, a classificação dos projetos pode ser associada às suas finalidades, como por exemplo:

- Quanto ao Desenvolvimento Organizacional em: mudança comportamental, mudança da estrutura organizacional, avaliação da cultura organizacional.
- Quanto à Construção em: edificação de fábrica, desenvolvimento de modelo estrutural, aquisição de máquinas e equipamentos, desenvolvimento de rede de computadores.
- Quanto à Informação em: desenvolvimento de sistemas de informação, banco de dados, novos programas de computador, tecnologia da informação.
- Quanto à Comunicação em: renovação dos sistemas e dos canais de comunicação.
- Quanto à Pesquisa em: rumo do mercado, inovações em produto, desenvolvimento e criação de novo produto, desenho de marcas.
- Quanto à Reorganização em: reengenharia, arranjo físico, elaboração de cargos e funções.
- Quanto aos Equipamentos em: conservação, limpeza, lubrificação, manutenção.
- Quanto ao Desenvolvimento Humano em: treinamento, desenvolvimento da criatividade, melhoria do nível educacional e cultural, conscientização da qualidade da pessoa.
- Quanto ao Ambiente em: preservação dos ecossistemas, desenvolvimento de filtros antipoluição, desenvolvimento de embalagem.
- Quanto à Distribuição Física em: vias alternativas, redução dos custos de transporte, desenvolvimento modal de cargas, locação de lugares geométricos para apoio logístico.
- Quanto à Função Administrativa em: planejamento, direção, controle, organização, coordenação, delegação, análise, avaliação, estruturação.
- Quanto à Função Organizacional em: marketing, produção, vendas, materiais, armazenamento, informática, contabilidade, logística, finanças.
- Quanto à Metodologia em: processos de decisão, construções de política, pesquisas de mercado, abordagens do consumidor.
- Quanto à Operacionalidade em: atualização de programas, planos, políticas, procedimentos, diretrizes, estratégias, táticas, relacionamentos com consumidores.
- Quanto à Racionalidade em: combate ao desperdício, otimização de recursos, maximização do uso do tempo.

9.11 Projeto Estruturado

O projeto estruturado permite uma abordagem disciplinada; permite que a forma do problema guie a forma da solução; procura a resolução da complexidade, através da segmentação; utiliza ferramentas, especificamente, gráficas de fácil compreensão; oferece um conjunto de estratégias; oferece critérios para avaliar a qualidade de um dado; produz sistemas fáceis de entender, confiáveis, passíveis de longa vida, facilmente desenvolvidos, eficientes e que funcionam.

O projeto estruturado tem seu primeiro impacto numa organização, simplesmente, ao ser implementado. Requererá de todos os participantes uma adaptação às técnicas estruturadas e abandono de hábitos há muito estabelecidos. Esta mudança no processo produtivo de projetos tende a provocar reações nas pessoas, tais como: inércia, medo, inadequação, rejeição às novas ideias, adesão sem crítica às novas ideias, aceitação circunspeta e cautelosa de novas ideias.

O projeto estruturado deve muito de sua evolução para uma disciplina formal ao trabalho inicial desenvolvido por Constantine. Este trabalho foi aperfeiçoado durante sua permanência no Instituto de Pesquisa de Sistema da IBM, no início da década de 1970. Até então, utilizavam-se os termos: Projeto Modular; Projeto Lógico; Projeto Composto e Projeto de Estrutura de Programa. O projeto estruturado trata o problema da definição de estruturas de módulos de uma maneira Top-Down.

Derivar a forma (estrutura) do programa a partir de uma função, correção, desempenho, controle, segurança, alterabilidade, custo, benefício são alguns dos objetivos de um projeto estruturado. O projeto estruturado pode ser imaginado como um grupo de cinco conceitos relacionados, segundo Yourdon:

Técnicas de Documentação – Ferramentas gráficas que enfatizam os aspectos estruturais ou hierárquicos de um sistema, ao invés dos aspectos de procedimentos e decisões.

Critérios de Avaliação – Regras que nos permitem fazer a distinção entre bons e maus sistemas no nível modular.

Heurística – Regras práticas que são úteis quando usadas como de um projeto em particular, mas que certamente não devem ser seguidas religiosamente.

Estratégia de Projeto – Estratégia que nos permite derivar, sistematicamente, boas soluções para tipos comuns de processamento de dados.

Estratégias de Implementação – Estratégias que ditam a ordem de codificação e implementação dos módulos.

O projeto estruturado gera uma hierarquia de módulos de programa que decompõe progressivamente a lógica complexa em módulos de lógica simplificada. A metodologia a ser aplicada tem como etapas: desenvolvimento, documentação, mensuração e aprimoramento da qualidade.

O processo de projeto estruturado divide-se em quatro etapas:

- Desenho do Diagrama de Fluxo de Dados.
- Desenho do Diagrama de Estrutura.
- Avaliação do Projeto.
- Preparação e Implementação do Projeto.

9.12 Estrutura do Projeto

A estrutura é o conjunto integrado de elementos suportes, que formam o arcabouço sobre o qual repousam as demais partes componentes de um organismo, e que se relacionam no tempo e no espaço. A estrutura é a forma de combinar as partes, configurar um arranjo que represente uma composição. Ela representa a integração das unidades operantes e a forma pela qual a autoridade é exercida.

A despeito da importância e custo dos sistemas para muitas organizações, existe muito pouca perspectiva que o sistema funcione sem uma boa estrutura organizacional. O custo do seu pessoal de programação é, geralmente, duas vezes mais caro do que o equipamento envolvido e a razão de desenvolvimento estarão na relação custo/benefício.

Pessoas competentes existem em quantidade muito reduzida e esta limitação pode se tornar crítica no desenvolvimento do sistema. Assim, sua estruturação pode ser problemática. A seguir, alguns conselhos: subdividir o projeto em projetos menores; ser coerente com o potencial humano disponível; alocar todos os custos necessários; estabelecer plano de carga de trabalho; fazer todos os diagramas pertinentes.

A seguir, é dado um exemplo de uma estrutura organizacional do projeto. A utilização do todo ou de partes dependerá, como visto, do público a que se destina.

Introdução

1 – Concepção do Projeto

1.1 Ideia Inicial
1.2 Definição do Projeto
1.3 Nome do Projeto
1.4 Filosofia do Projeto
1.5 Metodologia do Projeto
1.6 Metodologia Preliminar do Projeto
1.7 Viabilidade do Projeto
1.8 Relatório Preliminar
1.9 Fracasso do Projeto
1.10 Sucesso do Projeto
1.11 Premissas Básicas do Projeto

2 – Finalidade do Projeto

2.1 Objetivo Geral
2.2 Objetivos Complementares
2.3 Metas do Projeto
2.4 Interesse
2.5 Nível do Projeto
2.6 Público-Alvo do Projeto
2.7 Colaboradores do Projeto

3 – Fundamentação do Projeto

3.1 Justificativa do Projeto
3.2 Relevância do Projeto
3.3 Momento do Projeto
3.4 Motivos do Projeto
3.5 Limitações do Projeto
3.6 Linguagem
3.7 Linguagem do Projeto

4 – Pesquisa Preliminar do Projeto

4.1 Pesquisa
4.2 Tipos de Pesquisa
4.3 Coleta de Dados
4.4 Questionamento Básico da Pesquisa
  4.4.1 Questionamento Quanto ao Mercado
  4.4.2 Questionamento Quanto ao Produto
  4.4.3 Questionamento Quanto ao Consumidor
  4.4.4 Questionamento Quanto à Abrangência
  4.4.5 Questionamento Quanto aos Recursos

7.18 Organização do Projeto
7.19 Modelagem do Projeto
7.20 Editoração
7.21 Configuração da Página
7.22 Impressão Gráfica
7.23 Fontes de Consulta
7.24 Listagem
7.25 Recrutamento
7.26 Seleção
7.27 Treinamento
7.28 Programas Complementares
7.29 Anteprojeto
7.30 Proposta Inicial
7.31 Orçamento Preliminar

8 – Planejamento e Controle do Projeto

8.1 Arquivos
8.2 Cadastros
8.3 Correspondência
8.4 Padronização
8.5 Planilhas
8.6 Planos
8.7 Cronogramas
8.8 Fluxogramas
8.9 Sistemas de Informação
8.10 Sistemas de Comunicação
8.11 Sistemas de Apoio à Decisão
8.12 Serviço de Assessoria
8.13 Controle de Qualidade
8.14 Tributação

9 – Operacionalização do Projeto

9.1 Estrutura Matricial
9.2 Arranjo Físico
9.3 Instalação dos Recursos
9.4 Controles Contábeis
9.5 Faturamento de Equilíbrio
9.6 Capacidade Instalada
9.7 Jornada de Trabalho
9.8 Capital de Giro
9.9 Protótipo
9.10 Portfólio
9.11 Manual de Procedimentos
9.12 Comercialização
9.13 Tabelas de Preços e Descontos
9.14 Força de Vendas
9.15 Exigências de Desempenho
9.16 Legalização
9.17 Marca
9.18 Registro
9.19 Parceria
9.20 Terceirização
9.21 Estratégias de Venda

10 – Implantação do Projeto

10.1 Revisão
10.2 Remuneração
10.3 Valores Agregados
10.4 Distribuição Física
10.5 Armazenagem
10.6 Inserção no Mercado
10.7 Catálogo
10.8 Documentação Final
10.9 Documentação Acessória
10.1 Produtos do Projeto
10.11 Riscos do Projeto
10.12 Orçamentos
10.13 Indicadores de Gestão
10.14 Acompanhamento
10.15 Contas
10.16 Meios de Divulgação
10.18 Comunicação do Projeto
10.17 Comunicação dos Produtos
10.19 Comunicação com Consumidores/Usuários
10.20 Relatório Final

Anexo

Modelos de Apresentação do Projeto

Bibliografia

Índice Remissivo

9.13 Viabilidade do Projeto

Ideia é o que não falta. Mas levar uma ideia para o papel, desenvolver e depois implementar a mesma é um caminho difícil e cheio de pedras. A maioria dos seres humanos desiste no meio do projeto e outros logo no início. Para se construir um projeto é preciso ter garra. E, se você trabalha sozinho, muita força de vontade será necessária para enfrentar as enormes dificuldades, em função da ambição do projeto.

O primeiro passo é procurar amigos, colegas e parentes, a fim de colher informações e recursos e, também, para que estes dêem um parecer e façam críticas que ajudem o autor do projeto. Este é um modo errado de agir, porque estas pessoas não ajudarão em nada, embora tenham a "cara de pau" de dizer que estão a sua disposição para o que der e vier. Mas, por que elas agem assim? Porque, quando você pede ajuda a alguém, este se coloca numa posição de pedestal ou se acastela atrás de muros, sentindo-se superior a você, em função da ajuda solicitada, mesmo que não tenha lido o projeto, nem ouvido as ideias com a atenção devida.

A presunção de saber mais do que o outro é um preconceito terrível e inerente ao ser humano. Assim, é importante fazer um estudo preliminar de viabilidade do projeto:

- Identificar o escopo do projeto, os problemas a serem resolvidos, os objetivos principais.
- Identificar um número possível de hipóteses de soluções que possam satisfazer as necessidades do usuário.
- Mostrar as vantagens e desvantagens do projeto, desenvolvendo um plano de realização do projeto com estimativas dos recursos necessários.
- Obter o parecer do consumidor e/ou usuário.

Um estudo de viabilidade de um projeto simula o que acontecerá no futuro a partir de diversos cenários alternativos. Uma das partes mais importantes do estudo é a justificativa econômica do projeto, bem como uma análise de mercado. Esta análise deve levar em consideração uma multiplicidade de fatores que no seu somatório possa, efetivamente, conduzir o projeto o mais próximo da realidade.

Vários são os fatores que inviabilizarão um projeto, tais como: escassez de ideias relevantes, mercados fragmentados, restrições societais e governamentais, aumento do custo de desenvolvimento, escassez de crédito, ciclos de vida dos produtos cada vez menores.

Conhecidos os objetivos, o âmbito de atuação e definido o grupo que viabilizará o projeto, passa-se a estudar os seguintes pontos e aspectos:

- Razões que motivaram o projeto.
- Comportamento dos participantes do projeto.
- Recursos disponíveis versus recursos necessários para a consecução do projeto.
- Análises da conjuntura do país, da sociedade e do ambiente em que será construído o projeto.
- Possibilidades de mudanças, em função de limitações e restrições de toda a sorte.
- Estabelecimento de um cronograma detalhado do projeto.
- Possibilidade de avaliação dos resultados, por meios simples e de fácil entendimento, apresentados no laboratório e no campo.
- Importância estratégica para os idealizadores do projeto.

Para a maioria dos projetos, o estudo da viabilidade consome um tempo menor do que um mês.

É muito comum que apenas 20% dos projetos sejam bem-sucedidos.

9.14 Resultado do Projeto

Qual o resultado do projeto? Esta é uma pergunta que persegue todo gerente de projeto que atua na área há muito tempo. Certamente cada um já sentiu o gosto amargo de algum tipo de fracasso. Pesquisas têm comprovado que a ocorrência de fracassos é muito comum e em algumas áreas de negócios os números chegam a assustar. Dentre as principais causas de fracasso, podem ser listadas:

- Um concorrente se antecipa a ideia e sai na frente.
- Uma lei torna o projeto obsoleto ou inviável.
- As metas do projeto não foram claras.
- Houve falta de habilidade gerencial e de conhecimento dos membros do grupo.
- Não houve apoio e comprometimento da alta administração.
- Projeto inadequado ao mercado, pois a contribuição em termos de venda é muito pequena.
- O aumento nos custos fixos foi maior que o previsto.
- O produto não foi bem projetado.
- O preço de venda ficou acima do preço de mercado.
- A necessidade de um aumento considerável do capital de giro.
- A rentabilidade é baixa em relação ao capital investido.
- O período de reembolso e o retorno do investimento são muito longos.
- Custos de desenvolvimento e despesas de lançamento estouraram o orçamento.
- O mercado foi superestimado.
- A comunicação do produto foi deficiente.
- A reação da concorrência foi maior que a esperada.
- A ideia é boa, mas o mercado é superestimado.
- O produto não é bem desenhado.
- O novo produto foi posicionado incorretamente no mercado.
- O preço é muito caro.
- O público-alvo foi mal determinado.

Geralmente, o fracasso é resultado não de más ideias, mas de execuções ruins. Assim, é preciso uma equipe (força-tarefa) para levar adiante a integração. Mas, é preciso ter cuidado para não concentrar poder em uma única pessoa. A autoridade centralizada é uma faca de dois gumes, pois pode atuar com rapidez e ousadia, mas pode estar no caminho errado.

Uma organização não deve pensar que, com um bom projeto no papel e um orçamento enxuto, conseguirá o sucesso pretendido. Há necessidades imprevistas, insumos inesperados, conflitos de toda ordem e uma atitude de desconsideração para com a coerência.

A probabilidade de sucesso de um projeto está associada ao nível de envolvimento dos participantes, ou seja, quanto maior seu envolvimento, maior a probabilidade de sucesso. Com muita frequência temos ouvido reclamações por parte de gerentes de projeto, em virtude da inexistência de uma estrutura de coordenação de projetos.

A estrutura de coordenação de um projeto é o meio principal pelo qual criamos visibilidade para o projeto, identificamos responsabilidades e dirimimos dúvidas. Por que os projetos são bem-sucedidos? A maioria dos autores aponta para:

- O projeto foi concebido, desenvolvido, realizado e concluído no prazo e no orçamento previstos.
- O projeto teve sempre seus objetivos e metas, claramente, definidos.
- O projeto atendeu as especificações técnicas e qualidades previstas.
- O consumidor (usuário) ficou satisfeito com o produto resultante.
- O produto obtido é usado em sua totalidade.
- A equipe trabalhou com um alto grau de sinergia e contentamento.
- O produto gerado pelo projeto aumentou ou manteve a rentabilidade da empresa.
- O projeto captou mais oportunidades de negócios.
- O produto é distribuído em mercados de alta tecnologia, com boas estruturas.
- O produto surgiu para preencher um nicho de mercado.
- O consumidor participou do projeto e da sua divulgação.
- O projeto teve um efetivo sistema de comunicação.
- O projeto envolveu a alta administração, que trabalhou na sua realização.
- O projeto apresentou clareza em seus objetivos e metas.
- O projeto foi conduzido por um gerente competente.
- O projeto teve uma equipe empenhada e comprometida com o sucesso.
- As funções administrativas foram utilizadas com eficiência, eficácia e efetividade.

As premissas servem de base para mostrar coisas evidentes, difíceis de serem contrariadas. São como conclusões lógicas e antecipadas, frutos de estudos e experiências anteriores. O conhecimento de premissas é de extrema valia para a consecução do projeto. A seguir, algumas premissas que ajudarão o gerente do projeto a minimizar os riscos de fracasso.:

- Não espere ajuda de "amigos". O retorno, às vezes, nem chega a 2%.
- Não embarque na primeira ideia dada por alguém que você estima pela sua inteligência. Afinal é a sabedoria que conta.
- Pesquise muito para não fracassar logo adiante.
- Não tome decisões intempestivas.
- Só se aventure num projeto sobre o qual tenha conhecimento e recursos para sua implementação.
- Procure ouvir diversas pessoas sobre o tema do projeto.
- Se possível, faça experiências preliminares, aplique questionários curtos.
- Utilize modelos já existentes no mercado. A partir destes, aperfeiçoe o seu.
- Procure trazer para o mercado algo inédito ou, pelo menos, diferente em todos os sentidos.
- Colete informações, anote todas, faça relatórios, cruze informações, utilize racionalidade e intuição.
- Mantenha os pés no chão o tempo todo.
- Faça um plano de curso, cronograma ou programa para controlar e avaliar resultados.

- Desde o primeiro dia, abra um controle de despesas para saber quanto vai gastar (investir). Este controle de caixa deve continuar enquanto você for gerente do projeto.
- Crie diversos arquivos em computador e papel. Grave em discos por segurança.
- Dentro do possível, utilize a melhor tecnologia disponível no mercado.
- Não esqueça de apresentar o projeto com o melhor visual que você possa comprar, porque as pessoas se impressionam com o visual
- Não esqueça de registrar o projeto (obra, trabalho) na instituição de direito.

9.15 Risco do Projeto

Executar projetos é diferente de executar uma rotina já consagrada, visto que se está, constantemente, enfrentando situações inesperadas e turbulências do ambiente. Ademais, o que generaliza o futuro é a incerteza. Os riscos de fracasso rondam permanentemente o grupo gestor do projeto. Numa economia dinâmica, livre e competitiva, o risco é inevitável. Desafio que cabe enfrentar o empreendedor, o investidor, o empresário e o administrador, porque sua estimativa correta é muito difícil.

Risco é toda e qualquer possibilidade de uma decisão, política, estratégia, plano, projeto não dar certo. Assim, se torna importante todo esforço para minimizá-lo. Por outro lado, expõe o empreendedor ao perigo de prejuízo financeiro, que pode ser causado por: deterioração física, roubo, danificação, perda, alterações de oferta e procura e oscilações do nível de preço. Deve-se levar em conta que qualquer investimento tem uma expectativa de risco. Como não existe risco zero, este deve ser o mais bem calculado possível.

Em sua obra, Drucker aborda o fracasso inesperado como um sinal de alerta tão inequívoco quanto o sucesso inesperado, que deve ser levado tão a sério quanto o primeiro. Os tipos de riscos podem ser:

- **Risco Natural** – O risco criado por fenômenos naturais que está além do controle humano.
- **Risco Humano** – O risco decorre fundamentalmente das falhas e incertezas humanas, tais como: desonestidade, incompetência, descuido, doença, acidente, morte, greve, falcatruas, regulamentação governamental, guerras.
- **Risco Econômico** – O risco econômico é às vezes denominado de risco de mercado ou de preços e é causado pelas flutuações de preços, tais como saturação de mercado, mudança de hábitos, invenções, aperfeiçoamentos, concorrência, flutuações de demanda.
- **Risco do Produto** – Os riscos mais comuns que um produto sofre são: alteração, adulteração, falsificação, sabotagem, cópia. Para o tratamento do risco são recomendadas as seguintes atitudes: Absorção do Risco (Atitude aconselhável quando se trata de um projeto inovador e a empresa tem disponibilidade de caixa que a permite correr tal risco sem que, caso haja fracasso, o prejuízo não abale a organização); Redução do Risco (Atitude em que a empresa reelabora o orçamento para o projeto, desde que não haja comprometimento na sua execução que é a fase de maiores gastos); Transferência do Risco (Atitude em que a empresa rateia o risco com outras empresas, como, por exemplo, uma seguradora, um governo, uma bolsa de mercadorias); Desvio do Risco (Atitude em que a empresa transfere o risco para o comprador do projeto).

Muito utilizado para avaliar o risco é o fluxograma de risco:

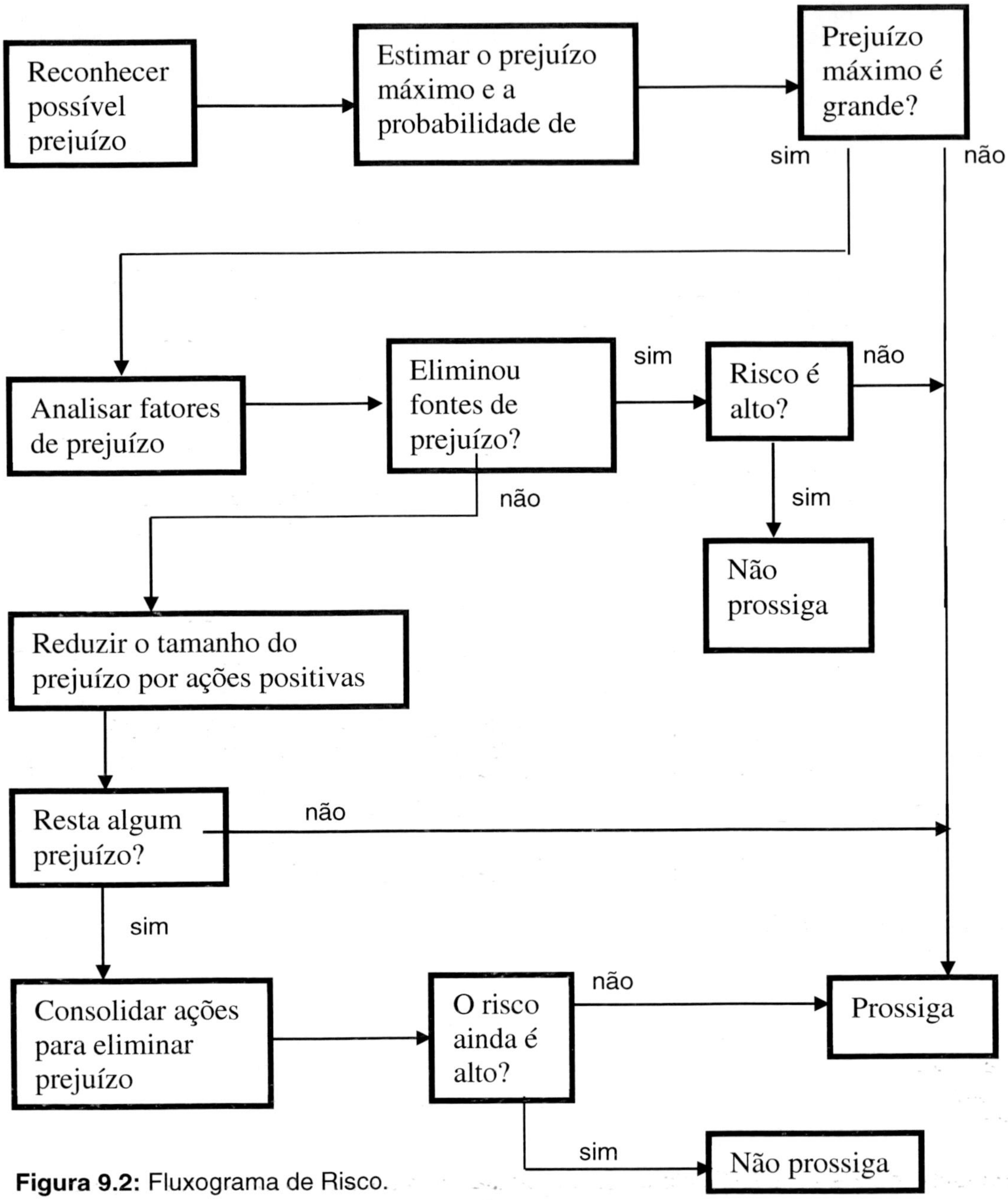

Figura 9.2: Fluxograma de Risco.

Normalmente o risco de um projeto é classificado em:

- Risco Pequeno – Expectativa de atraso e excesso de gastos anormais. Prejuízo baixo ou insignificante. Nenhum risco à imagem do projeto.
- Risco Médio – Expectativa de atraso ou excesso de gastos fora dos planos. Prejuízo considerável para a empresa e para a imagem do projeto. Risco de o gerente de projeto ser destituído do cargo.
- Risco Alto – Expectativa de atrasos e excessos de gastos inaceitáveis. Chance de o projeto ser abortado. Carreira/imagem do gerente do projeto seriamente afetada.

A seguir, um modelo de avaliação de risco:

Fonte de Risco	NA	P	M	A	Como Evitar
Situação inesperada.					Procure pesquisar com antecedência.
Alto grau de incerteza do ambiente.					Leia o cenário.
Prazos não atendidos.					Faça um cronograma realista.
Custos maiores que os previstos.					Procure processos mais bem elaborados.
Falta de coordenação.					Capacite o gerente do projeto para as funções administrativas.
Aceitação imediata.					Procure mostrar a necessidade da análise.
Demissões e doenças.					Escolha melhores recursos humanos.
Entusiasmo exagerado.					Procure agir de forma incremental (fase a fase).
Desilusão					Procure negociar e motivar sempre.
Punição					Evite caçar culpados, pois é uma atitude estéril.
Falta de qualidade.					Ofereça especificações técnicas.
Não aceitação do público-alvo; dificuldade de interfaces.					Faça testes preliminares, solicite a participação do usuário.
Não comprometimento da alta administração.					Procure mandar relatórios sobre o progresso do projeto.
Faltam recursos e fornecedores.					Monte um plano preliminar, orçando as necessidades de novos recursos.
Falta de poder do gerente do projeto.					Coloque uma pessoa com conhecimento técnico e habilidade de lidar com pessoas.
Tecnologia ultrapassada.					Adquira conhecimento, antes de começar o projeto.
Dificuldade de efetuar alianças.					Estude negociação.
Recursos humanos.					Treine as pessoas a terem uma visão estratégica e conhecimento interdisciplinar.

Quadro 9.4: Quadro de Avaliação do Risco.

Simbologia:

NA = Não se aplica.
P = Pequeno grau de risco.
M = Médio grau de risco.
A = Alto grau de risco.

Igualmente importante, depois de qualificado o risco, é efetuar uma análise financeira das implicações que poderão advir, caso se materializem os riscos. É muito importante transformar a materialização do risco numa nova oportunidade de produto e/ou mercado.

9.16 Manutenção do Projeto

A manutenção é tudo o que se faz para serem conservados os equipamentos em serviço durante o maior prazo possível e com o máximo de rendimento, isto é, uma atividade desenvolvida para manter as instalações em condições de garantir as metas da organização.

Assuntos de segurança, boa qualidade dos produtos, estabilidade dos empregos e até a sobrevivência da empresa e da própria economia, indicam que as atividades de manutenção devem ser suscetíveis a um leque bastante extenso de objetivos, para manter a organização, operando durante um longo tempo.

É comum pensar que manutenção diz respeito a máquinas e equipamentos, esquecendo-se que o conceito de manutenção é muito mais abrangente do que isso, haja vista, a manutenção do próprio corpo humano.

Equipamentos (máquinas, ferramentas, instrumentos, aparelhos, dispositivos) que não possam ser usados por não oferecer condições mínimas de utilização, ou que estejam sendo utilizados precariamente, acarretam uma série de problemas à empresa, tais como: operários e máquinas parados, atraso na entrega das encomendas, sobrecarga de outras máquinas e operadores, necessidade de comprar ou tomar emprestado algum equipamento, terceirização dos serviços, elevado refugo, má qualidade do produto, baixa produtividade, acidentes, descontentamentos.

São os seguintes os tipos de manutenção:

Manutenção Corretiva – Troca ou recondiciona, o mais rápido possível, equipamentos que sofreram desgaste de qualquer natureza.

Manutenção Periódica – Feita para manter o equipamento em bom estado de funcionamento, incluindo, por exemplo: a lubrificação de motores, máquinas e equipamentos; a pintura de tubulações em períodos preestabelecidos.

Manutenção Preventiva – Típica dos aviões e equipamentos de segurança, nascida das necessidades da guerra, com base estatística que considera o desgaste pelo uso, fadiga e outros fatores, para que esses limites não sejam alcançados.

Uma série de medidas pode proporcionar uma boa manutenção preventiva, tais como: inspeção periódica do equipamento, comunicação imediata dos problemas, limpeza e lubrificação, revisões e pequenos reparos, proteções contra oxidação e apodrecimento, substituições de acessórios com data de validade vencida, estudo das instruções de uso, aprovisionamento de peças sobressalentes, treinamento do usuário.

Se você for encarregado da manutenção, lembre das seguintes premissas:

- A última coisa que se deve fazer é esperar que o equipamento quebre, para depois pensar na manutenção.
- Todos os equipamentos, pequenos ou grandes, seguem a tendência de desgaste e com o tempo o valor dos mesmos diminui (depreciação) e o custo com manutenção aumenta.
- O controle estatístico é fundamental para a manutenção, pois ele é um serviço de alto nível.
- A manutenção deverá ser a menor possível, e, para isso, dependerá da qualidade dos equipamentos e do nível técnico do operador.
- A análise dos custos de manutenção deve sempre ser feita para cada caso particular.
- O risco de um equipamento parar será maior, quanto mais sofisticado for o mesmo.
- As intervenções às cegas podem causar mais demora, maior custo ou danos em equipamentos, por causa da pressa e da incompetência de não ter políticas de manutenção adequadas.

O pessoal da manutenção deve atender aos seguintes requisitos:

- Dispor de um conhecimento perfeito do equipamento.
- Ter em estoque todas as peças e acessórios prontos para serem utilizados.
- Haver adquirido, com base na experiência passada, a preocupação de treinar toda a equipe, a fim de minimizar o tempo gasto.
- Fazer um estudo minucioso do trabalho a executar.

A manutenção não só deve se preocupar com máquinas e equipamentos, mas também com edifícios, móveis, utensílios, instalações, encanamentos de água e esgoto, condutos de força e luz, que devem ser sempre mantidos em perfeitas condições de utilização e em bom estado de conservação.

Quando os custos de manutenção de qualquer equipamento, mesmo já depreciado, chegar a 40% do seu valor de mercado, é mais conveniente comprar um novo, que, ainda, terá um período de garantia.

Podemos ter quatro tipos básicos de eventos que podem gerar manutenção do projeto:

Anomalias nas Modelagem de Dados – Enquadram-se nesse tipo as anomalias relacionadas com a falta e incorreções do modelo de dados, entidades, classe de dados, atributos, chaves, normalizações, redundâncias, relacionamentos, cardinalidades, dicionários de dados e banco de dados.

Deficiências nas Atividades – Estão classificadas nesse tipo as deficiências relacionadas com modelos, áreas funcionais, processos, atividades, diagramas de fluxo de dados, diagramas, prototipação e codificação.

Mudanças das Políticas da Empresa – A dinâmica das políticas da empresa, embora caracterizadas pela instabilidade, é passível de ser planejada e controlada, tanto pelo lado dos dados como das atividades, de forma que o modelo de dados e o modelo funcional absorvam quase totalmente essa mudança.

Restrições Ambientais – As restrições ambientais se caracterizam por uma dinamicidade mais intensa, ocasionando situações de instabilidade e pouco viáveis de serem planejadas, estando relacionadas comumente com a política econômica e financeira do país.

9.17 Modificações do Projeto

Ninguém pode compreender um sistema tão complexo, principalmente, se não participou de seu desenvolvimento e se os requisitos do projeto não estiverem documentados. Não se pode conservar atualizado um sistema e a documentação a ele associado se essa documentação não estiver correta. Assim, precisamos garantir que, quando um sistema entrar em operação, todos os documentos a ele relativos estejam completos, consistentes, corretos e atualizados.

A primeira e mais básica regra da manutenção de sistemas é esta: Qualquer modificação do sistema operativo atual deve, em todos os casos, iniciar-se por um exame dos impactos na especificação de requisitos do sistema. Qualquer modificação feita em um sistema normalmente resulta em uma modificação no software e/ou no hardware, podendo também causar a alteração dos manuais, dos procedimentos de operação e de vários outros componentes do sistema.

O documento mais importante a ser mantido atualizado é o que atende aos requisitos do usuário. Sem isso, as futuras modificações serão, cada vez mais, difíceis de serem feitas. Mudança para um novo sistema será infinitamente mais dispendiosa, mais consumidora de tempo e mais penosa do que normalmente seria.

Ainda há muito a ser feito mesmo com a tecnologia hoje disponível. Simplesmente não há desculpa para se fazer uma modificação em um sistema sem que se efetue a correspondente alteração na especificação do sistema. Para fazer com que isso funcione, se faz necessário uma gerência forte e disciplinada na organização do gerenciamento do sistema de informações.

Comprovada a necessidade da modificação, o próximo passo é verificar o nível de envolvimento, ou seja, a partir de que fase será efetuada a revisão do sistema. Por outro lado, pode haver nova tecnologia, aguardando oportunidade de ser incorporada no sistema, e que ocasionaria eventuais desvios de rotas nos conceitos atuais das atividades, sendo possível também haver desvios nos dados, embora esta hipótese seja remota.

Por interferência da nova tecnologia, as pessoas envolvidas na manutenção e futuros desenvolvimentos poderão necessitar mudar o seu perfil, aglutinando conhecimentos que permitam bom desempenho e ótimos resultados. É de suma importância decidir em qual fase se iniciará a modificação, o que é uma tarefa menos complexa, desde que se tenha feito uma precisa definição das faces envolvidas. Basta verificar quais objetos serão enfocados e em qual nível eles são tratados. Tais níveis são os seguintes:

- Nível de Planejamento Estratégico.
- Nível de Análise da Área de Negócio.
- Nível de Construção do Sistema.

9.18 Projeto Piloto

A decisão administrativa, que é crucial para a aceitação do projeto estruturado, é a escolha de um bom projeto piloto. Daí, ser importante observar:

- Escolha um projeto pequeno e relativamente simples.
- Escolha um sistema que não seja crítico para a organização.
- Não ponha seu pessoal em muitas linhas de aprendizado simultaneamente.
- Escolha pessoas comuns para o projeto piloto.
- Escolha pessoas dedicadas, que não desistirão ao primeiro obstáculo.

Como administrador, você não está envolvido em técnicas detalhadas de projeto. Tais como o acoplamento e a coesão que são duas técnicas de medição da performance do projeto piloto.

O acoplamento mede o grau de interdependência entre os módulos, ou seja, o impacto causado sobre determinado sistema, decorrente de uma dada associação entre seus módulos. O objetivo é minimizar o acoplamento, sendo, portanto, necessário: eliminar relacionamentos desnecessários; reduzir o numero de relacionamentos necessários; simplificar as ligações entre os módulos.

Existem cinco tipos de acoplamento, que poderão vir a ocorrer entre dois módulos:

Acoplamento de Conteúdo – É o pior tipo entre dois módulos, porque se faz por meio de comandos internos e onde a lógica de um determinado parágrafo é acionada por um comando Go To emitido por outro parágrafo.

Acoplamento Comum – Dois módulos têm acoplamento comum, se compartilham a mesma base de dados.

Acoplamento de Controle – Este acoplamento é aquele que existe entre dois módulos. Ele acontece quando um determinado módulo aciona outro por um comando específico, determinando o caminho lógico desse último.

Acoplamento de Imagem – O acoplamento de imagem acontece entre dois módulos, que utilizam a mesma estrutura de dados na sua comunicação.

Acoplamento de Dados – Este tipo de acoplamento dá-se através da comunicação necessária e suficiente para a execução de uma determinada atividade, isto é, a partir de dados de entrada, se espera respostas simples e esperadas na saída do sistema.

Como determinar o tipo de acoplamento? Basta ter em vista as seguintes premissas:

- Os programas bem acoplados passam estruturas distintas de dados entre os módulos.
- Os programas mal acoplados, por conterem uma grande quantidade de dados, geram inúmeros efeitos colaterais.
- Os programas bem acoplados minimizam a necessidade da utilização de dados.

Coesão é a medida da intensidade de associação funcional de elemento dentro de um módulo. Se possível os módulos devem ter um alto grau de coesão (seus elementos internos devem estar fortemente relacionados uns com os outros). Existem tipos de coesão que poderão ocorrer em um módulo.

Módulos são segmentos, relativamente autônomos, de um programa de computador, que desempenham conjuntos bem definidos de funções e que contam, para tal, com suas próprias rotinas e estruturas.

Os tipos de coesão são:

Coesão Coincidental – Este tipo de coesão ocorre quando os procedimentos internos dos módulos estão dispostos de tal forma que, não existe ligação lógica entre eles.

Coesão Lógica – Esta coesão ocorre quando os elementos que o formam, destinam-se a tratamento de uma mesma categoria. Em outras palavras, um módulo com coesão lógica executa uma função de uma dada classe de funções.

Coesão Temporal – Um módulo possui coesão temporal se os procedimentos que executa estiverem relacionados com o tempo e não com o tipo de função que executa. Neste módulo, as instruções necessitam ser executadas ao mesmo tempo, sem, portanto, a necessidade de ordem e vínculo entre elas.

Coesão Relacional – Neste tipo de coesão só ocorre a passagem de controle, sem nenhuma passagem de dados. Isto quer dizer que existe uma relação de controle, onde uma função depende da execução da outra para conseguir solucionar o problema, sem a necessidade de dado algum.

Coesão Comunicacional – Módulos que possuem esta coesão são do tipo que executam várias tarefas, utilizando uma mesma área de entrada ou saída.

Coesão Sequencial – Um módulo é sequencialmente coeso, quando possui funções diferentes, executadas sequencialmente e o resultado do procedimento da primeira será a entrada para o processamento da segunda. A ordem de execução corresponde a ordem natural da solução do problema no mundo real.

Coesão Funcional – O melhor tipo de coesão é a funcional. Um módulo funcionalmente coeso possui elementos diferentes, porém todos eles necessários e suficientes para executar uma e somente uma função.

9.19 Elementos Adicionais de Projeto

Naturalmente, precisamos mais do que os critérios de acoplamento e coesão para projetar sistemas de fácil manutenção, como por exemplo:

Fatoração – É a separação de uma função contida em um módulo na forma codificada para um novo módulo próprio. Pode ser feita por qualquer uma das seis razões abaixo:

- Reduzir o tamanho do módulo.
- Obter as vantagens modulares de um projeto top-down.
- Evitar de se ter a mesma função em mais de um módulo.
- Separar trabalho (cálculo e edição) de gerenciamento (decisões e ações).
- Prover módulos de utilização mais generalizados.
- Simplificar implementação.

Divisão da Ação – Evite dividir a ação ao máximo que puder, a fim de que a informação reconhecida não tenha de percorrer um longo caminho para ser processada. Uma grande divisão da ação é usualmente um sintoma de organização pobre de módulos.

Forma do Sistema – Algumas características do diagrama de estrutura como um todo nos fornecem importantes indícios de qualidade do sistema. É bom não esquecer que a forma do sistema é dada pela combinação dos seus módulos.

Sistema Balanceado – Um sistema balanceado é aquele no qual os módulos superiores lidam mais com dados de natureza lógica do que com dados de natureza física. Os sistemas balanceados são mais fáceis de serem implementados, não apenas por ter um acoplamento bem definido, como também pela adaptabilidade às mudanças.

Quando o sistema trata mal os dados de entrada e a elaboração da saída, então chamamos este sistema de não balanceado.

Informação de Erro – Erros devem ser relatados pelo módulo que os detectou e que conhece sua natureza.

Edição – Em qual ordem a edição de uma parte de dados de entrada deve ocorrer? A metodologia pode ser: editar os dados conhecidos antes dos desconhecidos; editar a sintaxe antes da semântica; editar campos simples antes de campos cruzados; editar os campos internos antes dos externos.

Memória de Estado – Quando um módulo ordinário retorna o controle de execução a seu superior depois de ter cumprido sua função, morre, deixando apenas o resultado como legado. Quando o mesmo módulo é acionado novamente para fazer seu trabalho, tudo se passa como se ele estivesse sendo usado pela primeira vez.

Um módulo com memória de estado é, geralmente, imprevisível, isto é, embora acionado com entradas idênticas, o módulo pode responder com diferentes saídas.

Estrutura de Dados – A programação de muitos módulos é facilitada se a estrutura de programa seguir a estrutura dos dados. Mas, atenção, não solicite a um único módulo fazer muita coisa ao mesmo tempo.

Grupo de Informações – É um conjunto de módulos utilizados para todo acesso a dados que tem uma estrutura complexa.

9.20 Projeto Físico

O projeto físico é a determinação de como o caminho de acesso aos dados requeridos devem ser implementados. Os caminhos físicos são derivados dos caminhos lógicos, que são descobertos durante a análise.

O projeto físico dos arquivos, programas e métodos devem ser realizados por alguém que possua conhecimento técnico atualizado, baseado no entendimento de todos os requisitos lógicos da construção de um projeto. Começar a especificar o projeto físico antes que o modelo lógico tenha sido construído é ser afoito, podendo resultar em um produto de baixa qualidade.

A seguir, serão trazidos alguns aspectos do projeto físico:

Construção – A construção é a fase que estabelece o modelo físico dos dados e das atividades que estarão à disposição dos usuários. Os resultados apresentados são praticamente gerados de forma automática, em consequência da evolução dos geradores de códigos e do potencial das linguagens de programação. Quando a instalação dispõe de geradores automáticos de códigos, pouca participação exige da equipe envolvida no desenvolvimento do sistema.

A tarefa de construção se resume em codificar fisicamente o modelo conceitual do banco de dados e atualizar o dicionário de dados.

Definido o modelo conceitual do projeto, a fase de construção executará a codificação do banco de dados físico, registrando os parâmetros necessários para fixação e delineamento da base de informações do sistema. Os projetistas de banco de dados não devem servir aos interesses de nenhuma aplicação. Seu trabalho é satisfazer as necessidades de dados de todas as aplicações da empresa. É crucial que ambos os grupos de projetistas discutam regularmente sobre a área onde irão se encontrar, isto é, a interface do banco de dados.

Codificação Final – A codificação final com relação aos processos na fase de construção é muito particular a cada empresa, pois depende do conjunto de softwares disponíveis na instalação. Para empresas que possuem geradores de código automático, essa tarefa é feita sem a participação de programadores, uma vez que os programas serão gerados automaticamente.

É importante ressaltarmos a diferença entre geradores de aplicativos e geradores de programas. Enquanto, o primeiro gera um ou mais programas a partir de uma determinada lógica, o último gera um e somente um programa para cada lógica.

Interface com Usuário – As interfaces com o usuário são, sem exceção, a parte mais difícil e mais demorada do projeto, porque a participação do usuário, desde início do projeto, nem sempre é possível. O programador de interface pode passar por inúmeras interações e especificações da interface antes de conseguir satisfazer os usuários finais. Uma vez completa a especificação, não se pode garantir que a realização da interface vai funcionar realmente.

9.21 Modelagem do Projeto

Modelagem ou configuração é a ordenação lógica do projeto. O que distingue a modelagem de projeto de outras modalidades de criação é seu caráter, eminentemente, técnico. O termo modelagem é uma tradução da expressão "project design" e foi adotado pela primeira vez em um texto sobre modelagem organizacional.

Um projeto estará bem modelado, se e quando for administrável e passível de avaliação. A modelagem é, em geral, uma atividade recorrente, com idas e vindas de retrabalho, porque quando elaboramos o projeto vemos que alguns dos fatores que idealizamos são irrealizáveis ou podem ser feitos de outra maneira, ainda, existem restrições legais ao que pretendíamos realizar.

Como foi visto, o modelo é qualquer representação simplificada de um processo e/ou uma realidade em seu todo ou partes. Pelo modelo verifica-se a interligação entre informação, processo e decisão. O desenvolvimento de um modelo é fundamental, porque ele é um pré-requisito para a análise de valor da informação e porque é a chave para se compreender que partes do processo podem ser apoiadas por sistemas automatizados.

Modelos ajudam a economizar tempo, esforço e dinheiro, bem como minimizar risco. Sem modelos é como começar do zero. Apesar das limitações que os modelos apresentam na caracterização de qualquer sistema, a grande vantagem de seu uso reside no fato de que eles propiciam um quadro de referências, a partir do qual se pode desenvolver uma análise e se ter uma visão abrangente do objeto em estudo.

Quem constrói o modelo sofre a tentação de atopetar o mesmo com muitos dados, desenvolvendo um modelo eclético. Só que isso, além de ser perda de tempo, é, praticamente, impossível que venha servir para alguma coisa.

A seguir, alguns elementos que fundamentam o conceito de modelo:

Premissas – As mais importantes premissas de um modelo são:

- O modelo só é realmente útil quando pensamos através dele.
- A forma de um modelo dependerá do seu propósito.
- Quanto mais apurado é o modelo mais forte é a ligação entre os recursos de construção.
- Sem modelos a empresa terá de começar do zero.
- Os modelos são facilmente elaborados em computadores, dispensando especialistas.
- A polivalência do modelo, em geral, compromete a clareza e, portanto, deve ser evitada.

- Um modelo é bom quando cumpre bem sua função específica, na medida em que responde às necessidades do usuário.
- Um modelo deve ser o mais simples possível, tendo em vista que a realidade é muito complexa e difícil de ser retratada.
- A representação de um sistema através de modelos pode ter vários graus de abstração.

Forma – A forma do modelo poderá assumir diversas formas, tais como: uma descrição, um desenho, um referencial cartesiano, um relatório, um escrito, um formulário, uma tabela, um quadro, uma fórmula, um sistema, um projeto, um plano, um programa, uma sinopse, um estatuto, um contrato, um esquema, uma curva, um cronograma, um fluxograma, um diagrama, uma tabela, uma matriz, uma pessoa.

Características – Algumas características do modelo precisam ser levadas em consideração:

- O modelo deve poder ser ampliado.
- O modelo deve apresentar uma lógica de construção.
- Em todo e qualquer modelo as saídas são sempre conhecidas.
- Um modelo em que não são conhecidas as funções internas é denominado de "caixa preta".
- É de extrema importância a fidedignidade dos dados trabalhados em um modelo.
- Muitas vezes, vale a pena considerar um modelo, não do ponto de vista da certeza, mas da probabilidade.
- Quanto maior o modelo a ser trabalhado, mais partes se interagem e mais complexo ele se torna.
- Existe dificuldade em dimensionar os limites, as restrições e os recursos de um modelo.

Objetivo – O objetivo de um modelo é definir ou descrever alguma coisa; assistir uma análise; especificar relações e processos; representar uma situação em termos de símbolos; ajudar no processo de tomada de decisão; minimizar custo e tempo; permitir uma melhor visualização das alternativas; aumentar e reforçar o conhecimento. Há muito tempo utilizam-se modelos em diversas ciências, mas sua aplicação aos problemas de gestão de empresas é bem mais recente.

Construção – A construção de modelos só será precisa quando reconhecermos o problema e tivermos técnicas de como resolvê-lo. O perigo é que o analista pode dar um enfoque ao problema que lhe seja conveniente, para poder mais tarde usar as ferramentas que lhes são familiares.

9.22 Gerenciamento do Projeto de Sistema

Assim como uma empresa necessita de uma única pessoa para ser a sua autoridade máxima, um projeto precisa de uma pessoa para ser o responsável pelo cumprimento de seus objetivos e metas. A esta pessoa dá-se o título de Gerente do Projeto, sendo outros títulos também comuns, tais como: coordenador, supervisor e líder.

Os papéis do gerente de projeto deve ser: integrador, empreendedor e líder. Seu trabalho difere dos gerentes funcionais, porque está preocupado em conduzir, adequadamente, seu projeto e não em gastar esforços, tentando resolver, ou redimensionar, problemas dentro das áreas funcionais com as quais interage. Ele é alguém que compreende e domina as dimensões do seu trabalho, devido às seguintes questões:

- Por quê? A finalidade e os objetivos do trabalho.
- O quê? As funções e atividades do trabalho.
- Como? Os comportamentos necessários para se conseguir a execução do plano de trabalho.
- Quanto? Os recursos que serão empregados nos seus orçamentos.
- Quando? O domínio dos prazos estabelecidos nos cronogramas de execução.
- Quem? A pessoa que fará o trabalho.

A função do gerente de projeto é bastante controvertida, pois deve atuar junto aos investidores, falando de orçamentos, resultados, prazos e estratégias, e, junto à equipe do projeto, de tecnologia, desenvolvimento, método, processo, desempenho, objetivo e meta.

As características do gerente de projeto:

- Possuir ampla influência sobre todos os participantes do projeto.
- Obter o respeito e exercer autoridade sobre os membros do projeto, que não são seus subordinados.
- Selecionar seu pessoal, atentando para a competência de cada um e sua capacidade de trabalhar em equipe.
- Despender um considerável esforço para aprender como se comunicar, adequadamente, com os membros de sua equipe.
- Estar disposto a atacar problemas de qualquer nível, embora deva selecionar o que é de sua competência resolver.
- Ser capaz de detectar problemas que escapam aos demais, pois é um elemento do projeto que deve ter uma visão do conjunto dos aspectos técnicos e administrativos.
- Ter participação no estabelecimento das prioridades, para a alocação de recursos, que possam melhorar ou prejudicar o andamento do projeto.
- Ter o direito de controlar a alocação de recursos e os gastos respectivos.
- Participar no orçamento e na elaboração do plano do projeto.
- Ter o principal papel na tomada de decisão.
- Concentrar os esforços nos resultados esperados.
- Ser flexível, dentro de uma medida razoável.
- Envolver e cativar investidores em potencial, com o objetivo de conseguir o apoio necessário à elaboração do projeto.
- Ter adequado e relevante sistema de informação.
- Manter contatos diretos com as pessoas envolvidas no projeto.
- Fazer adequada distribuição de tarefas entre seus subordinados.
- Manter racionalidade nos dispêndios inerentes ao projeto, gastando o que for necessário.
- Ser realista, não pendendo para o otimismo ou pessimismo.
- Incentivar críticas e debates, quanto ao desenvolvimento do projeto.
- Fazer projetos viáveis em conteúdo, recursos e tamanho para a situação considerada.
- Manter coerência em suas atitudes e decisões.
- Lembrar que o projeto é um sistema que envolve muitos aspectos.
- Lembrar que o projeto, no seu desenvolvimento, trará outros problemas.
- Manter adequado sistema de controle, avaliação e feedback.

Devido ao alto grau de dependência da organização quanto ao sucesso, o gerente de projeto recebe considerável visibilidade e, por esse mesmo motivo, fica muito exposto. Ele precisa estar capacitado para enfrentar a ambiguidade de lidar com os participantes do projeto E, quanto menor o grau de autoridade formal, maior a sua necessidade de criar uma base de influência no ambiente do projeto.

O gerente do projeto terá de produzir várias estimativas de valor para: recursos, prazos, estruturas, orçamentos, resultados, preços, consumidores e usuários.

Um gerente de projeto deve ser, antes de tudo, organizado e disciplinado. Tal gerente deve ter arquivos físicos (papel) e virtuais (computador), contendo: planos, organogramas, regulamentos, relatórios, correspondências, atas de reunião, ocorrências, por exemplo.

Além dos fatores técnicos e gerenciais com que o gerente de projeto tem de lidar no seu dia a dia, ele deve dar atenção ao seguinte:

- De como novas tecnologias devem ser introduzidas dentro da organização.

- Como avaliar estrategicamente as tecnologias de informação e seu impacto no estabelecimento de prioridades.
- Como avaliar os arranjos organizacionais apropriados para a gerência do projeto.
- Qual deve ser o papel mais adequado do gerente do projeto, para bem administrar suas atribuições.

O gerente do projeto deve questionar sobre a tecnologia da informação a ser utilizada, fazendo as seguintes perguntas:

- A tecnologia da informação pode criar barreiras de entradas para o negócio?
- A tecnologia da informação pode criar custos de mudança de fornecedor?
- A tecnologia da informação pode criar vantagens competitivas em relação aos concorrentes?
- A tecnologia da informação pode criar novos negócios?
- A tecnologia da informação pode criar valores agregados aos produtos da empresa?
- A tecnologia da Informação pode reduzir os custos?
- A tecnologia da informação pode mudar o relacionamento entre vendedores, fornecedores, usuários, pacientes, colaboradores, consumidores?

O principal objetivo do gerente de projeto de sistema é que este inicie o projeto com um plano de ação bem fundamentado, que lhe possibilite argumentos sólidos para administrar os conflitos entre participantes, patrocinadores e usuários. Também deve ser observado que o mesmo estará, o tempo todo, negociando e otimizando todos os recursos utilizados.

Bibliografia de Referência

ACKOFF, Russel L. *Towards a system of systems concepts.* Management Science Review, 1971.

ALTER, Steven. *A taxonomy of decision support systems.* Sloan Management Review, 1977.

ALVES, Nelson Aparecido. *Guia de resolução de problemas.* Rio de Janeiro: Qualitymark, 1995.

ANTHONY, Robert N. *Planning and control systems: a framework for analysis.* New York: Publishing, 1974.

ARAÚJO, Alessandro Orofino. *Cenários XXI: novos negócios, oportunidades e desafios na gestão do futuro.* Rio de Janeiro: Qualitymark, 2001.

AWAD, Elias M. *Processamento de dados nas empresas.* São Paulo: Atlas, 1975.

BEER, Stafford. *Cibernética e administração industrial.* São Paulo: McGraw-Hill, 1978.

BERTALANFFY, Ludwing Von. *Teoria geral de sistemas.* Petrópolis: Vozes, 1975.

BINGHAN, John E. e Garth W. P. Davies. *Manual de análise de sistemas.* Rio de Janeiro: Interciência, 1977.

BIO, Sergio Rodrigues. *Sistemas de informação: um enfoque gerencial.* São Paulo: Atlas, 1991.

BURCH, J. G. e F. R. Strater. *Information systems: theory and practice.* Massachussets: Willy e Sons, 1974.

CARRARO, A. C. *Sistemas de informações.* Rio de Janeiro: Zahar, 1984.

CARVALHO, Gilda Maria Rocha e Márcia da Silva Tavares. *Informação & conhecimento: uma abordagem organizacional.* Rio de Janeiro: Qualitymark, 2001.

CAUTELA A. Lourenço e Enrico. G. F. Polloni. *Sistemas de informação.* São Paulo: LTC, 1992.

CHANDLER Jr. Alfred. *O século eletrônico.* Rio de Janeiro: Campus, 2002.

CHURCHUMANN, C. West. *Introdução à teoria dos sistemas.* Petrópolis: Vozes, 1972.

CLARK, John O.E. *Computadores.* São Paulo: Edições Melhoramentos, 1969.

CORNACHIONE Jr., Edgard B. *Informática aplicada às áreas de contabilidade, administração e economia.* São Paulo: Atlas, 1998.

COSTA, Nelson P. *Comunicação empresarial.* Rio de Janeiro; Ciência Moderna, 2008.

COSTA, Nelson P. *Básico de administração.* Rio de Janeiro: Pecos, 2005.

COSTA, Nelson P. *Marketing para empreendedores.* Rio de Janeiro: Qualitymark, 2003.

COSTA, Nelson P. *Tempo: aprenda a administrar.* Rio de Janeiro: Ciência Moderna, 2008.

COSTA, Nelson P. *Documentos empresariais.* Rio de Janeiro: Ciência Moderna, 2012.

COSTA, Nelson P. *Análise do resultado empresarial.* Rio de Janeiro: Ciência Moderna, 2010.

COSTA, Nelson P. *Gestão de restaurante.* Rio de Janeiro: Ciência Moderna, 2016.

COSTA, Nelson P. *Administração para empreendedores.* Rio de Janeiro: Ciência Moderna, 2018.

COSTA, Nelson P. *Antologia do empreendedor.* Rio de Janeiro: Ciência Moderna, 2018.

COSTA, Nelson P. *Glossário do empreendedor.* Rio de Janeiro: Ciência Moderna, 2109.

COSTA, Nelson P. *Marketing para empreendedores.* Rio de Janeiro: Ciência Moderna, 2020.

COSTA, Nelson P. *Oficina do livro.* Rio de Janeiro: Rio de Janeiro: Ciência Moderna< 2021

DAVIES, Bingham. *Manual de análise de sistemas.* Rio de Janeiro: Interciência, 1977.

DE MARCO, Tom. *Análise estruturada e especificação de sistema.* Rio de Janeiro: Campus, 1989.

DIDIO, Robert Josef. *Sig: conceituação e recomendação.* Revista RAE, 1987.

FELICIANO Neto, Acácio. *Engenharia da informação: metodologia, técnicas e ferramentas.* São Paulo: McGraw Hill, 1988.

FERNANDES, Aguinaldo Aragon e Jose L. Carlos Kueler. *Gerência de projetos de sistemas.* Rio de Janeiro: LTC, 1990.

FRANCIS, Scheid. *Introdução à ciência dos computadores.* São Paulo: McGraw Hill, 1973.

FURLAN, Jose David. *Engenharia da informação: metodologias, técnicas e ferramentas.* São Paulo: McGraw Hill, 1988.

FURLAN, Jose David. *Planejamento estratégico de sistemas: como elaborar e implementar.* São Paulo: McGraw Hill, 1991.

GANE, Chris e Trish Sarson. *Análise estruturada de sistemas.* Rio de Janeiro: LTC, 1983.

GANE, Chris. *Desenvolvimento rápido de sistemas.* Rio de Janeiro: LTC, 1985.

GATES, Bill. *A empresa na velocidade do pensamento.* São Paulo: Companhia das Letras, 2000.

GAZZANEO, G. e Donald S. Dias. *Projeto de sistema e processamento de dados.* Rio de Janeiro: LTC, 1977.

GELLAT, H. B. *Tomando decisões de maneira criativa.* Rio de Janeiro: Qualitymark, 1998.

GENARI, B. *Uma análise de sistemas administrativos.* Rio de Janeiro: FGV, 1966.

GIL, Antonio de Loureiro. *Sistemas de informações contábil e financeira.* São Paulo: Atlas, 1992.

GITMAN, Lawrence J. *Princípios de administração financeira*. São Paulo: Harbra, 1997.
GORY, G. Anthony e Michel S. Morton. *A framewok of management information systems*. New York: Prentice Hall, 1975.
GOUVEIA, Nelson. *Contabilidade*. São Paulo: McGraw Hill, 1984.
GUENGERICH, Steven. *Downsizing em sistemas de informação*. São Paulo: McGraw Hill, 1994.
GUNN, Thomas G. *As indústrias do século XXI*. São Paulo: McGraw Hill, 1993.
GURGEL, Floriano do Amaral. *Administração dos fluxos de materiais e de produtos*. São Paulo: Atlas, 1996.
HELLER, Robert. *Os tomadores de decisão*. São Paulo: McGraw Hill, 1991.
JOÃO, Belmiro N. *Metodologia de desenvolvimento de sistemas*. São Paulo: Érica, 1993.
JOHNSON, Robert W. *Administração financeira*. São Paulo: Pioneira, 1972.
KAST, Fremont e James Rosenzweig. *Organization and management: a systems approach*. New York: McGraw Hill, 1970.
KAUFMANN, Arnold. *A ciência da tomada de decisão*. Rio de Janeiro: Zahar, 1975.
KEEN, P. G. W. And L. A. Woodman. *What to do with all those micros?* Havard Business Review, 1984.
KELLER, Robert. *Tecnologia de sistemas especialistas, desenvolvimento e aplicação*. São Paulo: McGraw Hill, 1991.
KRICK E. V. *Métodos e sistemas*. Rio de Janeiro: Livro Técnico. 1971.
LEONE, George S. Guerra. *Custos – um enfoque administrativo*. São Paulo: Atlas, 1983.
LERNER, Walter. *Organização, sistemas e métodos*. São Paulo: Atlas, 1982.
LEVINE, Robers I. *Inteligência artificial e sistemas especialistas: aplicações e exemplos práticos*. São Paulo: McGraw Hill, 1988.
LIEBERMAN, J. Ben. *Panorama da automação*. São Paulo: Fundo de Cultura, 1978.
LIMA, Frederico O. *A sociedade digital*. Rio de Janeiro: Qualitymark, 2000.
LIVELY, Lynn. *Como gerenciar informações*. Rio de Janeiro: Campus, 2002.
MAMENAMIN, Stephen and John F. Palmer. *Análise essencial de sistemas*. São Paulo: McGraw Hill, 1991.
MARCONI, Marina de Andrade. *Técnicas de pesquisa*. São Paulo: Atlas, 1985.
MARTIN, James & Carma McClure. *Técnicas, estruturas e cases*. São Paulo: McGraw Hill, 1991.
MASON jr., Richard O. *Basic concepts for designing management information systems*. New York: Prntice Hall, 1975.
MAXIMIANO, Antonio C. Amaru. *Administração de projetos*. São Paulo: Atlas, 1997.
MELENDEZ FILHO, Rubem. *Prototipação de sistemas de informações: fundamentos, técnicas e metodologia*. Rio de Janeiro: LTC, 1990.
MORTON, Scott. *Management decision systems*. Harvard Bisiness Review, 1967.
MURDICH, Robert e Joel E. Ross. *Information systems for modern management*. New Jersey: Prentice Hall, 1975.
NAISBITT, John e P. Adurdene. *Megatrends*. São Paulo: Amana-Key, 1990.
NETO, Horácio O. Soares. *Análise vital de sistemas*. Rio de Janeiro: Datamec, 1993.
OPTNER, Stanford L. *Análise de sistemas empresariais*. Rio de Janeiro: LTC, 1981.
OSBORNE, Adam. *Microprocessadores: conceitos básicos*. São Paulo: McGraw Hill, 1984.
PAGE-JONES, Meilir. *Projeto estruturado de sistemas*. São Paulo: McGraw Hill, 1988.
PHILBIN, Tom. *As 100 maiores invenções da história*. Rio de Janeiro: Bertrand Brasil, 2006.
PRADO, Darci. *Planejamento e controle de projetos*. Vol. 2. Belo Horizonte: DG, 2001.
PRINCE, Thomas R. *Sistemas de Informação: Planejamento, gerência e controle*. Rio de Janeiro: LTC, 1975.
PUCCINI, Abelardo de Lima e Nélio D. Pizzolato. *Programação linear*. Rio de Janeiro; LTC, 1987.
REBOUÇAS DE OLIVEIRA, Djalma de Pinho. *Sistemas de informações gerenciais*. São Paulo: Atlas, 1992.
REBOUÇAS DE OLIVEIRA, Djalma de Pinho. *Sistemas, organizações e métodos*. São Paulo: Atlas, 1992.
REIS, Jose Roberto. *Manual de engenharia de sistemas e projetos: uma abordagem prática*. Rio de Janeiro: Vozes, 1980.
RICH, Elaine. *Inteligência artificial*. São Paulo: McGraw Hill, 1988.
RIUKIN, Steve. *Usina de ideias*. Rio de Janeiro: Campus, 2002.
ROCHA, Ana R. Cavalcante. *Análise e projeto estruturado de sistemas*. Rio de Janeiro: Campus, 1987.
SÁ CARVALHO, Luiz C. *Análise de sistemas: o outro lado da informática*. Rio de Janeiro: LTC, 1988.
SHIMIZU, Tamio. *Processamento de dados: conceitos básicos*. São Paulo: Atlas, 1988.
SIMONSEN & FLANZER. *Elaboração e análise de projetos*. São Paulo: Séries Literárias, 1979.
STEVENS, Wayne P. *Projeto estruturado de sistemas*. Rio de Janeiro: Campus, 1986.

TURBAN, Efraim. *Decision support: systems management and support systems.* New York: Macmillan Publishing Co., 1988.
WALTON, Richard E. *Tecnologia de informação.* São Paulo: Atlas, 1993.
WEITZEN, H. Skip. *O poder da informação.* São Paulo: Makron Books, 1991.
WIENER, Norbert. *Cibernética e sociedade.* São Paulo: Cultrix, 1954.
WILKINSON, Joseph W. *Accounting information systems.* New York: John wiley, 1993.
YOURDON, Edward. *Análise estruturada moderna.* Rio de Janeiro: Campus, 1992.

Índice Remissivo

Impressão e acabamento
Gráfica da Editora Ciência Moderna Ltda.
Tel: (21) 2201 - 6662